예수 그리스도를 예표한

# 성막과 제사

聖 幕　　　祭 祀

예수 그리스도를 예표한

# 성막과 제사

聖幕 祭祀

김훈중 지음

법궤   대제사장

성막

좋은책으로 하나님의 사람을 만들어 가는 엘맨

## 舊約

### 히브리어

← 읽는방향

[ס א] 1 1 בְּרֵאשִׁ֖ית בָּרָ֣א אֱלֹהִ֑ים אֵ֥ת הַשָּׁמַ֖יִם וְאֵ֥ת הָאָֽרֶץ׃
2 וְהָאָ֗רֶץ הָיְתָ֥ה תֹ֙הוּ֙ וָבֹ֔הוּ וְחֹ֖שֶׁךְ עַל־פְּנֵ֣י תְה֑וֹם וְר֣וּחַ אֱלֹהִ֔ים מְרַחֶ֖פֶת עַל־פְּנֵ֥י הַמָּֽיִם׃ 3 וַיֹּ֥אמֶר אֱלֹהִ֖ים יְהִ֣י א֑וֹר וַֽיְהִי־אֽוֹר׃ 4 וַיַּ֧רְא אֱלֹהִ֛ים אֶת־הָא֖וֹר כִּי־ט֑וֹב וַיַּבְדֵּ֣ל אֱלֹהִ֔ים בֵּ֥ין הָא֖וֹר וּבֵ֥ין הַחֹֽשֶׁךְ׃ 5 וַיִּקְרָ֨א אֱלֹהִ֤ים ׀ לָאוֹר֙ י֔וֹם וְלַחֹ֖שֶׁךְ קָ֣רָא לָ֑יְלָה וַֽיְהִי־עֶ֥רֶב וַֽיְהִי־בֹ֖קֶר י֥וֹם אֶחָֽד׃

창세기 1장 1절~3절

## 新約

### 헬라어

읽는방향 →

22.19 καὶ ἐάν τις ἀφαιρῇ — ἀπὸ τῶν λόγων βίβλου — — τῆς προφητείας ταύτης, ἀφαιρήσει — ὁ θεὸς τὸ μέρος αὐτοῦ ἀπὸ βίβλου — — τῆς ζωῆς, καὶ ἐκ τῆς πόλεως τῆς ἁγίας, καὶ τῶν γεγραμμένων ἐν — βιβλίῳ τούτῳ. 22.20 Λέγει ὁ μαρτυρῶν ταῦτα, Ναί ἔρχομαι ταχύ. Ἀμήν. Ναί, ἔρχου, κύριε Ἰησοῦ. 22.21 Ἡ χάρις τοῦ κυρίου ἡμῶν Ἰησοῦ χριστοῦ μετὰ πάντων ὑμῶν. Ἀμήν.

계시록 22장 19절~21절

**창세기**에서 **요한 계시록**까지

다시 저주가 없으며 하나님과 그 어린 양의 보좌가 그 가운데 있으리니(계 22:3)

### 쉐 마 שָׁמַע
(Hear, O Israel)

## 이스라엘아 들으라

우리 하나님 여호와는 오직 하나인 여호와시니

너는 마음을 다하고 성품을 다하고 힘을 다하여

네 하나님 여호와를 사랑하라

오늘날 내가 네게 명하는 이 말씀을 너는 마음에 새기고

네 자녀에게 부지런히 가르치며, 집에 앉아 있을 때에든지,

길에 행할 때에든지, 누웠을 때에든지, 일어날 때에든지

이 말씀을 강론할 것이며 너는 또 그것을 네 손목에 매어

기호를 삼으며 네 미간에 붙여 표를 삼고

또 네 집 문설주와 바깥 문에 기록 할지니라

신명기 6장 4-9절

# 추 천 사

저의 친애하는 외우(畏友) 김흔중 박사님께서 오랜 심혈을 기울여 마침내 상재(上梓)하신 「성막과 제사」가 간행되게 되어, 저자의 눈부신 업적과 학자로서의 다함없는 헌신과 열정 그리고 그 공헌을 기리고자, 여기 추천의 글을 올려 그 일말의 방불함을 찾고자 하는 바입니다.

저자는 이미 「성지순례의 실제」, 「지도, 도표, 사진으로 보는 성서의 역사와 지리」, 「성지 파노라마」와 같은 무게 있고도 명쾌한 성서지리에 관한 저서들을 간행하였는데, 이들이 다 여러 차례에 걸친 중판으로 그 독서층이 얼마나 넓고 또 그 소요가 큰가를 보여 주었습니다. 그는 이미 성서지리학계에서는 그 섬세한 관찰력과 문제의 핵심을 투시하는 예리한 안목, 그리고 출중한 수사(修辭)로 전개한 저서 내용이 광범위하면서도 간명 명료하여 이미 석학으로 그 자리를 굳힌 전문가이십니다. 더구나 그는 사진자료들이나 통계표 및 도표 그리고 연대표와 같은 입체적 자료들을 적소(適所)에 배치하는 레이아웃의 연출로 저서 전체의 생명력 넘친 구상(具象) 이미지를 드높이고 시야의 파고(波高)를 높여주는, 그런 심미감각에도 뛰어나십니다.

그는 사실 한국 해병대의 고급 장교로서 해병연평부대장과 해군헌병감을 지낸 호용(豪勇)의 지사이십니다. 그런데 퇴역하시고는 이스라엘 선교사로 헌신하시면서 성지에 대한 연구에 착수하시더니 그 호용의 기질로 맹진, 성서지리 연구에 착수하셔서 그 짧은 기간에 공적을 높이시더니 그 어간 여러 대학교에 출강하시면서 명강의로 많은 이들에게 깊은 감명과 자극을 주었습니다.

이번 출간되는 「성막과 제사」는 주옥 같은 보배로서 교계에서 쉽게 찾아볼 수 없는 소중한 연구서입니다. 이는 기필코 우리 성서학계에 눈부신 획(劃)을 긋는 명작이 될 것임에 틀림 없습니다. 그는 이 저서에서 성막이 예수 그리스도의 예표라는 대전제에서 출발하면서, 경건한 애모의 심정으로 성막연구에 마지막 심혈을

다 쏟으신 흔적이 역력합니다. 성막의 외형이나 그 곳곳에서 하는 일들, 거기에 놓인 성물들이나 희생 제사의 절차, 그 이름들과 사역자들, 이렇게 성막에 대한 총괄적 구도가 한눈에 잡히도록 요약하여 그림처럼 한 폭에 담았습니다.

　이 저서는 기독교신앙의 성서적 지리적 고향을 향수로 바라보듯 그린 한 폭의 그림과 같습니다. 이제는 사라져 간 먼 옛날의 고향 같은 우리 기독교 신앙의 자취를 더듬어 보게 됩니다. 그런 의미에서 이 저서는 그립던 우리 신앙의 고향을 이 시대 현장에서 되돌아 보게 하는, 귀향(歸鄕)의 순례를 떠나게 하고 망향(望鄕)의 노래를 부르게 할 것입니다. 그리고 우리 예수님의 사역의 프로토타잎도 생생하게 머나먼 시간의 차원에서 다시 체감하게 할 것입니다.

　이런 거대한 일을 기도로 시작하시고 찬송으로 마무리하신 저자의 공로에 만강의 찬사를 보내면서 여기 한낱 무사(蕪辭)를 실어 추천을 대신합니다.

2014. 5. 8

**민 경 배**
(현) 백석대학교 석좌교수
(전) 서울장신대학교 총장

# 머 리 말

　성경 말씀의 심오한 진리와 구속사적인 말씀의 이해는 기록된 당시의 역사와 현장으로부터 시작된다. 그리하여 성서의 역사와 지리가 근본적인 성경의 환경적 배경이 된다. 성서의 역사와 지리에 관련하여 필자가 가장 심혈을 기울여 집필한 저서는 (1) 새천년 「聖地巡禮의 實際」 (2) 지도. 도표. 사진으로 보는 「성서의 역사와 지리」 (3) 점자로 지도와 성지를 그리고 해설한 「시각장애인용 점자 성서지리교본」 (4) 성경 66권의 역사현장인 「성지파노라마」(화보) 등 네 권의 졸고(拙稿)를 정리하여 출간했다.

　구약의 성경적 중심의 성지는 시내산이며, 신약의 성서적 중심의 성지는 골고다 언덕(갈보리산)이다. 하나님께서 시내산에서 모세에게 이스라엘 백성의 출애굽을 위해 최초 소명을 주셨고, 출애굽하여 다시 시내산에서 모세에게 십계명·율법을 주신 후 성막을 세우라고 명하셨다. 그래서 세워진 성막에서 생축(牲畜)을 바쳐 희생 제사를 드렸다.

　그러나 예수 그리스도께서 유월절 어린 양으로 성육신(Incarnation)하셔서 십자가에 달려 단번에 죽으심으로 성막의 휘장이 위로부터 아래까지 찢어진 후 성막과 희생 제사가 소멸되고 율법이 완성되었다. 따라서 구약의 성막 제사와 율법의 시대가 끝나고, 신약의 복음과 예배의 시대가 성립되었다. 예수님의 오심으로 인류의 역사는 BC와 AD로 구분되었다.

　성막의 희생 제사와 예수 그리스도의 십자가에 달려 죽으심은 서로 상통성과 상관성이 있고 성막은 예수 그리스도를 예표하고 있다.

　이러한 성막과 희생 제사에 대한 구체적이고 포괄적인 이해를 통하여 구약에 내재된 신약의 근본적인 진리를 발견할 수 있다. 따라서 성막과 희생 제사에 관련된 설교와 강의를 자주 듣게 되고, 관심이 있으면 저명한 신학자(목사)들의 저서를 서점에서 쉽게 구독할 수 있다. 이러한 성막과 희생 제사의 구속사적인 중요성을 절실히 느끼게 되어 천학비재(淺學菲才)한 본인이 절차탁마(切磋琢磨)하는 공부의 차원에서 본서를 집필하여 출간하게 되었다.

　아무쪼록 이 한 권의 예수 그리스도를 예표한 「성막과 제사」가 읽는 모든 기독교인들에게 참으로 유익이 되도록 성령께서 역사해 주시며 은혜와 감사가 넘치기를 예수님의 이름으로 간절히 축원한다.

2014년월 5월 1일

**팔달산 기슭에서 김 흔 중 謹識**

> 예수께서 제자들에게 이르시되 아무든지 나를 따라 오려거든 자기를 부인하고 자기 십자가를 지고 나를 좇을 것이니라(마태복음 16장 24절).

**십자가의 길(Via Dolorosa)**
(채찍질 교회에서 출발하여 에케 호모교회를 지나고 있다.)
1996.11.7　-십자가를 진 김흔중 목사-

### 쿰란 동굴

쿰란 동굴에서 1947년 2월에 귀중한 가치가 있는 두루마리 "성경사본"인 "사해사본" (쿰란사본)이 발견되었다. (1966. 11. 9 저자 촬영)

### 성경 사본이 담겨있던 항아리

(높이 65.7-47.5cm, 직경 25-26.5cm)

### 구약 성경사본

# 목 차

성서의 히브리어와 헬라어 소개(원어) ……………………… 5
쉐 마 ………………………………………………………………… 6
추천사 ……………………………………………………………… 7
머리말 ……………………………………………………………… 9
쿰란동굴, 이스라엘 지도, 시내산, 성막화보 ……………… 11

## 제1장. 성막의 성경적 배경

    1. 히브리족이 애굽에 이주한 시대적 배경 ……………… 55
    2. 요셉으로 인한 야곱 가족의 애굽 이주 ………………… 56
    3. 모세에 의한 이스라엘의 백성의 출애굽 ……………… 69
    4. 시내산에서 받은 십계명과 세운 성막 ………………… 77
    5. 성막의 시대적 변천사 …………………………………… 80

## 제2장. 성막의 총론

    1. 성막을 알아야 할 필요성 ………………………………… 93
    2. 성막의 다른 명칭들 ……………………………………… 95
    3. 성막이 세워진 일정 ……………………………………… 101
    4. 성막은 무엇을 하는 곳인가 …………………………… 104
    5. 모세에 의해 세워진 성막 ……………………………… 109
    6. 성막의 구조와 배치도 ………………………………… 111
       가. 성막의 형태(전경) …………………………………… 112
       나. 성막의 평면도 ……………………………………… 112

　　다. 성막의 측면도 ……………………………… 113
　　라. 십자가 형태의 기구배치 ………………… 113
　7. 성막의 이동절차와 이동 과정 ……………… 114
　8. 성막과 법궤의 이동 경로 …………………… 118

# 제3장. 성막의 각론

　1. 성막의 울타리 ………………………………… 123
　　가. 울타리 개념 ………………………………… 124
　　나. 세마포장의 특성 …………………………… 125
　　다. 울타리의 필요성 …………………………… 126
　　라. 울타리 기둥 ………………………………… 132
　　마. 성막 출입문 ………………………………… 133
　2. 성막 뜰과 내부 성물 ………………………… 136
　　가. 성막 뜰의 범위 …………………………… 136
　　나. 번제단 ………………………………………… 137
　　다. 물두멍 ………………………………………… 146
　3. 성막(성소,지성소) …………………………… 149
　　가. 외곽 널판 및 덮개 ………………………… 150
　　나. 성소의 내부성물 …………………………… 157
　　　(1)등대 ………………………………………… 157
　　　(2)떡상 ………………………………………… 160
　　　(3)분향단 ……………………………………… 164
　　다. 지성소의 내부 성물 ……………………… 170

13

    （1）휘장 ································································· 170
    （2）법궤 ································································· 175
    （3）속죄소 ····························································· 183
  4. 제사장의 자격과 직무 ················································ 185
  5. 대제사장의 직무 ······················································· 190
  6. 제사장과 대제사장의 예복 ········································ 194
    가. 제사장 예복 ·························································· 194
    나. 대제사장 예복 ······················································· 195

# 제4장. 희생제사

  1. 성막에서 드려진 제사 ··············································· 205
  2. 구약시대의 5대 희생제사 ········································· 205
    （1）번제 ································································· 206
    （2）소제 ································································· 210
    （3）화목제 ····························································· 215
    （4）속죄제 ····························································· 217
    （5）속건제 ····························································· 219
  3. 정결한 동물과 부정한 동물 ······································ 221
  4. 신약시대의 거룩한 산 제사 ······································ 222

# 제5장. 이스라엘의 절기

  1. 절기의 성경적 개념 ·················································· 227

    2. 안식일·안식년·희년(禧年) ——— 228
    3. 여호와의 절기 ——— 241
        (1) 유월절 ——— 241
        (2) 무교절 ——— 245
        (3) 초실절 ——— 247
        (4) 오순절 ——— 250
        (5) 나팔절 ——— 253
        (6) 속죄일 ——— 258
        (7) 초막절 ——— 273
    4. 기타 절기 ——— 275
        (1) 월삭 ——— 275
        (2) 부림절 ——— 277
        (3) 수전절 ——— 282
        (4) 성전파괴일 및 독립기념일 ——— 285

## 제6장. 결론

    1. 성소의 원형인 하늘나라 성소 ——— 295
    2. 마지막 때의 징조 ——— 298
    3. 하늘나라의 언약궤 ——— 300

## 부 록
* **성서의 주요사건 및 인물의 연대표** ——— 305
* **참고 문헌** ——— 310

현 이스라엘의 국경과 주변 국가

**이스라엘의 전도**

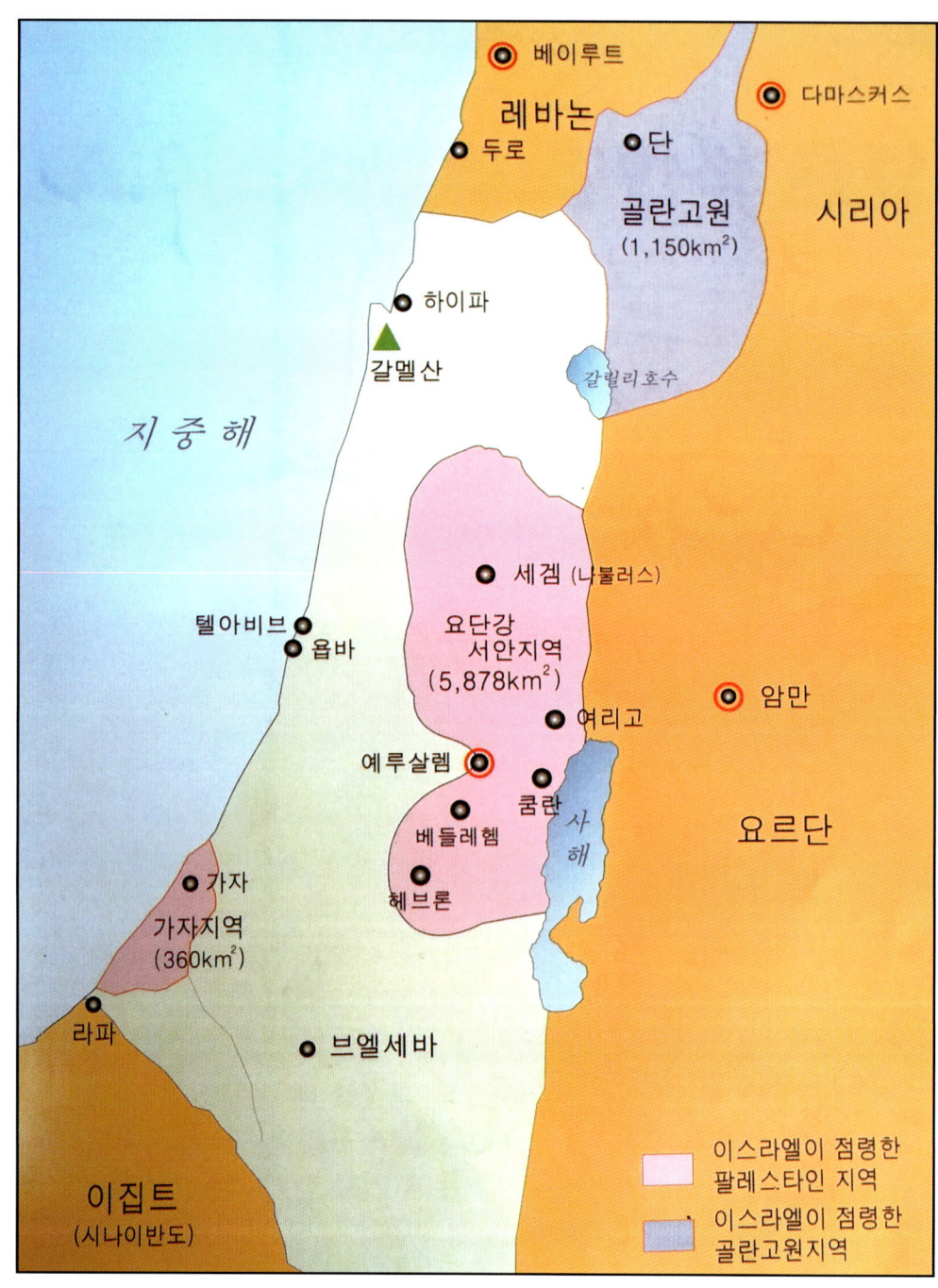

**이스라엘 점령지 내의 팔레스타인**

성서시대의 이스라엘

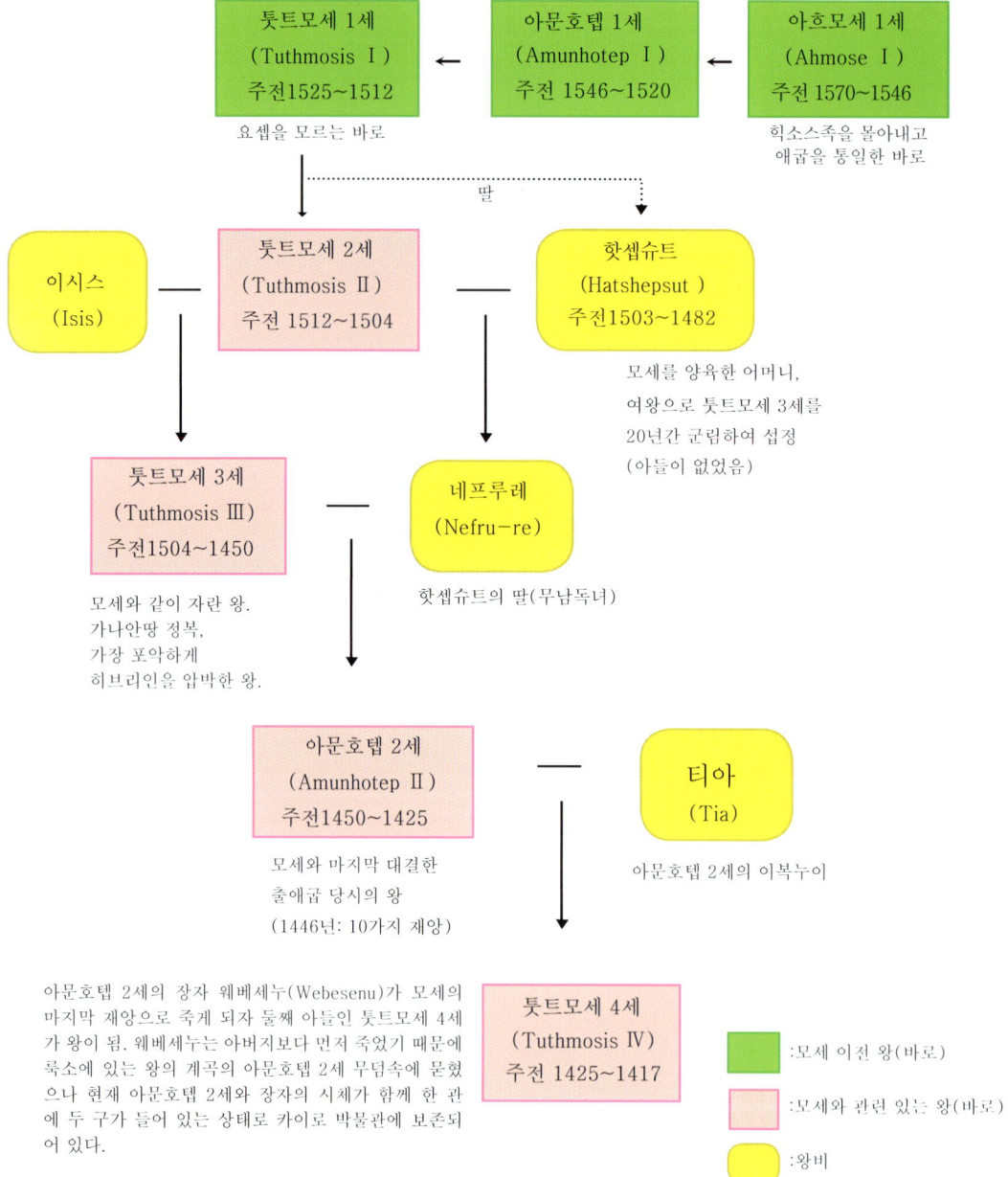

**모세 기념교회**

시내산 정상, 모세가 십계명을 받았다는 장소에 세워진 교회이다.

**가시 떨기나무**

시내산 하록의 성 케더린 수도원 안에 있다.

**장엄한 시내산(호렙산)**

1. 하나님이 시내산의 떨기나무 불꽃 가운데서 나타나 모세야! 모세야! 부르시며, 애굽의 바로에게 보내어 이스라엘 백성을 출애굽하도록 소명을 주셨다.(출 3:1-10)

2. 하나님이 모세를 통해서 이스라엘 백성을 출애굽시켜 시내산에서 두 돌판의 십계명과 율법을 주시고 하나님이 거할 성막을 장막의 식양대로 세우게 하셨다.(출 25:8-9)

# 성막 화보

**통곡의 벽**

(주후 70년 예루살렘의 성전이 로마에 의해 파괴될 때 통곡의 벽과 역사를 같이 하며 법궤는 행방을 감췄다.)

# 성막 화보 목차

01. 성막 전경 ......................................................... 25
02. 성막을 중심으로 한 지파별 장막 전경 ......................... 25
03. 성막의 평면도 ..................................................... 26
04. 성막 내부의 기구 배치도 ........................................ 26
05. 성막 내부에 배치된 기구의 측면도 ............................ 27
06. 십자가의 성막기구 배치 ......................................... 27
07. 번제단 .............................................................. 28
08. 성막의 문 .......................................................... 28
09. 번제물을 잡는 모습 .............................................. 29
10. 번제 드리는 모습 ................................................. 29
11. 떡상 ................................................................. 30
12. 물두멍 .............................................................. 30
13. 분향단 .............................................................. 31
14. 등대 ................................................................. 31
15. 성소 내부의 모습 ................................................. 32
16. 성소의 널판 ....................................................... 32
17. 성막의 외곽 기둥 ................................................. 33
18. 널판의 가름대와 은받침 ......................................... 33
19. 성소 안에서 사용된 기구들 ..................................... 34

20. 성막 뜰에서 사용된 기구들 ················· 34

21. 성소 위에 덮여 있는 덮개 ················· 35

22. 네 겹의 성소 덮개 ························· 35

23. 싯딤나무(조각목) ························· 37

24. 지성소의 내부 ····························· 38

25. 지성소 휘장 ······························· 38

26. 법궤 ······································· 39

27. 대제사장의 분향하는 모습 ················· 40

28. 대속죄일에 번제에 안수기도 모습 ········· 41

29. 번제 염소와 아사셀 염소 ·················· 42

30. 아사셀 염소에게 안수기도하는 모습 ······· 43

31. 대제사장의 모습 ··························· 44

32. 대제사장의 에봇 ··························· 45

33. 제2성전 모형 ······························ 46

34. 다윗 및 솔로몬 때의 성곽 ················· 47

35. 예수님 무덤교회 ··························· 48

36. 감람산 전경 ······························· 49

37. 예루살렘성 내부지역 ······················ 50

38. 예루살렘 외부지역 ························ 51

성막 전경

성막을 중심으로 설치된 지파별 장막의 전경

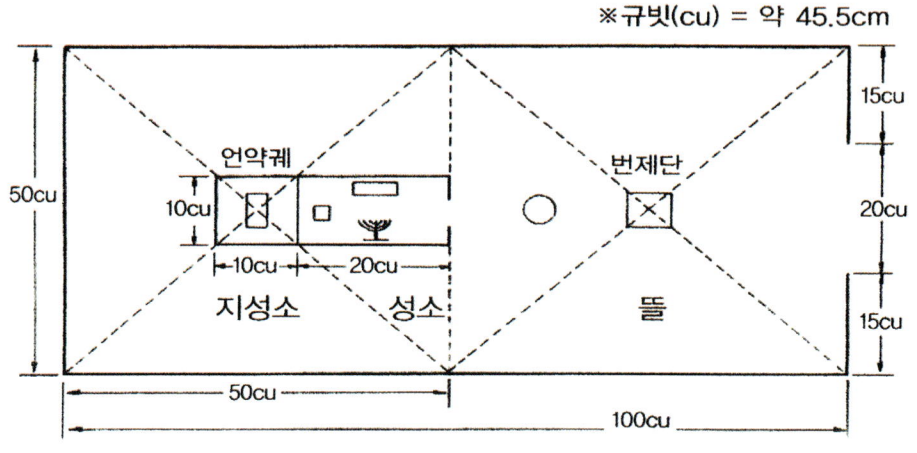

**성막의 평면도**

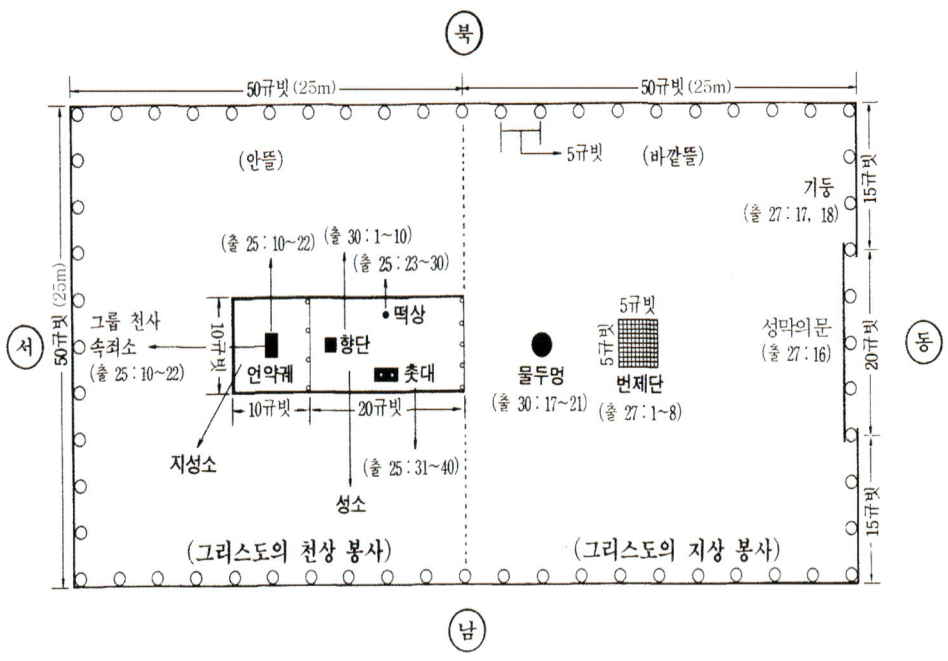

**성막 내부의 기구 배치도**

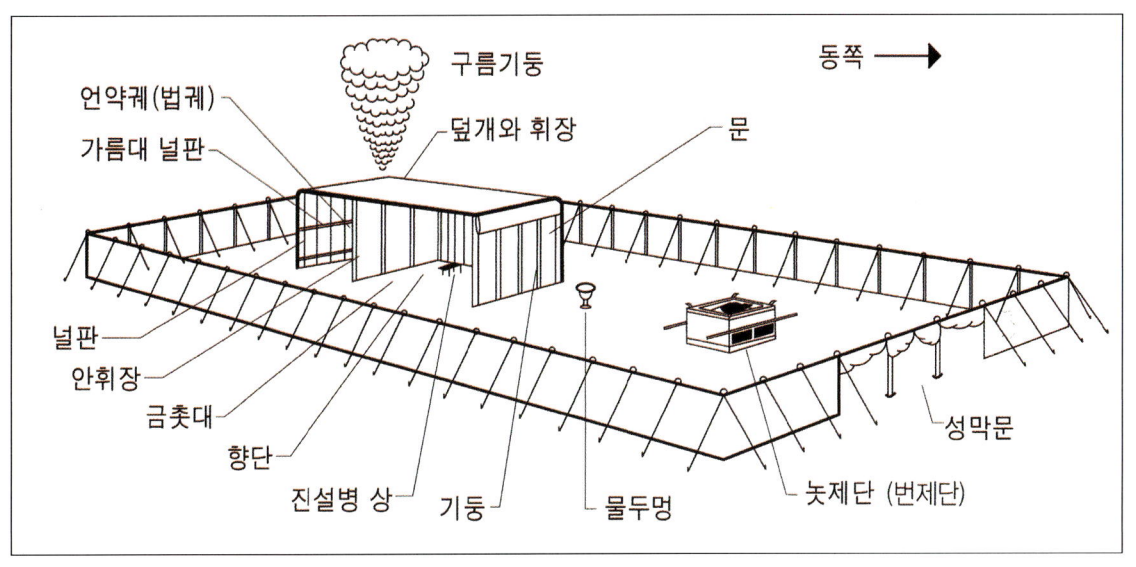

**성막 내부에 배치된 기구의 측면도**

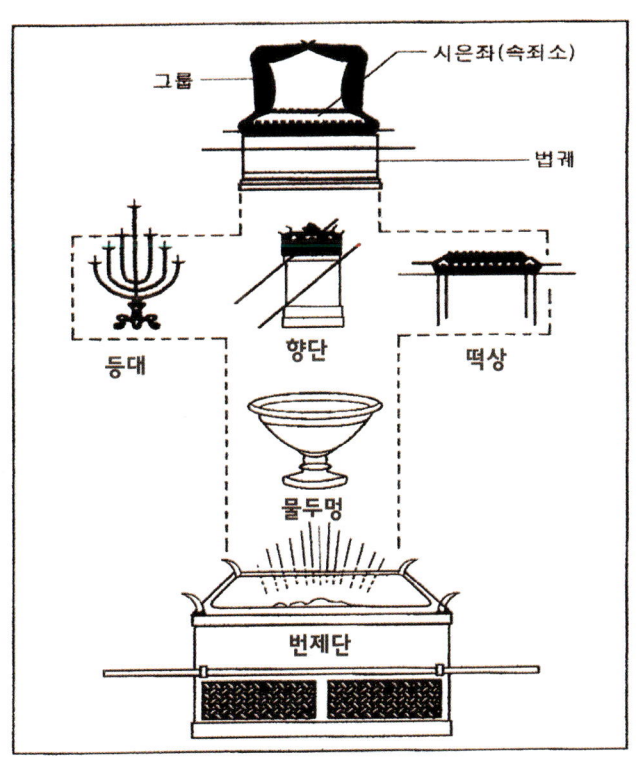

**십자가의 성막기구 배치**

번제단

성막의 문(門)(좌우폭 10m×높이 2.5m)

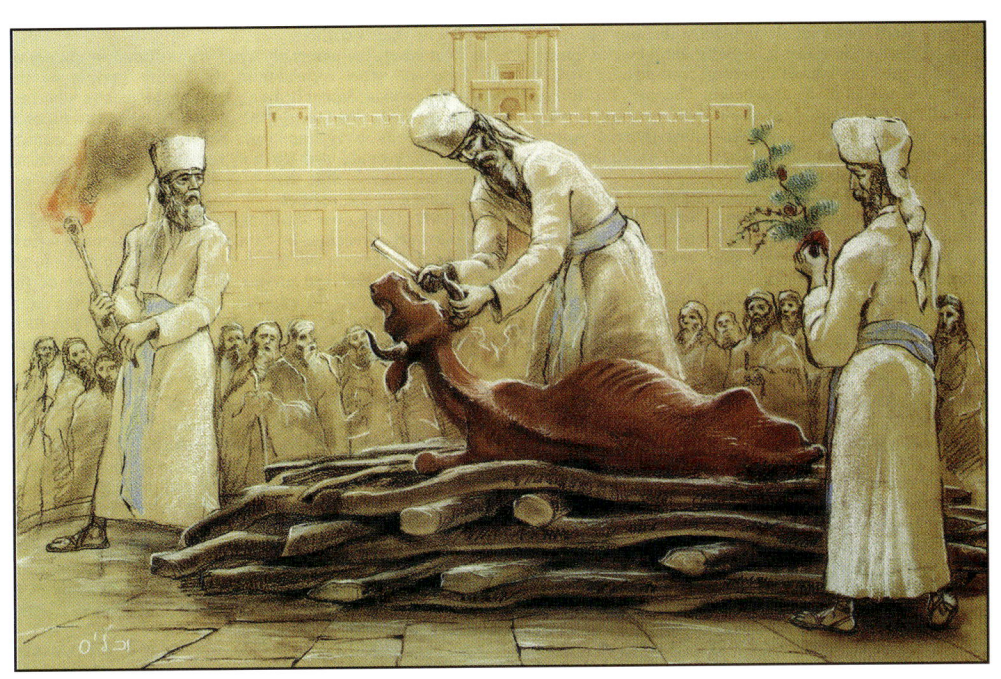

번제물을 잡는 모습

번제 드리는 모습

떡상(떡덩이 6개 X 2개, 12지파 상징)

물두멍
(물이 항상 채워져 있다.)

분향단

등 대
(금 1 달란트로 7개 촛대를 만들었다.)

**성소 위의 덮개를 벗기고 본 성소 내부의 모습**

**성소와 지성소에 둘러 있는 널판**
금으로 입혀졌고, 널판 48개 사용 4개의 띠가 둘러져 있다.

**성막의 외곽 기둥(60개)**

**널판 중간에 가로 질러 꿰어진 가름대**　　**매 널판마다 사용된 은받침 두 개**
　　(모든 널판을 온전히 연결시킨다.)

성소 안에서 사용된 기구들

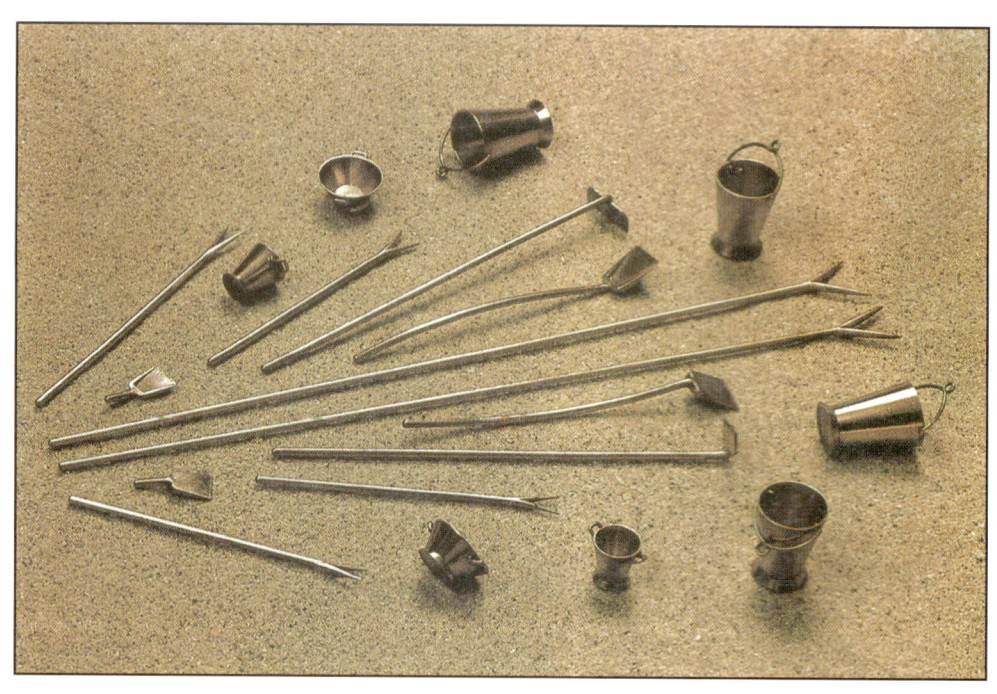

성막 뜰에서 사용된 기구들

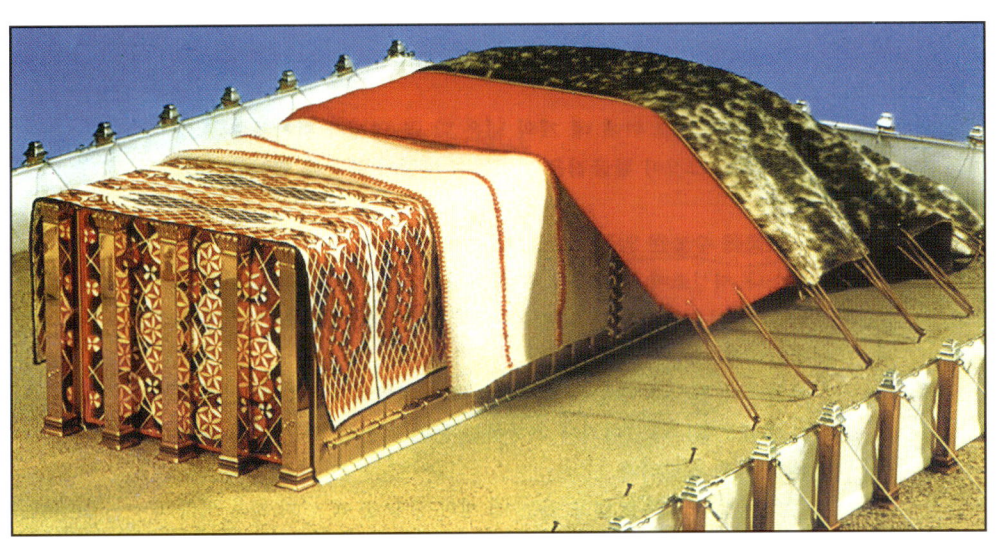

성소 위에 네 덮개가 중첩되어 덮여있다.
그러나 볼 수 있도록 벗겨 놓은 모습이다.

첫째, 맨 속에 그룹을 수놓은 양장 덮개

둘째, 양장 덮개 위에 염소털로 만든 덮개

셋째, 염소털 덮개 위에 숫양 가죽으로 만든 덮개
(붉게 물들였다.)

**넷째, 숫양 가죽 덮개 위에 해달 가죽으로 만든 덮개**
(마지막 겉에 덮는 덮개이다.)

**싯딤나무(조각목)**
(각종 기둥 및 법궤를 만들었다.)

**지성소의 내부**
(법궤와 사은소가 있다.)

**지성소로 들어가는 휘장**
(그룹이 수놓아 있고, 네 가지 아름다운 색으로 만들어 졌다.)

법 궤(언약궤)

대제사장이 지성소에서 금 부삽에 분향하는 모습

대속죄일에 번제 드릴 황소에게 안수기도(죄를 전가)

**대속죄일에 하나님께 드릴 두 염소**
(번제드릴 염소와 아사셀 염소)

아사셀 염소에게 죄를 전가하는 안수기도

대제사장

대제사장의 에봇(Ephod)

예루살렘 홀리랜드 호텔에 세워진 제2성전 모형

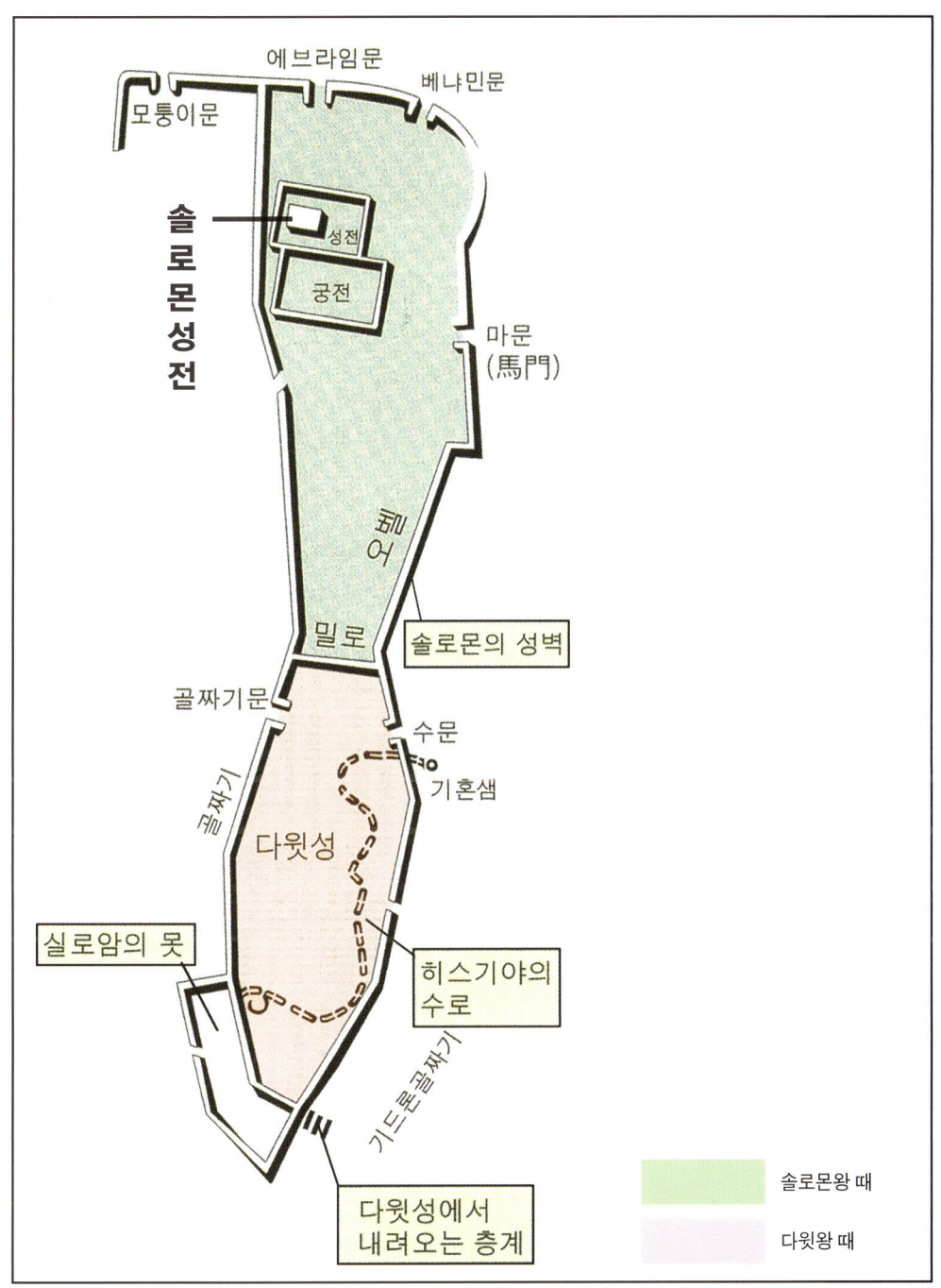

**다윗과 솔로몬왕 때의 예루살렘성 평면도**

### 예수님의 무덤교회(성묘교회)

교회 안에는 골고다 언덕, 예수님 무덤, 부활하신 곳이 있다. 1년여 동안(1996-1997) 새벽기도를 다녔다. 김흔중 목사(저자)

## 감람산 전경

1. 예수님이 땀방울이 핏방울이 되도록 기도하신 곳에 겟세마네 교회(만국교회)가 세워져 있다.
2. 예수님이 이곳 교회에서 로마 군병에게 잡히셨다.
3. 예수님이 부활 40일 후 감람산 정상에서 승천하셨다.

# 예루살렘성 내부지역

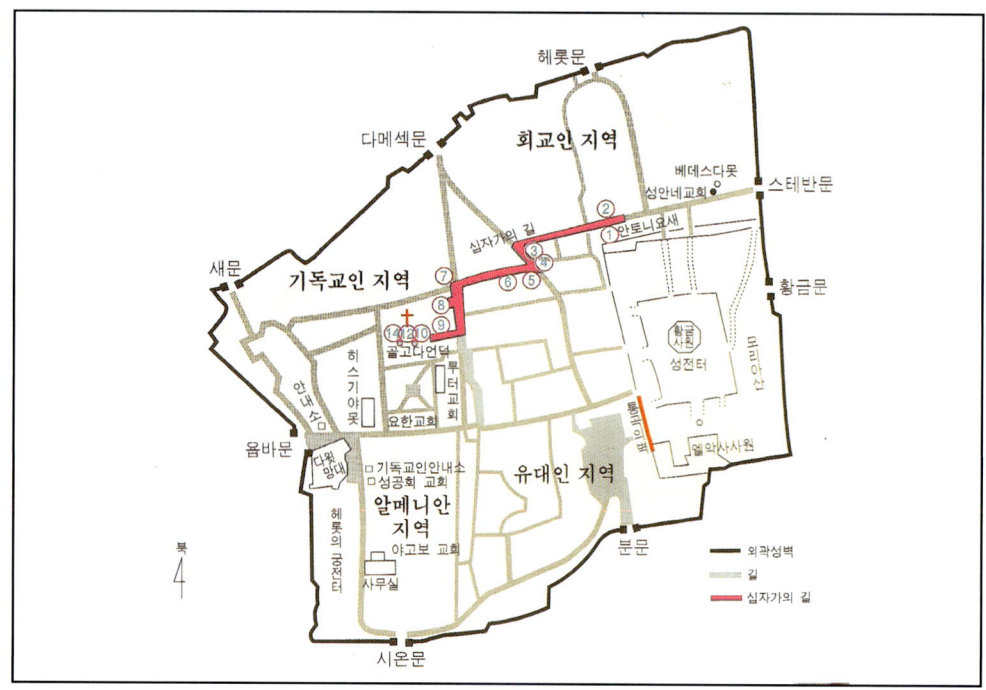

## 십자가의 길 14개 지점

① 예수님 사형이 선고된 곳
② 십자가를 지신 곳
③ 처음 쓰러 지신 곳
④ 모친 마리아를 만난 곳
⑤ 구레네 시몬이 십자가를 대신 진 곳
⑥ 베로니카 여인이 예수님 얼굴의 땀을 손수건으로 닦은 곳
⑦ 두번째로 쓸어지신 곳
⑧ 따라오던 여인들에게 나를 위하여 울지 말고 네 자녀들을 위하여 울라고 하신 곳
⑨ 세번째로 쓰러지신 곳 ⑩성묘교회안에 ⑪⑫⑬⑭의 5개 처가 있다.
⑩ 예수님 옷 벗긴 곳
⑪ 예수님이 못 박히신 곳
⑫ 예수님이 십자가에 달려 운명하신 곳
⑬ 예수님을 땅에 내린 곳
⑭ 예수님의 빈 무덤이다

# 예루살렘성 외부지역

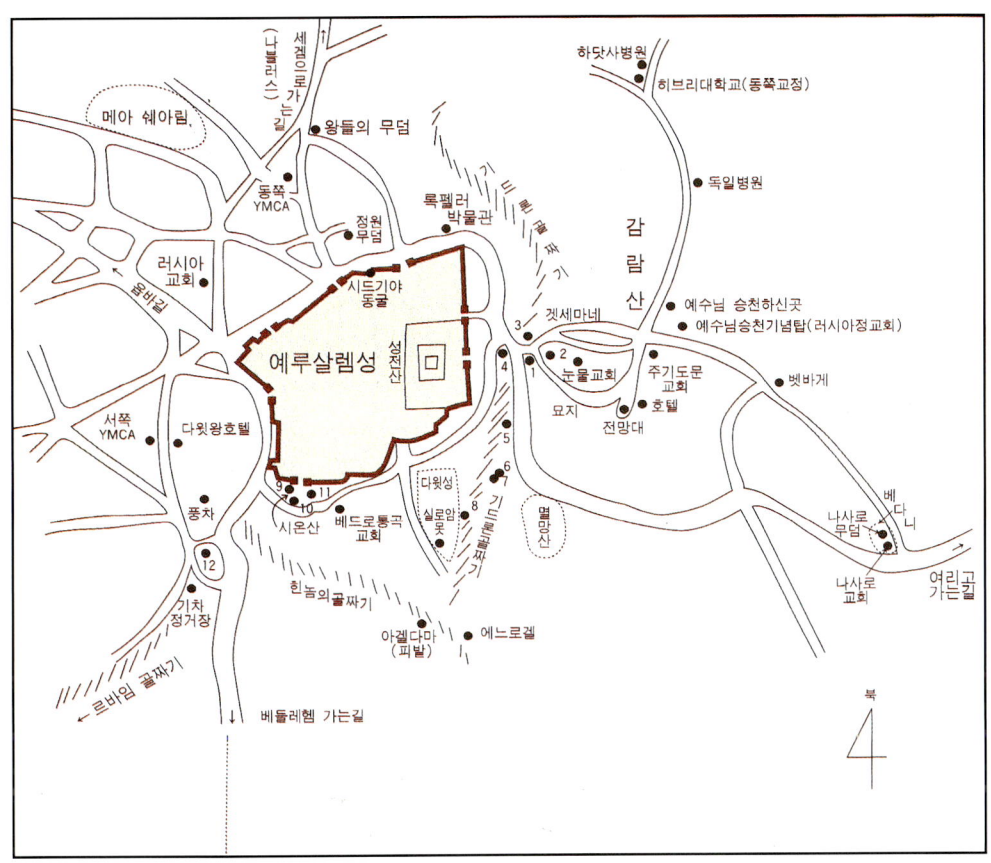

1. 겟세마네 교회 (만국 교회)
2. 막달라마리아 교회 (러시아 정교회)
3. 성모마리아 무덤교회
4. 스테반 순교 기념교회
5. 압살롬의 탑
6. 헤실의 자손들의 무덤
7. 스가랴의 무덤
8. 기혼샘
9. 가야바의 집터
10. 성모마리아 영면교회
11. 다락 방 (윗층)
    다윗 무덤 (아래층)
12. 스코틀랜드 장로교회

# 제1장
# 성막의 성경적 배경

# 제1장. 성막의 성경적 배경

## 1. 히브리족이 애굽에 이주한 시대적 배경

고대 애굽의 역사는 그 시대를 구분할 때에 왕조 이전 시대와 왕조시대로 나누게 된다.

왕조 이전 시대는 주전 3200년 이전 시대를 말한다. 그리고 왕조시대는 다시 세분하여 옛 왕조시대(주전 3200-2270년), 중간왕조시대(주전 2270-1570년), 그리고 새 왕조시대(주전 1570-525년)로 구분된다.

이집트의 기자(Giza)에 있는 피라미드(Pyramid)는 옛 왕조시대(제3왕-제6왕)인 주전 2690년-2270년경에 건축되었다.

아브람(아브라함)은 하란을 떠나 가나안땅에 도착했으나 기근으로 주전 2100년경 애굽에 우거하려고 갔다가 미모의 아내 사래(사라)를 바로에게 누이라고 속이자 바로가 그녀를 궁으로 맞아드렸다. 그러나 사래의 연고로 큰 재앙의 징조가 있게 되자 사래를 아브람에게 돌려 주고, 양과 소와 노비와 암수나귀와 약대를 주어 롯과 함께 은과 금을 풍족하게 받아 가지고 가나안으로 돌아온 사건이 있었다. (창12:10-20) 그러므로 아브람이 애굽에 들어간 연대를 고려할 때 애굽에 들어가기 전에 피라미드(pyramid)가 건축되었음을 알수 있다.

고대 애굽역사에 있어 중간 왕조시대 가운데 주전 1785년에서 1580년까지의 왕조시대를 제2중간시대(제13왕조-제17왕조)라고 한다. 이 시대의 100년간(주전 1680년-1589년)을 가리켜 소위 힉소스(hyksos) 시대라고 부른다.

이 왕조시대는 그들로서는 이방민족의 통치시대인 것이다. 힉소스족은 아시아 계통의 셈족으로서 애굽으로 들어온 것이다. 그래서 힉소스족은 셈 계통의 히브리인들이라는 주장이 있다. 당시에 애굽의 혼란한 기회를 틈타서 이방인들이 많이 모여들어 본토의 왕을 몰아내고 주전 1680년경부터 애굽에서 가장 비옥한 땅인 삼각주지역과 상부 애굽의 북쪽지방을 다스리기 시작하였다.

역사가 요세푸스에 의하면 야곱의 최초 70인 가족은 힉소스 시대에 애굽에 이주했다고 주장했으나 연대를 살펴보면 힉소스 시대보다 약 200년 전인 제1중간 시대에 속한 제12왕조의 세소스트리스시대에 이곳에 이주(주전 1876년-1446년)하여 그 후손들이 430년간 삼각주지역의 고센 땅에서 거주한 다음 출애굽하였다.

애굽의 나일강은 상류의 고원에서 발원하여 총 6,671km의 강물이 카이로에서 부챗살처럼 지류가 형성되어 지중해로 유입되고 있다. 고센땅은 우기철에 나일강이 범람하여 삼각주지역 나일강 지류에 운반된 퇴적한 물질로 비옥한 충적평야를 형성하여 곡창지대를 이루었다. 이곳 고센땅은 카이로의 동북방지역에 걸쳐 약 2만4천$km^2$의 면적을 가진 대 삼각주 평야가 펼쳐져 있다.

애굽의 바로는 이 삼각주 들판 가운데 '고센'이라는 지역을 지정하여 주면서 그곳에서 야곱의 가족을 살게 해 주었다. 고센은 다른 이름으로 '람세스'라 부르기도 했다.

라암셋은 태양의 도시라는 뜻을 가진 이름이다. 이를 헬라어로는 헬리오 폴리스라고 부르고 있으나 지금의 카이로 동북방 카이로 공항 근처에 있는 헬리오폴리스가 아니고 현재의 알 마타리야 들판이며 바로 이곳이 고센의 수도인 온(On)이라 주장하기도 한다.

출애굽기 1장 10절에도 이스라엘 자손들을 동원하여 노역을 시킬 때에 저들로 하여금 바로를 위하여 국고성 비돔과 라암셋을 건축하게 하였다.고 기록되어 있다. 그러나 출애굽 시의 라암셋은 오늘날의 타니스(Tanis)라는 주장이 지배적이다.

## 2. 요셉으로 인한 야곱 가족의 애굽 이주

### (1) 요셉은 하란에서 출생했다(창 30:23-24).

요셉(יוֹסֵף, Josehp)이라는 이름은 "그는 이긴다" 또는 "여호와께서 더해 주신다"는 뜻을 지니고 있다.

야곱은 쌍둥이 형인 에서를 피하여 헤브론에서 하란으로 도망하여 외삼촌 라반의 집에서 양을 치며 생활을 했다.

라반에게는 두 딸 레아와 라헬이 있었다. 야곱은 둘째 딸인 라헬을 사랑했다. 그러나 라반은 야곱을 속여(풍속 빙자)장녀 레아를 첫째 아내를 삼게 했고 라헬을 두 번째 아내로 주었다.

요셉(주전 1915-1805년, 향년 110세)은 하란(밧단아람)에서 아버지 야곱의 나이 91세 때에 어머니 라헬에게서 12형제 중에 11번째로 태어났다.

| 순번 | 야곱의 아내 | 아들 수 | 딸 | 아들의 이름 |
|---|---|---|---|---|
| 1 | 레아(라반:장녀) | 6 | 1 | ① 르우벤 ② 시므온 ③ 레위 ④ 유다 ⑤ 잇사갈 ⑥ 스불론 ※ 딸: 디나 |
| 2 | 실바(레아 몸종) | 2 | | ① 갓 ② 아셀 |
| 3 | 빌하(라헬 몸종) | 2 | | ① 단 ② 납달리 |
| 4 | 라헬(라반:차녀) | 1 | | ① 요셉 |
| ※ 베냐민은 라헬에게서 이스라엘에서 출생 ||||| 

**하란에서 태어난 야곱의 자녀들**

야곱은 하란의 외삼촌 라반의 두 딸을 위하여 14년을, 외삼촌의 양떼를 위하여 6년을 봉사하며 종살이 하다가 20년만에 도망하여 아내 4명, 아들 11명, 딸 1명을 약대에 태우고 얻은 짐승과 모든 소유물을 가지고 이스라엘을 향해 떠났다.

야곱이 얍복강을 건널 때 천사와 겨뤄 씨름하여 이기게 되자 "다시는 야곱이라 부를 것이 아니요 이스라엘이라 부를 것이니"(창 32:28) 하고 축복하였다. 이 때부터 이스라엘 민족과 국가의 이름으로 부르게 되었다.

하란에서 떠나 이스라엘로 돌아오기 6년 전에 뒤늦게 라헬의 태를 열어 태어나게 된 귀여운 어린 요셉은 아버지 품에 안겨 낙타를 타게 되었으며 야곱은 11명의 아들을 제치고 요셉으로 하여금 장자의 대를 잇게 하려는 심산이었다.

베냐민은 12번째 아들로 요셉과 동복형제(同腹兄弟)로서 이스라엘 베들레헴(에브랏)의 초입지역에서 출생했으나 어머니 라헬은 베냐민의 난산으로 인하여 죽어 에브랏(베들레헴) 근처에 매장되었다.

### (2) 야곱이 요셉을 편애하고, 형제들이 그를 시기했다(창 37장).

야곱이 노령(91세)일 때에 하란에서 태어난 요셉(하란을 떠날 때, 6세)은 아버지의 특별한 사랑을 받을 정도로 형제 중에 가장 용모가 준수하고 아담했다(창 39 : 6). 그리하여 야곱이 요셉에게 채색옷을 입히는 등 차별성을 보이며 편애(偏愛)하자 형들로부터 미움을 사게 되었고, 요셉이 두 번 꿈을 꾸고 꿈의 내용을 형들에게 밝히자 형들이 더욱 시기하고 미워하였다. 꿈의 내용은 ① 첫 번째로 요셉의 곡식단에 형들의 곡식단이 둘러 서서 절을 했고, ② 두 번째 꿈은 해와 달과 열한 별이 요셉에게 절을 했다는 꿈이었다(창 37:7-9).

요셉이 17세가 되었을 때에 아버지 야곱이 헤브론에서 세겜으로 심부름을 보내 형들이 양을 잘 치고 있는지 알아보라고 했다. 그러나 형들이 세겜에서 도단으로 옮겼기 때문에 그곳 도단 까지 가서 형들을 만났다. 그러나 형들은 요셉을 보고 꿈꾸는 자가 왔다며 죽이려고 모의하여 요셉의 채색옷을 벗긴 후 그를 구덩이에 던졌으나 마침 구덩이에 물이 없어 죽지 않고 살았다.

### (3) 요셉은 애굽에 팔려간 후 투옥되었다(창 39장).

그때 마침 애굽으로 가던 미디안 상고(商賈, caravan)들이 지나가자 유다의 제안으로 은 20개(세겔)에 노예로 팔린 요셉을 애굽 바로의 시위대장(경호실장) 보디발의 가정 총무를 맡아 재정을 전담하며 충실하게 일을 했다. 요셉은 이때부터 인생에 큰 변화가 시작되었다(창 39:3).

그후 약 10년 뒤에 요셉(27세)의 준수한 용모에 끌려 보디발의 아내는 요셉에게 자주 눈짓하며 동침하기를 원했으나 거절하며 피하기까지 했다. 어느 날 요셉이 시무하러 그 집에 들어 갔을 때 보디발의 아내가 요셉의 겉옷을 잡고 동침하자고 했으나 완강히 뿌리치고 겉옷이 벗겨진 채로 도망했다. 그러자 보디발의 아내는 히브리 종이 겁간코자 들어 왔다가 도망했다며 오히려 누명을 씌워 버려진 겉옷을 증거물로 제시하여 요셉을 투옥시켰다(창 39:7-20)프

### (4) 요셉은 두 관원장의 꿈을 풀어 주었다(창 40장).

요셉은 감옥 안에서 죄수로 들어온 술 맡은 관원장과 떡 굽는 관원장을 만나

그들을 섬기게 되었다. 어느 날 두 관원장의 특이한 꿈을 요셉이 듣게 되었다.

① 술 맡은 관원장은 내 꿈에 보니 내 앞에 포도나무가 있는데 그 나무에 세 가지가 있고 싹이 나서 꽃이 피고 포도송이가 익었고 내 손에 바로의 잔이 있기로 내가 포도를 따서 그 즙을 바로의 잔에 짜서 그 잔을 바로에게 드렸다는 것이다.

② 떡 굽는 관원장은 꿈에 보니 흰떡 세 광주리가 내 머리에 있고 그 윗 광주리에 바로를 위하여 만든 각종 구운 식물이 있었는데 새들이 내 머리의 광주리에서 그것을 먹더라는 것이다.

요셉은 두 관원장의 꿈을 전부 들은 후 해석해 주었다. 술 맡은 관원장의 "포도나무의 세 가지는 사흘이다" 또한 "떡 굽는 관원장의 세 광주리도 사흘이다"라고 해석해 주며 지금부터 사흘 안에 바로가 술 맡은 관원장의 전직(前職)을 회복시켜 줄 것이라고 해몽해 주었다.

사흘 후, 바로의 생일날 요셉이 꿈을 해석해 준 그대로 적중되어 술 맡은 관원장은 전직이 회복되었고 떡 굽는 관원장은 죽임을 당했다.

### (5) 요셉은 바로의 꿈을 풀어주었다(창 41장).

그로부터 만 2년 후에 바로가 해괴한 꿈을 두 번 꾸었다. ① 바로의 꿈은 자기가 하숫가에 섰는데 보니 아름답고 살진 일곱 암소가 하수에서 올라와 갈 밭에서 뜯어 먹고 그 뒤에 또 흉악하고 파리한 다른 일곱 암소가 하수에서 올라와 그 소와 함께 하숫가에 섰더니 그 흉악하고 파리한 소가 그 아름답고 살진 일곱 암소를 먹은지라 바로가 곧 깨었다. ② 다시 잠이 들어 꿈을 꾸니 한 줄기에 무성하고 충실한 일곱 이삭이 나오더니 그 세약하고 동풍에 마른 일곱 이삭이 나와 무성하고 충실한 일곱 이삭을 삼킨지라 바로가 꿈에서 깨었다.

바로는 애굽의 모든 술객과 박사를 동원했으나 꿈을 해석하는 자가 없었다. 그 때 마침 술 맡은 관원장이 바로에게 고하여 자기가 감옥에 있을 때 꿈을 풀어 주어 그대로 되었다는 사실을 실토했다.

바로는 술 맡은 관원장의 말을 듣고 요셉을 감옥에서 불러 내어 자기의 꿈을 해석하게 했다. 여기서 주목할 것은 술 맡은 관원장이 석방되어 복직된 2년후에 바로가 해괴한 꿈을 꾸고 요셉을 감옥에서 불러냈다. 그러므로 요셉이 2년간 수감되었다가 3년째 되는 해에 석방되었다는 사실을 입증해 주고 있다.

요셉은 바로 앞에 서서 꿈을 해석하는 것은 내게 있는 것이 아니라 "하나님이 바로에게 평안한 대답을 하시리이다"라고 말한 후 이어 요셉은 바로의 꿈을 풀어 말하기를 일곱 암소는 일곱 해(7년)요 일곱 좋은 이삭도 일곱 해(7년)이니 그 꿈은 같은 하나라고 했다. 그 후에 올라 온 파리하고 흉악한 일곱 암소는 7년 흉년이요 동풍에 말라 속이 빈 일곱 이삭도 일곱 해 흉년이니 온 애굽 땅에 일곱 해 풍년이 있겠고 후에 일곱 해 흉년이 있다. 사람들이 애굽땅에 흉년이 너무 심하므로 이전 풍년을 이 땅에서 기억하지 못 할것이라고 꿈을 해석해 주었다. 또 두 번 꿈을 겹쳐 꾼 것은 속히 행하리라는 하나님의 경고라는 사실을 밝혀 주었다.

그리하여 일곱 해 풍년 기간에 곡물의 양식을 각 성에 적치(積置, 비축)하여 앞으로 임할 일곱 해 흉년을 대비하면 멸망치 아니할 것이라고 했다(창 41:35-36).

## (6) 요셉은 애굽의 총리가 되었다(창 41:41-15).

바로는 신하들에게 하나님의 신이 감동한 사람을 어찌 우리가 얻을 수 있으리요 하고 요셉에게 너와 같이 명철하고 지혜있는 자가 없도다. 너는 내집을 치리하라하고 자기(바로)의 인장과 반지를 빼어 요셉의 손에 끼우고 그에게 세마포 옷을 입히고, 금사슬을 목에 걸어주고 자기에게 있는 버금가는 수레에 요셉을 태우고 무리에게 그 앞에서 엎드리라 소리 질러 명했다

그후 바로는 요셉의 이름을 사브낫바네아(하나님은 살아 계심의 뜻)라 불렀고 온(헬리오폴리스)의 제사장 보디베라의 딸 아스낫을 주어 아내로 삼게 하였다.

요셉은 나이 30세가 되어 애굽의 총리가 되었다. 바로에게 꿈을 해석해 준대로 일곱 해 풍년이 들어 토지의 소출이 많아 저장한 곡식이 바다 모래같이 많았다. 이 시기에 요셉의 두 아들 므낫세와 에브라임이 태어났다.

요셉이 바로의 꿈을 해석해 준 그대로 일곱 해 풍년이 든 후에 일곱 해 흉년이 들기 시작하여 모든 창고를 열어 구제했으나 애굽뿐 아니라 온 세상에도 기근

이 심해졌다.

이스라엘에도 흉년이 들어 식량이 바닥나자 야곱의 아들들(베냐민 제외)이 애굽에 식량을 구하려고 떠났다. 그리하여 그들이 애굽의 총리인 요셉 앞에 엎드려 절하매 요셉은 그들에게 너희가 어디서 왔느냐고 물었다. 그들은 곡물을 사려고 가나안에서 왔다고 대답했다.

### (7) 요셉은 찾아온 형들을 만났다(창 42장).

요셉은 형들인 것을 알았으나 그 형들은 요셉인 줄을 몰랐다. 요셉은 형들에게 정탐하려고 왔느냐 짐짓으로 말하며 말째 아우를 데려오지 아니하면 너희가 나가지 못하리라 하고 삼일간 가두었다. 그리고 형제 중 한 사람을 볼모로 옥에 갇히게 하고 곡식을 수레에 실어준 후에 고향에 돌아가서 남은 가족들을 먹이게 한 후에 말째 아우를 데리고 오라고 했다. 말째 아우를 내게 데려 오면 정탐꾼이 아닌 독실한 자임을 알리라 하고 시므온을 결박하여 감금하고 곡물을 나귀에 싣고 떠나게 했다. 그 형제들이 객점에서 곡물 자루를 풀어 본즉 양식을 사려고 가지고 간 돈이 자루의 아구에 곡식과 함께 들어 있었다.

야곱의 아들들이 애굽에서 가지고 온 곡식이 이스라엘에 기근이 심하여 다 떨어지자 예물과 갑절의 돈을 준비하여 베냐민을 데리고 다시 애굽에 가서 총리인 요셉의 앞에 서게 되었다.

### (8) 요셉은 동복(同腹)의 동생 베냐민을 만났다(창 43-45장).

요셉은 약속대로 감금되었던 시므온을 풀어주고 형제들을 요셉의 집으로 인도하였다. 그들 형제들이 땅에 엎드려 요셉에게 절하자 요셉이 '아버지 너희가 말한 그 노인이 안녕하시냐' 고 야곱의 안부를 물었다. 아직도 생존해 계시다는 대답을 들었고 베냐민을 알아 본 후 눈물을 억제치 못해 안방에 들어가 눈물을 씻고 나와 음식을 차리라고 명했다.

요셉이 어린시절에 두 번 꿈을 꾸었을 때 요셉의 곡식단에 형들의 곡식단이 둘러 서서 절을 했고, 해와 달과 열한 별이 요셉에게 절을 했던 꿈이 이루어졌다(창 37:7-9). 요셉이 모든 시종들던 사람을 자기 앞에서 물러가게 하고 그 형제들에게 자기가 요셉이라고 알리고 방성대곡하니 바로의 궁중에까지 통곡소리가 들렸다.

이러한 사실이 바로에게까지 알려지게 되어 바로가 명하기를 아비와 너희 가속을 이끌고 내게로 오게 하라. 내가 너희에게 애굽 땅 아름다운 것을 주리니 너희가 나라의 기름진 것을 먹으리라. 너희는 애굽 땅에서 수레를 가져다가 너의 자녀와 아내를 태우고 너의 아비를 데려 오라고 명했다(창 45:18). 그리하여 바로의 명으로 야곱 가족이 애굽으로 이주하게 되었다.

야곱은 가족(70명)과 모든 소유를 이끌고 발행하여 브엘세바에서 희생제사를 드리니 하나님이 밤에 이상 중에 나타나 야곱아! 야곱아! 부르시며 애굽에 내려가기를 두려워 말라 내가 거기서 큰 민족을 이루게 하리라고 약속해 주셨다(창 46:1-7).

### (9) 야곱가족이 고센땅에 이주하게 되었다(창 46장).

그들은 요셉의 청에 의해 바로의 명대로 애굽의 비옥한 고센땅인 라암셋에 거하게 되었다. 그 때 야곱의 나이 130세였다(창 47:1-12). 그곳 고센땅에서 이스라엘 족속이 산업을 얻고 생육하고 번성했다.

야곱은 고센땅에서 17년간 가족들과 생활하다가 아들을 불러 모아 놓고 내가 열조에게로 돌아 가리니 나의 헷사람 에브론(헤브론) 밭의 굴에 있는 여부조(與父祖)와 함께 장사하라 하매 아들들이 부명(父命)을 좇아 행하여 그가 죽으매(향년 147세) 가나안 땅에 메어다가 헤브론 마므레 앞 막벨라 굴에 장사하고 애굽으로 돌아갔다.

그 때 요셉은 보복이 두려워 떠는 형들에게 형들이 나를 해하려 했으나 하나님은 선으로 바꾸사 오늘과 같이 만인의 생명을 구하시려 했다며 오히려 형들을 따뜻한 사랑으로 위로했다.

요셉은 야곱이 죽은 후 54년 동안 그의 아버지 가족들과 더불어 생활했으며 그 자녀들에게 유언으로 이르되 나는 죽으나 하나님이 너희를 권고하시고 너희를 이 땅에서 인도하여 내사 아브라함과 이삭과 야곱에게 맹세하신 땅(가나안)에 이르게 하시리라 하고 너희는 여기서 내 해골을 메고 올라가겠다 하라 하였더니 요셉이 죽자(향년110세) 그들이 그의 몸에 향재료를 넣고 애굽에서 입관을 했다(창 50:26). 즉 미라(mirra)를 만들어 놓았다가 그의 유언대로 출애굽 할때에 관을 메고 나와 가나안 세겜땅에 장사하였다.

그리하여 요셉은 일생을 통하여 야곱 가족인 히브리민족이 애굽의 고센땅에서 이스라엘 민족 공동체를 형성할 수 있도록 기여했고 출애굽에 대비하도록 사명을 다했다.

**출애굽의 발행지 라암셋 유적**

라암셋은 나일강 델타의 북동부 지역에 있던 람세스 시대의 수도였다. 세티 1세 때 건축을 하여 람세스 2세에 의해 완성되었다. 바로는 요셉과 그 친족이 애굽에서 제일 비옥하고 살기 좋은 이곳에서 살도록 허락하였다. 람세스는 이스라엘 민족의 출애굽의 출발점이 되었다(민 33:3-5).

제1장. 성막의 성경적 배경

## 야곱의 생애 ("브엘세바"에서 하란-애굽-"막벨라굴"까지)

※ ①번부터 ⑨번까지 밑에서 부터 위로 연대별 사건 순서대로 읽어 가며 이해한다.

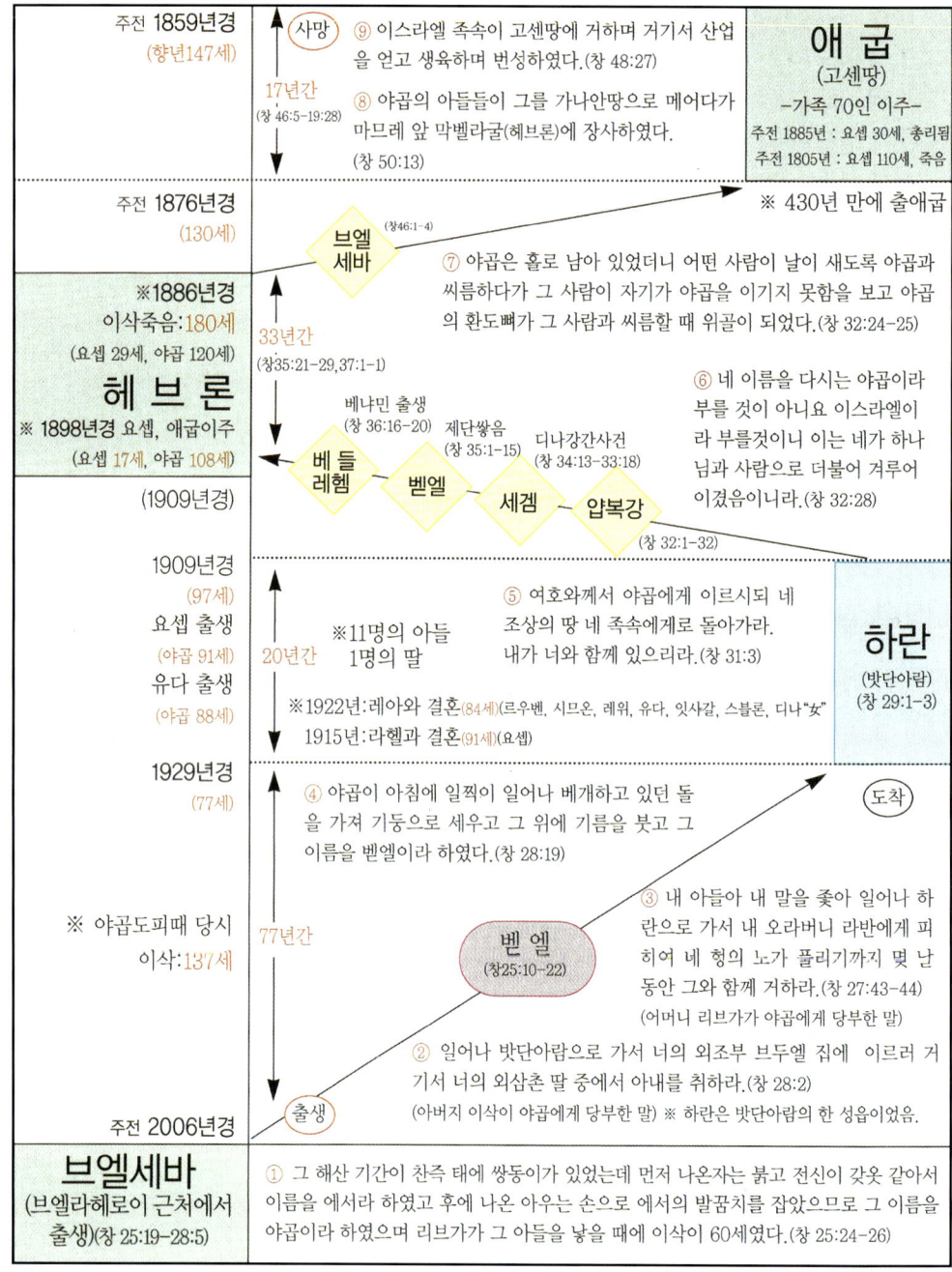

<①번부터 ⑨까지 순서대로 읽어간다.>

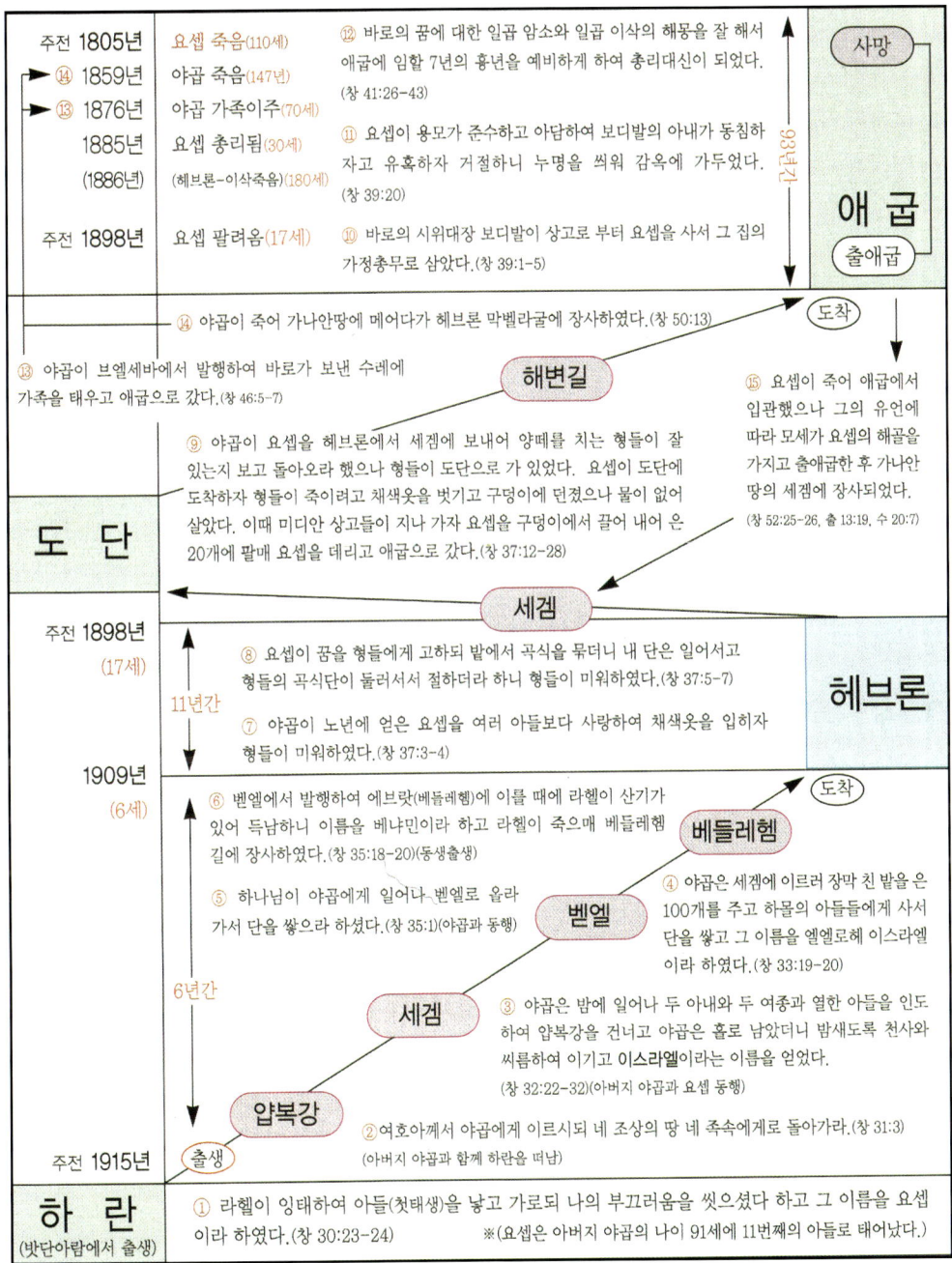

<①번에서 ⑭까지 순서대로 읽어간다.>

제1장. 성막의 성경적 배경

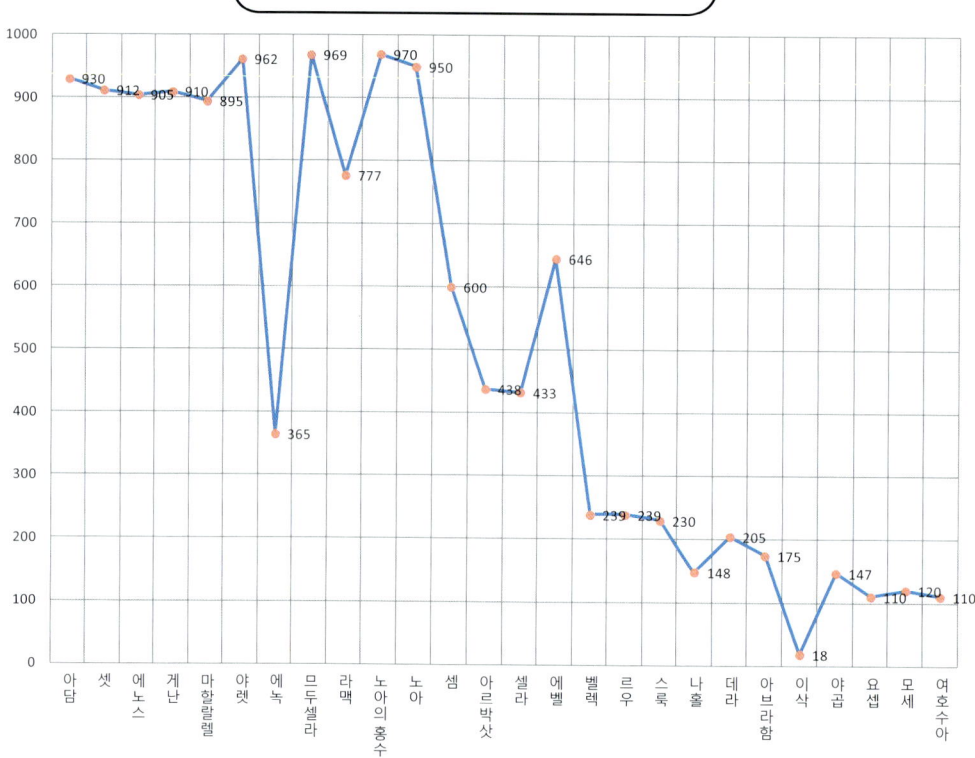

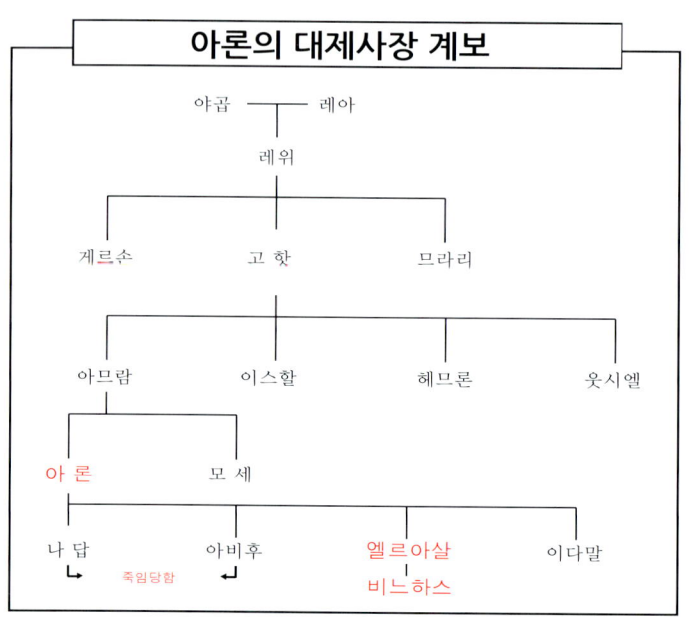

제1장. 성막의 성경적 배경

## 열두지파의 조상 계보

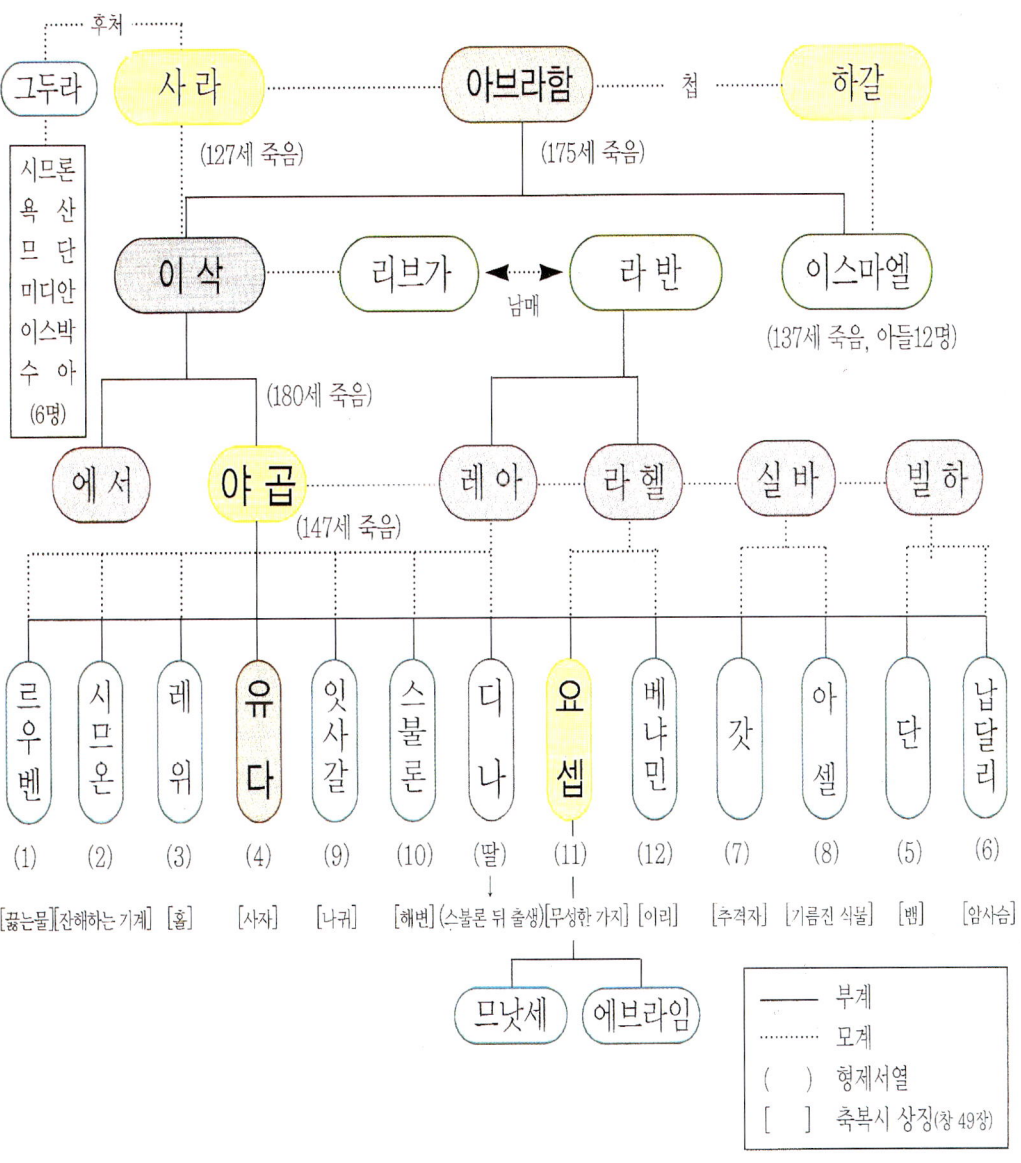

## 하나님이 택한 모세

여호와의 사자가 떨기나무 불꽃 가운데서
그에게 나타나시니라.
그가 보니 떨기나무에 불이 붙었으나 사라지지 아니하는지라.
하나님이 떨기나무 가운데서 그를 불러 가라사대
모세야 모세야 하시매 그가 가로되 내가 여기 있나이다.
하나님이 가라사대 이리로 가까이 하지 말라
너의 선 곳은 거룩한 땅이니 네 발에서 신을 벗으라.
또 이르시되 나는 네 조상의 하나님이니
아브라함의 하나님, 이삭의 하나님, 야곱의 하나님이니라.
모세가 하나님 뵈옵기를 두려워하여 얼굴을 가리우매
여호와께서 가라사대 내가 애굽에 있는 내 백성의 고통을
정녕히 보고 그들이 그 간역자로 인하여
부르짖음을 듣고 그 우고를 알고
내가 내려와서 그들을 애굽인의 손에서 건져내고
그들을 그 땅에서 인도하여 아름답고 광대한 땅,
젖과 꿀이 흐르는 땅 곧 가나안 족속, 헷 족속, 아모리 족속, 브리스 족속, 히위 족속, 여브스 족속의 지방에 이르려 하노라

출애굽기 3장 2~8절

하나님이 모세에게 이르시되 나는 스스로 있는 자니라
또 이르시되 너는 이스라엘 자손에게 이같이 이르기를
스스로 있는 자가 나를 너희에게 보내셨다 하라

출애굽기 3장 14절

## 3. 모세에 의한 이스라엘 백성의 출애굽

### (1) 야곱 가족은 고센 땅에 정착했다(창 46-47장).

아브라함(주전 2166-1991년, 향년 120세)은 족장으로 그의 손자 야곱이 15세 때에 죽었다. 야곱의 사랑을 받던 요셉은 17세(당시 야곱 108세)에 애굽의 노예로 팔려 갔다. 그런데 오히려 전화위복이 되어 30세에 애굽의 총리가 되어 명성을 떨쳤으며 요셉으로 인하여 야곱과 열한 아들은 큰 은혜를 입고 야곱(130세 때)의 가족 70인은 애굽으로 이주하여 430년간 비옥한 고센 땅에서 풍요롭게 생활하면서 약 250-300만명(장정 60만명)의 신정국가(神政國家)의 이스라엘 민족을 형성하게 되었다.

### (2) 요셉을 모르는 바로의 탄압이 시작되었다(출 1장).

요셉(향년 110세)이 죽은 후 요셉을 모르는 애굽의 바로는 부유하고 숫적으로 많은 이스라엘 백성을 두려워한 나머지 그들을 최악의 상태인 노예의 지위로 전락시켰다. 따라서 하나님의 택함을 받은 백성으로 그동안 모든 혜택을 받아 오던 그들에게 노예생활은 지극히 견디기 힘들었다.

그들은 하나님께서 아브라함에게 주신 약속으로 "내가 너로 큰 민족을 이루고…"(창 2:2)라는 하나님의 말씀을 믿고 있었다.

오랜 노예생활을 통해서 그들은 가나안 땅이 자기들이 돌아가야 할 고향 땅이 될 것이라는 하나님의 약속의 말씀에 점점 집착하게 되었다.

### (3) 모세가 지도자로 선택되어야 할 시대적 상황이었다(출 3 장).

이 때에 여호와께서 모세(80세)를 택하여 지도자로 삼아 그로 하여금 애굽의 바로가 하나님의 백성을 람세스(타니스)로부터 가나안 땅으로 보내도록 강권적으로 역사했다.

애굽 역사상 새 왕조시대(주전 1570-525년)는 제18왕조에서 26왕조까지를 말한다. 제18왕조는 애굽 역사상 가장 국력이 강성했던 시대이다. 이 시대에 룩소의 카르낙 신전, 룩소 신전 그리고 소위 왕들의 계곡(Valley of kings)에 자리하고 있던 역대 애굽 왕들의 무덤들이 이때에 만들어진 것들이다.

우리가 관심을 갖는 것은 모세가 이 시대의 인물이고 히브리인들의 출애굽이 이 시대에 이루어진 것이다.

제18왕조의 제1대 왕은 아흐모세 1세(Ahmose Ⅰ)이다. 아흐모세 1세는 힉소스족을 몰아내고 애굽을 통일한 바로(Pharaoh)였다.

아흐모세 1세는 25년 동안 통치를 했고 그 뒤를 이어 제2대왕 아문호텝 1세(Amunhotep Ⅰ)는 20년간 통치를 했다. 그 뒤를 이은 제3대왕 툿트모세 1세(Tuthmoses Ⅰ)는 짧은 기간 동안(주전 1525-1512년) 통치했으나 많은 일을 했다.

모세는 주전 1520년경에 애굽의 헬리오폴리스에서 출생했다. 모세(משה, Moses)는 "물에서 건져내다" 또는 "건짐을 받은 자"의 뜻을 지니고 있다.

박윤선 박사의 출애굽기 주석에 의하면 출애굽기 1장 8절의 요셉을 알지 못하는 바로왕은 제18왕조의 제3대왕 툿트모세 1세였을 것이라고 주장했다.

애굽 제18왕조 제5대의 여왕 핫셉슈트(Hatshepsut, 주전 1503-1482년)는 툿트모세 1세의 장녀로 이복남동생인 툿트모세 2세의 왕비가 되었다. 그러나 핫셉슈트에게 아들이 없었기 때문에 툿트모세 2세의 큰 첩 소생인 서출(庶出)의 툿트모세 3세(주전 1504-1450년)가 제6대 왕위를 계승했다. 그러나 나이가 어렸기 때문에 여왕은 정통 왕위의 계승권을 주장 22년간 섭정을 했다.

툿트모세 3세는 모세와 같이 자랐으며, 역대 바로 중에 가장 포악하여 애굽에 살고 있던 히브리인들에게 심한 노동을 시키고 압박을 가했다. 툿트모세 3세(주전1504-1450년)의 아들로서 왕위를 계승한 자는 제7대왕 아문호텝 2세(Amunhotep Ⅱ)이다. 제8대왕 툿트모세 4세(주전 1425-1417년)는 아문호텝 2세와 티아(Tia) 사이에서 태어난 아들로서 그 뒤를 이은 왕이다.

이스라엘 민족의 출애굽한 연대가 주전 1446년이라고 볼 때에 새 왕조시대의 툿트모세 3세와 툿트모세 4세의 중간 기간인 아문호텝 2세(Amunhotep Ⅱ, 주전 1450-1425년)의 통치기간에 출애굽이 이루어진 것으로 추정된다.

또한 약 4600년 전에 세워진 스핑크스(Sphinx)에 얽힌 전설에 의하면 아문호텝 2세 때에 출애굽한 연대의 배경을 밝혀 주고 있다.

거대한 스핑크스(높이 21m, 길이 57m)의 양발의 앞을 잘 보면 조그마한 비석하나를 발견할 수 있다. 이른바 "꿈의 비석"(Dream Stela)이라 부르는 이 비석은 툿트모세 4세(Tuthmoses)가 세운 것인데 다음과 같이 기록이 전해지고 있다.

"어느 날 툿트모세 4세가 피라미드 근처에서 낮잠을 자다가 꿈을 꾸게 되었는데 꿈속에 천사가 나타나서 누워 있는 곳을 파라고 했다. 그러면 왕관을 씌워준다고 했다. 툿트모세 4세가 급히 인부를 데리고 와서 누운 곳을 팠더니 오늘날 볼 수 있는 이 거대한 스핑크스를 발견하게 되었다"는 것이다. 그 당시 툿트모세 4세는 형(webesenu)이 한 명 있어서 도저히 왕이 될 수 없는 상황이었는데 모세가 그의 아비 아문호텝 2세와 대결을 했을 때 마지막 재앙인 장자의 죽음사건으로 인하여 만형이 죽고 말았다. 그래서 툿트모세 4세는 차남임에도 불구하고 아버지인 아문호텝 2세의 뒤를 이어 왕이 된 것이다. 카이로 박물관에 가보면 아문호텝 2세의 시체와 장자인 웨베세누(webesenu) 시체의 두 구가 한 관에 들어 있다.

더욱이 열왕기상 6장 1절에 보면 이스라엘 자손이 애굽 땅에서 나온 지 480년이요 솔로몬이 이스라엘 왕이 된 지 4년이 되는 해에 성전 건축을 했다. 이때의 연대가 주전 966년인고로 이때로부터 480년 전인 주전 1446년에 출애굽 사건이 일어난 사실이 분명히 밝혀지고 있다.

### (4) 모세는 시내산에서 부름을 받았다(출 3 장).

모세가 이스라엘의 지도자로 택함을 받은 경위와 출애굽 과정을 살펴보기로 한다. 모세가 그의 장인 미디안 제사장 이드로의 양무리를 치다가 하나님의 산 호렙에 이르자 여호와의 사자가 떨기나무 불꽃 가운데서 그에게 나타나 모세야! 모세야! 부르시매 모세가 내가 여기 있나이다 대답하니 이리로 가까이 오지 말라 너의 선 곳은 거룩한 땅이니 네 발에서 신을 벗으라 이르시고 나는 네 조상의 하나님이니 내가 애굽에 있는 내 백성의 고통을 정녕히 보고 그들이 그 간역자(看役者, 감독자)로 인한 부르짖음을 듣고 그 우고(憂苦, 근심과 고통)를 알고 애굽인의 손에서 건져내고 그들을 그 땅에서 인도하여 아름답고 광대한 땅 젖과 꿀이 흐르는 땅에 이르게 하려고 이제 내가 너(모세)를 바로에게 보내어 너로 내 백성 이스라엘 자손을 애굽에서 인도하여 내게 하리라(출 3:1-10) 또한 내가 내 손을 들어 애굽 중에 여러 가지 이적으로 그 나라(애굽)를 친 후에야 그가 너희를 보내리라 하였다(출 3:20). 그리고 시내산에서 모세를 통해 몸소 이적의 표징으로 지팡이를 던져 뱀을 만들고 뱀의 꼬리를 잡아 다시 지팡이를 만들며, 모세의 손을 품에 넣었다가 내게 하여 문둥병의 손이 되게 하고 다시 손을 품에 넣었다가 내게 하여 여상(如常, 평상시와 같음)하게 하여 이적을 체험하게 했다(출 4:1-7).

드디어 모세는 대변자 아론(형: 3세 많음)과 함께 바로에게 가서 여호와의 말씀에 "내 백성을 보내라 그들이 광야에서 내 앞에 절기를 지킬 것이니라"라는 여호와의 분명한 언약의 말씀을 전했다. 그러나 바로는 여호와가 누구관대 나는 여호와를 알지 못하니 이스라엘 백성을 보내지 아니하겠다는 것이었다(출 5:1-2).

## (5) 열 가지 재앙과 유월절이 출애굽의 계기가 되었다(출 4장, 12장).

여호와께서는 모세에게 명하되 애굽 왕 바로에게 말하여 이스라엘 자손을 그 땅에서 내어 보내게 하라 하셨다. 그리고 바로에게 이적을 보이라 하면서 아론으로 하여금 너의 지팡이를 가져 바로 앞에 던지라 하니 그것이 뱀이 되었다. 그러자 바로도 박사와 박수를 불러 그들 술객들의 술법으로 각 사람이 지팡이를 던지니 뱀이 되었다. 그러나 아론의 지팡이가 그들의 지팡이를 삼켜 버렸다. 이 일로 인하여 바로의 마음이 강퍅해졌다. 그리하여 바로에게 이적에 의한 열 가지 재앙은 불가피하게 되었다.

즉 ① 하수물이 피가 됨 ② 개구리 ③ 이(虱) ④ 파리 ⑤ 악질 ⑥ 독종 ⑦ 우박 ⑧ 메뚜기 ⑨ 흑암 등의 재앙이 내려졌다(출 7-11장).

이러한 재앙이 근 일 년 동안에 걸쳐 계속되자 바로의 마음은 더욱 강퍅해졌으며 마지막으로 열 번째 재앙으로 하나님께서 애굽 사람의 ⑩ 첫 아들과 생축의 초태생까지도 모두 죽이도록 했다(출 11:5-6).

열 번째 재앙이 내리던 그날 밤 애굽에는 큰 곡성이 울려 나왔다. 그것은 왕으로부터 종에 이르기까지 애굽인들의 모든 장자가 한꺼번에 죽었기 때문이었다.

성경에는 기록이 없으나 당시 바로였던 아문호텝 2세의 장자 웨베세누(webesenu)가 죽었기에 차자 톳트모세 4세가 왕위를 계승했다는 사실이 전해져 오고 있다.

장자가 모두 죽게 된 밤은 애굽인들에게는 슬픔의 밤이었지만 이스라엘 사람들에게는 큰 구원을 얻은 기쁨의 밤이었다(출 12:31-36).

그래서 애굽사람들은 말하기를 우리가 다 죽은 자가 되었다 하고 이스라엘 백성들을 재촉하여 그 지경에서 속히 보내고자 했다(출 12:33). 그때 만일 이스라엘 백성이 유월절 어린 양을 죽여서 그 구속의 피로 보호받지 않았다면 그들도 역시 그 재앙에서 벗어나지 못했을 것이다( 출 12:12-13). 오직 흠없고 살아 있는 어린 양이 희생제물이 되었기에 그들이 구원받은 것이다(히 9:22, 요1서 1:7, 계 1:5).

### 10가지 재앙과 애굽의 신들(출 7-13장)

| 순번 | 재앙 | 애굽의 신 | 순번 | 재앙 | 애굽의 신 |
| --- | --- | --- | --- | --- | --- |
| 1 | 피 (7:14-25) | 나일강의 수호신, 크눔 | 6 | 독종 (9:8-12) | 병마의 여신, 세크메트 |
| 2 | 개구리 (8:2-15) | 개구리 형상의 여신, 헤크트 | 7 | 우박 (9:13-35) | 땅의 신, 아케르, 겝 |
| 3 | 이 (8:16-19) | 하늘의 여신, 하토르, 누트 | 8 | 메뚜기 (10:1-20) | 곡물의 수호신, 세라피스 |
| 4 | 파리 (8:20-32) | 공기의 신, 슈 | 9 | 흑암 (10:21-29) | 태양신, 라 |
| 5 | 악질 (9:1-7) | 황소 모양의 신, 아피스 | 10 | 장자의 죽음 (11:1-13:36) | 생명의 신, 셀켓 |

유월절의 사건은 애굽인들에게는 재앙이었으나 선택된 이스라엘 백성에게는 여호와의 밤에 출애굽이 이루어진 구원의 역사였다.

바로의 강퍅한 마음을 굴복시켜 람세스로부터 출애굽이 시작되었다.

숙곳에 최초 장막을 친 후 에담, 바알스본에 이르기까지 낮에는 구름기둥 밤에는 불기둥으로 비취사 주야로 진행하게 했다. 그러나 출애굽한 지 4일만에 바로의 마음이 변하여 바로가 병거를 갖추고 군대의 병거 600승(대)을 가지고 추격해 왔다. 이틀만에 따라잡아 6일째 되는 날에 홍해 해변의 비하히롯에 장막을 치고 있는 이스라엘 진에 육박해 오고 있었다.

애굽 군대가 이스라엘 백성 뒤에 미침을 보고 여호와께서 모세에게 이르시되 "너는 어찌하여 내게 부르짖느냐 이스라엘 자손을 명하여 앞으로 가게 하고 지팡이를 들고 손을 바다 위로 내밀어 그것으로 갈라지게 하라 이스라엘 자손이 바다 가운데 육지로 행하리라"(출 14:15,16)하시고 하나님의 사자가 구름기둥을 뒤로 옮겨 뒤따라 오는 애굽진 사이에 두고 애굽진에는 밤새 구름과 흑암을, 이스라엘 진에는 광명을 주셨다(출 14:19,20). 오늘날 현대전에서 연막으로 차장하여 적의 접근을 지연시키는 전법을 전개하듯 구름과 흑암으로 애굽 군대를 지연시킨 하나님의 놀라운 전법이었다.

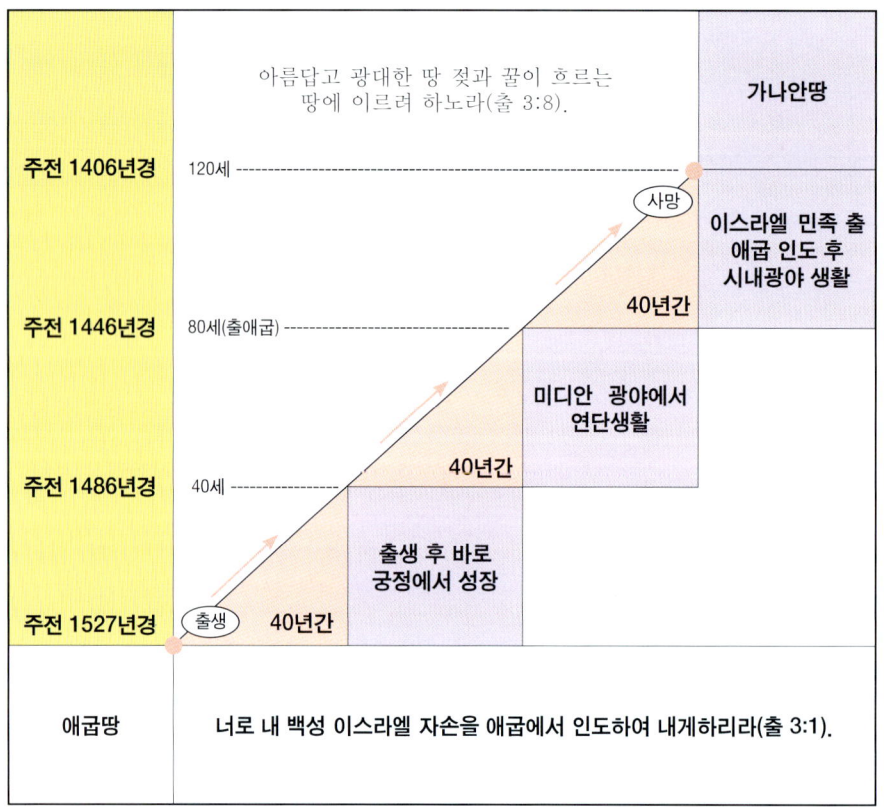

제1장. 성막의 성경적 배경

출애굽 경로

### (6) 홍해의 물이 갈라지는 기적이 일어났다(출 14장).

바로의 군대에 의해 전멸 직전의 긴박한 순간에 모세가 지팡이를 들고 손을 바다 위로 내밀자 여호와께서 큰 동풍으로 밤새도록 바닷물을 물러가게 하셨고 이스라엘 백성들이 바다에서 육지로 나갈 때까지 그들의 좌우에는 물벽이 만들어졌다. 새벽이 되어 애굽군대가 그 뒤를 추격하여 바다 가운데로 들어오자 하나님께서 애굽 군대를 혼란스럽게 하고 병거의 바퀴를 벗겨서 달리기 곤란하게 하였다. 그리고 홍해를 건너온 모세에게 손에 잡은 지팡이를 다시 바다에 내밀게 하여 물이 다시 애굽사람들의 병거와 마병들 위에 흐르게 하셨다. 그리하여 애굽 군대를 하나도 남기지 않고 물로 덮어 몰살시켜 버렸다(출14:28).

홍해를 가르고 이스라엘 백성을 구원한 것과 다시 바다를 덮어 애굽군대를 수장(水葬)한 것은 하나님께서 구원과 심판이라는 이중성을 분명하게 보여 주신 증거인 것이다.

### (7) 시나이 반도에 상륙하여 시내광야에 도착했다(출 16장).

이스라엘 백성이 홍해를 건너 마라에 이르렀으나 물이 써서 못먹게 되었다. 그러나 여호와 하나님께서 모세를 통해 한 나무 가지를 물에 던져 단물로 변화시켜 물을 마시게 했으며 그들에게 법도와 율례를 정하여 여호와의 말씀을 청종하는가를 시험하려 했다(출 15:35). 이어 엘림을 경유하여 2월 15일에 신광야에 이르렀을 때 회중이 모세와 아론을 향해 원망하였다. 그들은 애굽 땅에서 고기가마 곁에 앉았던 때와 떡을 배불리 먹을 때에 여호와의 손에 죽었더면 좋았을 것을 너희가 이 광야로 우리를 인도하여 내어 이 온 회중으로 주려 죽게 하는도다 라고 외치며 원망을 했다.

그러나 여호와께서 그들의 원망을 들으시고 아침에 만나를 주어 일용할 양식을 공급해 주셨으며 저녁에는 메추라기를 주어 먹이며 이스라엘 백성이 율법을 준행하나 아니하나 시험하시겠다 했다(출 16:4-31).

그들이 르비딤에 이르러 마실 물이 없어 모세와 다투며 원망하자 호렙산 바위를 쳐서 물을 솟게 하여 먹이시고 출애굽 후 최초로 아말렉과의 전투에서 승리하게 하셨다. 또한 모세는 장인 이드로의 말을 듣고 재판을 위하여 재덕이 겸비한 자를 백성 위에 세워 천부장, 백부장, 오십부장, 그리고 십부장을 삼아 소송을 배풀어 율례와 법도를 가르치도록 했다(출 18:19-26).

## 4. 시내산에서 받은 십계명과 세운 성막

### (1) 십계명을 말씀으로 주셨다(출 20장).

이스라엘 백성이 시내광야에 이르러 시내산 앞에 장막을 쳤을 때 여호와께서 시내산 꼭대기에서 모세를 부르셨다. 그리하여 모세는 거룩하신 하나님을 만나기 위하여 이스라엘 백성을 성결하게 사흘을 준비케 했다(출 19:16-25).

여호와께서 모세에게 최초로 십계명의 말씀을 주셨다(출 20:3-17). 여호와는 이스라엘 백성이 자신을 공의의 하나님으로 인식하여 십계명을 지켜 충실하게 순종하기를 원하셨다(출 20:18-21).

이스라엘 백성들의 삶은 십계명을 토대로 하여 전개된다. 하나님이 백성들에게 준 율례는 하나님 앞에 어떤 삶을 살아야 하는지를 구체적으로 제시하고 있는 일종의 삶의 규범이다. 그러므로 율례는 십계명의 해석이며 실천적 적용의 기준이 되었다.

하나님은 개인이나 가족을 상대로 언약을 세우셨다. 그러나 시내산에서 민족적 국가를 상대로 언약을 체결하기 때문에 언약의 비준(批准)에 따른 의식이 필요하였다.

그리하여 시내산 아래에서 하나님의 말씀과 율례가 모세에 의해 낭독되었고 백성들은 이를 지킬 것을 수락하게 되어 다음날 열두 지파를 상징하는 열두 기둥을 세우고 번제와 화목제를 드림으로써 하나님과 지파 간 그리고 지파들 상호간에 법적 관계가 정식으로 수립되었다(출 24:4). 또한 언약서가 낭독된 후 모세가 피를 취하여 하나님의 임재를 상징하는 단과 백성에게 언약의 피를 뿌림으로써 언약이 체결되었다(출 24:6-8).

모세는 아론과 나답과 아비후와 장로 70인과 함께 거룩한 돌판과 헌신에 따른 삶의 지침을 주는 규례를 받기 위하여 영광의 하나님께로 더욱 가까이 올라갔다.

여호와의 영광이 시내산 위에 머무르고 구름이 6일 동안 산을 가리더니 제7일에 모세를 구름 가운데서 부르셨다. 그리하여 모세가 구름 속으로 들어가서 산에 올라가 40주야를 그곳에서 있었다(출 24:12-18).

### (2) 성막을 지으라 명하시고 첫 번째 십계명의 두 돌판을 주셨다 (출 31장).

이때 여호와께서 모세에게 "내가 그들 중에 거할 성소를 그들을 시켜 나를 위하여 짓되 무릇 내가 네게 보이는 대로 장막의 식양(式樣)과 그 기구의 식양을 따라 지을지니라"(출 25:9). 그리하여 증거궤, 진설병을 놓는 상, 등대, 성막, 번제단, 제사장의 옷, 제사장의 직분, 향단, 물두멍, 안식일 등에 관하여 시내산 위에서 모세에게 말씀하신 후 증거판 둘을 모세에게 주시니 이는 돌판이요 하나님이 친히 쓰신 것이었다(출 31:18).

이때 이스라엘 백성은 모세가 산에서 더디 내려오게 되자 아론을 충동하여 그들의 아내와 자녀들의 귀의 금고리를 빼어 금송아지 형상을 지어 부어 만들어 놓고 그 앞에 단을 쌓고 번제와 화목제를 드리며 춤을 추고 있는 모습을 모세가 산에서 내려 오다가 보고 대노하여 손에 든 두 돌판을 산 아래로 던져 깨뜨렸다(출 32:1-19).

그러나 모세는 여호와께 다시 나아가 원컨대 주의 기록하신 책에서 내 이름을 지워버려 달라며 금신상을 만들며 목이 곧은 백성이 범한 죄의 용서를 간절히 간구했다(출 32:32).

### (3) 두 번째 십계명의 두 돌판을 주셨다(출 34장).

여호와께서 모세의 기도를 들으시고 너는 돌판 둘을 처음 것과 같이 깎아 만들라 네가 깨뜨린 바 처음 판에 있던 말을 내가 그 판에 쓰리라 하시니 모세가 돌판 둘을 처음과 같이 깎아 만들고 아침에 일찍이 일어나 시내산으로 올라갔다. 여호와께서 이미 언급한 3대 절기(무교절, 칠칠절, 초막절)를 지키라고 명하셨다(출 34장).

모세는 그 증거의 두 돌판을 들고 시내산에서 내려올 때 40일 동안 여호와의 임재속에서 가르침을 받았기 때문에 모세의 얼굴은 초자연적인 빛으로 광채가 났다(출 34:29). 그러므로 모세는 백성에게 말씀을 전할 때에 수건으로 가리웠으며 이것은 얼굴의 광채가 사라져 가는 것을 백성들에게 보여주지 않기 위해서 였다(고후 3:7-11).

모세가 회중을 모으고 여호와께서 명하신 안식일에 대해 말했다. 무릇 안식일에 일하는 자는 죽이고 모든 처소에서 불도 피우지 말라고 했다(출 35:1-3).

### < 십 계 명 >

출: 20장, 신: 5장, 요: 4장

1계명 : 나 외에는 다른 신을 두지 말라(출 20:3, 신 5:7)

2계명 : 우상을 섬기지 말라(출 20:4, 신 5:8)

3계명 : 여호와의 이름을 망령되이 일컫지 말라(출 20:7, 신 5:11)

4계명 : 안식일을 거룩하게 지켜라(출 20:8, 신 5:12)

5계명 : 네 부모를 공경하라(출 20:12, 신 5:16)

6계명 : 살인하지 말라(출 20:13, 신 5:17)

7계명 : 간음하지 말라(출 20:14, 신 5:18)

8계명 : 도적질 하지 말라(출 20:15, 신 5:19)

9계명 : 네 이웃에 대하여 거짓 증거하지 말라(출 20:16, 신 5:20)

10계명 : 네 이웃의 집을 탐하지 말라(출 20:17, 신 5:21)

### (4) 장막의 식양대로 성막을 만들어 세우라 명하셨다(출 35장).

하나님은 "내가 그들 중에 거할 성소를 그들을 시켜 나를 위하여 짓되 무릇 내가 네게 보이는 대로 장막의 식양과 그 기구의 양식을 따라 지을지니라"라고 명하였다(출 25:8-9).

그리하여 모세는 브살렐과 오홀리압을 지명하여 제이년 정월 곧 그 달 초일일에 성막을 세웠다(출 40:17).

시내산에서 율법제정과 성막 건립은 출애굽에 의한 민족적 존재가 부여된 이스라엘에 있어 새로운 신정국가(神政國家)로서의 면모를 갖추는 데 필수적인 조건이었다.

이스라엘은 주전 1446년 1월 15일에 출애굽하여 주전 1445년 2월 20일에 시내산을 떠나 이동하게 되었다.

회막(성막)에 구름이 덮이고 여호와의 영광이 성막에 충만하여 모세가 회막에 들어 갈 수 없었고 구름이 성막 위에 떠오를 때에는 이스라엘 자손이 그 모든 행하는 길에 앞으로 발행하였고 구름이 떠오르지 않을 때는 떠오르는 날까지 발행하지 않았다. 낮에는 여호와의 구름이 성막 위에 있고 밤에는 불이 그 구름 가운데 있었다(출 40:34-38).

## 5. 성막의 시대적 변천사

### (1) 시내산 밑의 광야에 세워진 성막(출 40장)

성막은 하나님께서 모세에게 시내산에서 십계명을 주시고 그에게 명하여 장막의 식양대로 성막을 지어 세우게 했다. 성막은 대체로 두 가지 사실을 나타내고 있다.

첫째로 성막은 이스라엘 백성의 중앙에 위치하여 하나님께서 그 백성 가운데 임재하여 계신 처소였다.

둘째로 성막은 범죄한 이스라엘 백성이 희생제사를 드리며 대제사장과 제사장을 통하여 죄사함을 받기 위하여 하나님을 만나는 장소였다.

하나님은 스스로 계신 여호와이시며 지극히 거룩하시고 홀로 완전하신 분이시다. 그래서 성막은 열두 지파의 장막들의 중앙에 위치하며 성막 안에는 성소와 지성소가 있으며 지성소에는 하나님이 임재한 언약궤가 있었다.

성막에는 항상 주야로 구름이 덮여 있어 여호와의 영광이 임했으며 밤에는 불이 구름 가운데 있었다.

그들 백성이 행진할 때는 구름이 떠올랐고 구름이 멈추는 곳에 성막을 쳤다. 그리고 성막 중심으로 열두 지파의 장막을 성막의 사면에 쳤다.

이스라엘 백성이 광야생활을 마치고 여호수아에 의하여 요단강을 건너 가나안 땅을 점령한 후 정치와 종교의 중심지인 실로에 이동식의 텐트형 장막이 아닌 건물형으로 고정된 성막을 세웠기 때문에 "여호와의 전"이라는 이름으로 바뀌게 된 계기가 되었다.

실로에 있던 성막 안의 법궤를 블레셋과의 전쟁을 위해 에벤에셀로 가지 갔으나 그곳 아벡전투에서 법궤를 빼앗겨 "여호와의 영광"이 이스라엘에서 떠났다. 그래서 실로에 있던 성막은 하나님 임재의 법궤가 없는 껍데기 성막이 되고 말았다.

블레셋에 빼앗긴 법궤는 아스돗, 가드, 에그론의 3개 성읍에 옮겨져 블레셋 땅에서 7개월 동안 수난을 당하다가 수레에 실려 벳세메스로 돌아 온 후 다시 기럇여아림으로 옮겨져 아비나답의 집에서 아들 엘리아살이 거룩하게 지켜 20년간 보존되었다(삼상 7:1-4).

## (2) 예루살렘에 세워진 성막과 성전(삼하 7:2, 왕상 6:1-18)

다윗은 주전 1010년 헤브론에서 왕이 된 지 7년만에 여호수아가 점령하지 못한 여부스족의 예루살렘을 출애굽 후 처음으로 점령했다. 그곳 예루살렘에 천도하여 다윗성을 쌓고 33년간 이스라엘을 통치했다.

다윗은 헤브론에서 예루살렘으로 천도하자마자 다윗성으로 법궤를 옮겨 오고자 기럇여아림에서 수레에 싣고 이동해 오던 중 소가 뜀으로 법궤가 기웃둥하자 안전을 위해 아비나답의 아들 웃사가 법궤를 잡게 되었는데 하나님께서 진노하사 치시므로 그가 법궤 옆에서 죽었다(삼하 6:7).

그리하여 오벧에돔의 집에서 3개월간 머물게 한 후, 다윗성에 옮겨와 성막을 세우고 법궤를 안치한 후 하나님께 제사와 경배를 드렸다.

그러나 다윗은 모세가 세웠던 성막을 예루살렘과 기브온의 두 곳에 세웠는데 예루살렘에는 법궤가 안치된 성막을 세웠고, 기브온(산당)에는 법궤가 없는 성막을 세웠다.

다윗은 성전을 건축하고자 소원했으나 전쟁으로 인하여 피를 많이 흘렸고 (대상 28:3) 교만으로 인한 인구조사(삼하 24:1-17)를 실시한 두 가지 악을 행한 까닭에 하나님께서 성전 건축을 허락치 않았다.

솔로몬은 기브온 산당의 성막에서 일천 번 번제와 기도를 드리므로 하나님께서 지혜와 부와 영광을 더해 주셨다(왕상 3:4-15). 그리하여 솔로몬왕 4년 2월 2일에 성전 공사를 착공(대하 3:2)하여 아버지 다윗이 성전을 건축하고자 모아 놓았던 금, 은 기타 수많은 재료를 사용하였고 레바논의 백향목을 지중해 해상을 통해 욥바항으로 운송하여 육로로 예루살렘으로 운반되었으며 7년에 걸쳐 성전을 건축하여 주전 959년 솔로몬 11년 8월에 완공을 했다(왕상 6:37-38).

아브라함이 이삭을 번제를 드리려 했던 모리아 산에 솔로몬 성전이 세워지게 되어 모리아산이 성전산이라는 이름으로 오늘날까지 불려지고 있다.

솔로몬에 의해 세워진 1차 성전은 세워진 지 373년 후에 바벨론 느부갓네살 왕에 의해 멸망(주전 586년)될 때 완전히 파괴되었고 포로생활에서 70년만에 귀환하여 스룹바벨에 의해 재건된 2차 성전(주전 515년)이 세워진 후 586년에 로마 티투스(Titus) 장군의 침공으로 완전히 파괴(주후 70년)되었다. 성전이 모리아산에 다시 세워지지 못하고 서쪽 벽(통곡의 벽 : 높이 16m · 폭 60m)만이 남아 금일에 이르고 있다.

이 후 이스라엘은 수난의 역사 속에 주후 638년에 예루살렘이 회교 아랍국의 오마르 왕(Omar)에 의해 점령된 후 약 450년간 이슬람의 지배를 받게 되었다.

예루살렘을 점령한 오마르 왕은 성전이 있던 자리에 이슬람 사원(황금사원)을 세웠다(주후 691년). 그리하여 예루살렘을 메카(Mecca)와 메디나(Medina)와 더불어 그들의 3대 성지로 삼고 있다.

오늘날 이슬람 황금사원의 황금돔에서 발산되는 광채는 거룩했던 성전산의 이름을 무색케 하며 아침 햇살과 저녁 황혼에 유난히 빛나고 있다.

그러나 하나님께서 이스라엘을 회복하실 새 예루살렘성·새 시온성이 건설될 것이다.

## 1. 성막과 성전의 비교

### 1. 모세의 성막(출애굽기 25장, 26장, 27장, 30장)

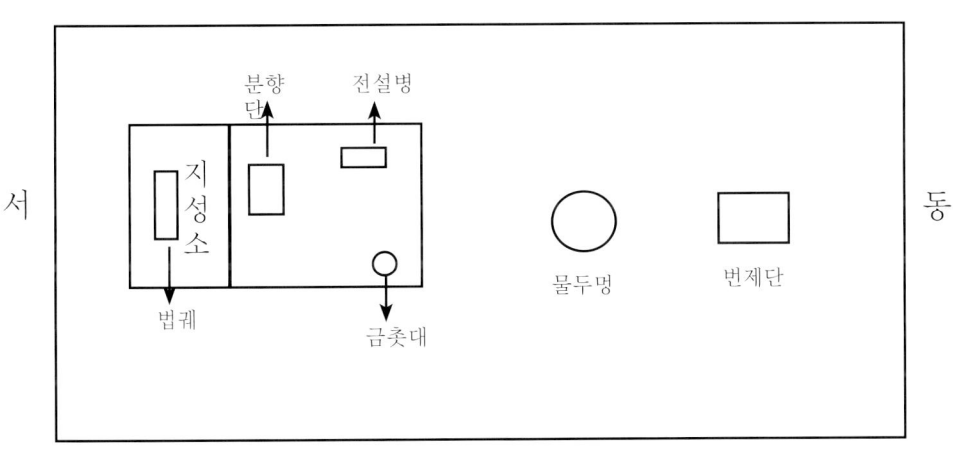

제1장. 성막의 성경적 배경

## 2. 솔로몬 성전의 평면도(열왕기상 6:12-38)

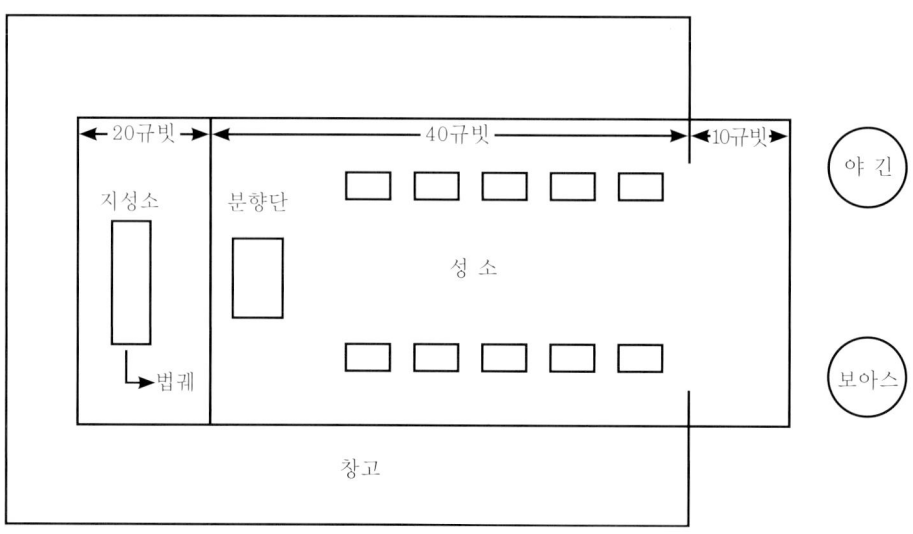

## 3. 에스겔 성전의 평면도(에스겔 40-46장)

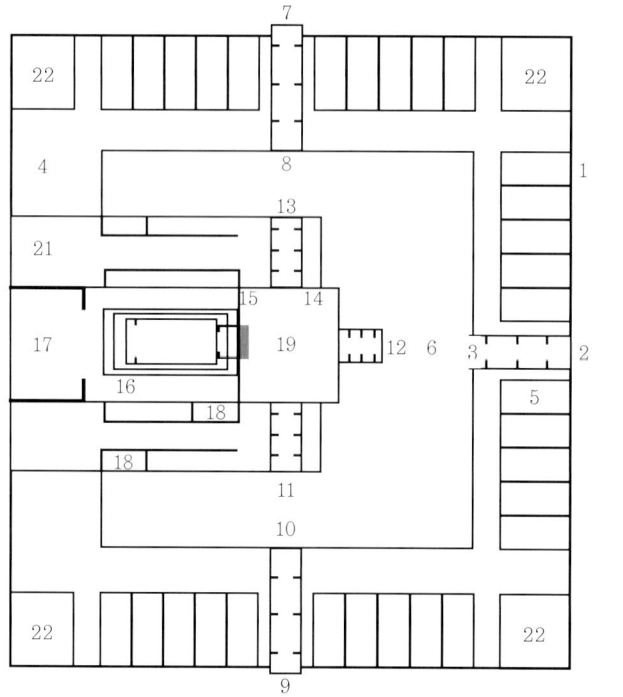

1. 담(겔 40:5)
2. 동문(겔 40:6-16)
3. 현관(겔 40:17)
4. 바깥뜰(겔 40:17)
5. 반석 깔린 땅(겔 40:17)
6. 안뜰(겔 40:19)
7. 북문(겔 40:19)
8. 안뜰(겔 40:23)
9. 남문(겔 40:24-26)
10. 안뜰(겔 40:27)
11. 안뜰의 남문(겔 40:28-21)
12. 안뜰의 동문(겔 40:32-34)
13. 안뜰의 북문(겔 40:35-37)
14. 제사장의 방(겔 40:44-45)
15. 뜰(겔 40:47)
16. 전 삼면의 뜰(겔 41:10)
17. 서편 건물(겔 41:12)
18. 제사장의 방(겔 42:1-10)
19. 제단(겔 43:13-17)
20. 번제물 씻는 방(겔 42:38-43)
21. 제물을 삶는 부엌(겔 46:19-20)
22. 부엌(겔 46:21-24)

제1장. 성막의 성경적 배경

## 4. 헤롯 성전의 평면도(마태복음 24:1-2)

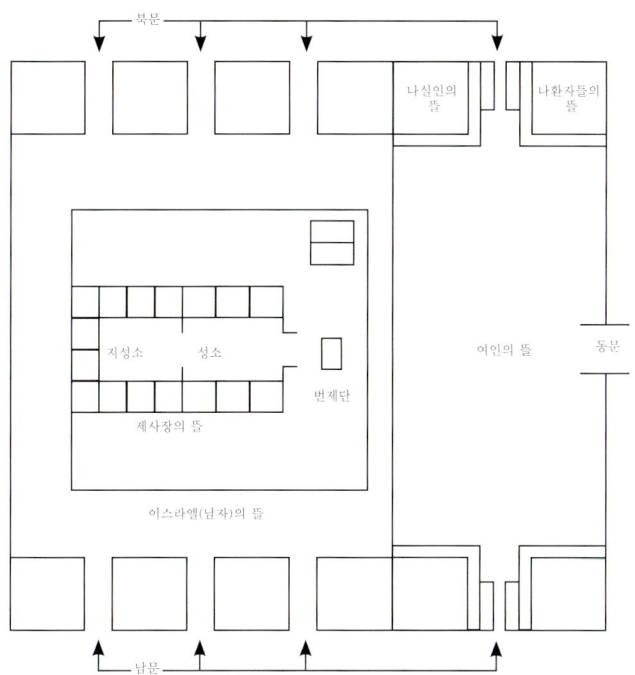

예수님이 강론하시던 회당유적(가버나움)

## (3) 유대인 공동체의 회당(會堂, synagogue)

회당(συναγωγή)의 원어 '쉬나고게'는 유대인들이 예배드리는 집을 가리킨다. 전승에 의하면 최초의 회당은 이스라엘 백성들이 멸망하여 바벨론 포로로 잡혀간 시기에 세워졌다.

예루살렘의 최초 성전이 파괴(주전 586년)된 후, 유대인들이 디아스포라(Diaspora)로 흩어지게 되자 그 지역에서 안식일에 예배드리며 기도하고 성경을 연구하기 위하여 회당에 모였는데 이곳은 바로 유대인의 생활 중심지가 되었다. 이러한 유대인들의 모임은 처음엔 가정에서 이루어졌을 것으로 추정된다(겔 8:1, 20:1-3).

페르시아 고레스 왕의 유화정책에 의해 칙령(주전 538년)이 내려져 이스라엘 백성이 바벨론 포로의 유배지에서 고토(故土)인 예루살렘으로 귀환하여 70여년 만에 성전을 재건하였다(주전 515년).

그러나 2차 성전이 재건된 후에도 팔레스타인 땅에 유대인이 거주하는 곳마다 회당이 세워졌다. 성막은 광야생활에 이동식의 임시적인 성전으로 하나님이 임재하신 거처였다. 그리하여 솔로몬에 의해 세워진 성전이 성막의 법궤를 안치한 고정된 하나님의 전(殿)이 되었다.

그러나 성막이 파괴(주전 586년)될 때 법궤가 자취를 감추고 이스라엘 백성에게 "하나님 여호와의 영광"이 사라지고 말았다.

오늘날 유대인들은 율법(모세오경) 중심의 회당생활을 하며 오신 메시아를 부정하고 오실 메시아를 기다리고 있는 어리석은 백성으로 전락되었다.

구약시대의 성막과 성전은 예수 그리스도의 모형으로 예표해 주고 있으며 신약시대에 예수 그리스도를 통해 교회로 발전된 역사적인 사실을 알 수 있다.

초기 회당의 예배는 기도와 성경을 읽고 성경 구절을 해설하는 것이 포함되었다.

미쉬나(Mishinah, 유대교 구전율법)가 집성될 무렵에는 보다 정교한 예배 양식이 발달되었다. 이 예배는 다섯 가지가 포함되었다.

① 쉐마(שמע)로서 신명기 6장 4-9절, 11장 13-21절, 민수기 15장 37-41장을 읽는다. ② 기도로서 18개의 축원문이 포함된다. ③ 율법 낭독으로서 히브리

어로 읽은 후 아람어로 다시 번역해 주었다. ④ 선지자의 낭독으로서 율법을 해석해 주고 예증해 주었다. ⑤ 설교로서 그날 읽은 성경의 본문에 대한 번역과 해설을 해 주었다.

모든 회당은 일반적으로 예루살렘 쪽으로 그 정면을 향하게 세웠다. 그리고 성읍의 가장 높은 곳에 바다나 강에 가까이 건립되었다. 이것은 결예의식을 위한 필요성 때문이었다.

회당은 회당장이 관장했다. 그리고 사환은 성경을 읽는 자에게 가져다 주고 그것을 읽은 후에 다시 제자리에 가져다 놓았다.

예수께서도 갈릴리 바닷가 가버나움의 회당에서 사람을 가르치시기도 하고 많은 병자를 고치시는 이적을 행하셨다(마 8:14-15, 막 1:29-31)

또한 회당장 야이로의 딸이 죽게 되었을 때 살려주기도 했다(막 5:22).

이러한 회당들은 초대교회 선교사들에게 복음 전파의 중심지가 되었으며 유대인들의 회당에서의 예배는 기독교의 예배에 지대한 영향을 끼쳤다.

## (4) 예루살렘에 세워진 초대교회

교회(敎會)라는 영어의 Church는 헬라어 형용사 토 쿠리아콘(Τὸ Κυριακόν)에서 파생되었다. 이 말은 처음엔 "주의 집"을 가리키는 뜻으로 사용되었다. 그리고 신약 성경에 나오는 에클레시아(ἐκκλησία)는 "불러내다"(to call out)를 의미하는 동사에서 나온 말로 전령에 의해 소집된 구별된 이스라엘 회중을 뜻하고 있다(히 19:2,39,40). 특히 신앙적 목적으로 메시아이신 예수님을 중심으로 모인 회중을 가리키는 말로 사용되었다.

구약시대의 이스라엘 백성들은 율법의 말씀을 열심히 들었고(신 4:10, 9:10, 18:16, 행 7:38), 온 회중이 유월절 양으로 희생제물을 드렸다(출 12장). 그리하여 하나님께서 그들 선민을 애굽에서 구속하셨고(출 15:13-16, 시 77:15, 74:2, 행20:28), 그들과 시내산에서 언약을 세웠으며(출 33-35장), 그들의 죄를 위하여 속죄의 희생제사를 받으셨다(레 4장, 6장).

이러한 모든 것이 시내산의 성막이 세워지면서 실행되었으나 족장시대와 사사시대를 거친 후 왕정시대에 접어들어 예루살렘에 솔로몬 성전이 건축되면서 성막의 변화된 시대적 변천과정을 초래하게 되었다.

하나님의 백성에게 있어서 구약시대는 약속의 시대이며 신약시대는 그것을 성취의 시대이다. 예수 그리스도는 새로운 하나님을 계시하는 것이 아니라 동일한 하나님에 대한 새로운 예배의 방법을 계시한다.

그러므로 하나님께서 성막(성전)을 통하여 예수 그리스도를 예표해 주셨고 성막의 희생제사는 예수 그리스도에 의해 십자가상에서 단번에 성취되었다.

또한 예수 그리스도께서 십자가에서 죽으시고 삼일만에 부활하시고 40일 후에 승천하셨으며 성부와 성자로부터 발출한 보혜사 성령을 마가의 다락방에 보내 주셨다. 이로써 교회의 효시(嚆矢)로 초대교회가 성립되어 복음이 전파되기 시작했다.

신약 시대에 이르러 유형적・제도적・가시적인 성전이 무형적・초자연적・불가시적인 성전의 교회로 바뀌었다.

또한 예수님을 영접한 각자의 마음속에 성령이 임재해 신앙 공동체가 형성되어 거룩한 성령의 전(殿)인 지상교회가 이루어졌다.

요한계시록에 "이에 하늘에 있는 하나님의 성전이 열리니 성전 안에 하나님의 언약궤가 보이며 또 번개와 음성들과 뇌성과 지진과 큰 우박이 있더라"(계 11:19)라고 계시해 주고 있다.

솔로몬 성전이 파괴(주전 586년)될 때 행방이 묘연(杳然)해 졌던 언액궤를 천상에서 볼수 있다는 사실이다.

이 천상 성전의 언약궤는 구원의 언약에 대한 확증을 말해 주고 있다. 그리고 하나님의 성전인 천상 성전은 지상 성전(교회)의 원형이다(히 9:13-14).

언약궤는 이스라엘 백성에게 있어서 하나님이 그들과 맺으신 언약의 증표(證標)로서 그 안에는 언약의 돌비가 들어 있다(출 25:22, 히 9:4). 이는 하나님의 택한 백성에게 약속하신 말씀대로 실현된다는 완전한 암시를 내포하고 있다. 그런데 그 실현 방법은 번개, 음성, 뇌성, 지진, 큰 우박으로 나타나 위엄스러운 심판을 상징하고 있다.

성도들은 새 하늘과 새 땅의 거룩한 성 예루살렘(계 21:10-12)에 하나님의 성전인 천상교회를 소망하며 예수 그리스도의 재림의 때를 기다려야 할 것이다.

<예루살렘 성전산 전경>

<마가의 다락방 내부>

# 제2장
# 성막의 총론

히브리어 알파벳

# 제2장. 성막의 총론

## 1. 성막을 알아야 할 필요성

　에덴 동산에서 맺어진 하나님과 인간의 관계는 첫 사람 아담의 타락으로 인하여 깨지고 말았다. 그래서 하나님의 형상대로 지음 받은 인간에게 죄가 들어온 것이다. 그리하여 하나님과 단절된 관계를 다시 회복하기 위하여 마지막 아담인 예수 그리도를 예표하는 성막이 세워졌고 유월절 어린 양의 희생제사가 수반되었다.

　성막은 지금부터 약 3,450년 전 이스라엘 백성이 출애굽하여 광야생활을 할 때 하나님께서 시내산에서 모세를 불러 내가 그들 중에 거할 성소를 나를 위해 짓되 무릇 내가 네게 보이는 대로 장막의 식양과 그 기구의 식양을 따라 짓도록 지시하여 세워졌다. 이 성막은 성전(聖殿)과 교회(敎會)의 모형이었다.

　성막은 구약에 50여 장(출-13, 레-18, 민-13, 신-2, 행-2)에 걸쳐 기록되어 있다. 그 외에도 법궤, 향단, 제단의 그릇 등에 대하여 많이 기록되어 있다. 구약에 기록된 성막을 근거로 히브리서 4장, 5장은 대제사장인 예수님의 신분을 분명하게 밝혀 주고 있다.

　성막은 하나님께서 홀로 계시기 위한 처소가 아니며 하나님께서 인간을 구원하시려고 인간과 교제하기 위한 임재의 처소이다. 그와 동시에 성막은 장차 오실 예수 그리스도의 몸을 예표하고 있다(요 2:12-22). 그리고 신약 교회의 모형이기도 하다(엡 2:21-22, 히 3:6, 벧전 2:5).

　"그러므로 형제들아 우리가 예수의 피를 힘입어 성소에 들어갈 담력을 얻었나니 그 길은 나를 위하여 휘장 가운데로 열어 놓으신 새롭고 산 길이요 휘장은 곧 저의 육체라"(히 10:19-20)고 하였다.

　성막의 내부에는 성소와 지성소가 있다. 그 두 곳의 성소와 지성소를 가로 막고 있는 휘장이 있다. 지성소는 반드시 일 년에 한 번 대속죄일에 대제사장이 양의 피를 가지고 들어가게 되어 있다. 그리고 제사장도 성막 안의 성소에 들어 갈 때는 양의 피가 없이는 들어 갈 수 없다. 그 양의 피는 예수 그리스도의 보혈의 피를 예표한다.

구약 성경에 성막에서의 제사제도는 예언적 의미를 가진다. 히브리서에 이 장막은 "현재까지의 비유"라고 한 말씀이 이 뜻이다.

구약시대의 제사제도를 가리켜 "육체의 예법"이라고 했으며 그것은 신약의 영적 제도에 대한 표호(表號)로서 "그리스도께서 장래 좋은 일의 대제사장으로 오사 손으로 짓지 아니한 곧 이 창조에 속하지 아니한 더 크고 온전한 장막으로 말미암아 염소와 송아지의 피로 아니하고 오직 자기 피로 영원한 속죄를 이루사 단번에 성소에 들어 가셨느니라 그는 새 언약의 중보니 이는 첫 언약 때에 범한 죄를 속하려고 죽으사 부르심을 입은 자로 하여금 영원한 기업의 약속을 얻게 하려 하심이라"(히 9:9-15)고 했다.

골고다 언덕의 십자가에서 예수께서 "내가 목마르다, 다 이루었다" 하시며 큰 소리를 지르고 운명하셨다(요 19:28-30). 이때에 성소의 휘장이 위로부터 아래까지 찢어져 둘이 되고 땅이 진동하며 바위가 터졌다(마 27:51). 그 휘장은 곧 예수 그리스도의 육체라고 했다.

예수 그리스도께서 십자가에서 그 몸을 찢으셨다는 말씀을 통해서 성막이 온전히 예수 그리스도에 대해서 증거하고 있다는 사실을 알 수 있다. 더욱 히브리서의 주제는 우리의 대제사장이 되시는 예수 그리스도이다. 히브리서는 구약과 신약을 연결하는 가교의 역할을 하고 있다. 그러므로 성막을 이해하지 못하면 예수 그리스도에 의한 구속의 예표적 실체를 알 수 없고 반면에 예수 그리스도의 대제사장되심을 이해하지 못하면 성막의 예표와 실체에 대하여 무지할 수밖에 없다.

그러므로 우리 주 예수 그리스도의 근본적 구속의 표호(表號)와 구속사적인 사역의 실체를 예표하고 있는 성막과 제사제도의 선험적 이해는 무엇보다도 성경적 지식에 우선하는 필요조건이 된다.

## 2. 성막의 다른 명칭들

제1장에서는 이스라엘 백성이 출애굽하여 시내산에서 하나님으로부터 모세에게 주신 십계명과 성막을 건축하게 된 성경적 배경을 살펴보았다.

따라서 성막과 다른 명칭들이 용어상 성막과 거의 같은 의미로 혼용되고 있어 ① 성막 ② 장막 ③ 증거막 ④ 회막 ⑤ 법막 ⑥ 성소 ⑦ 하나님의 집·전(殿)과 여호와의 집·전(殿) ⑧ 하나님의 처소 ⑨ 세상에 속한 성소와 하나님의 장막 등에 대하여 개략적으로 살펴보기로 한다.

### (1) 성막(聖幕)

성막(משכן, 미쉐칸)의 원어는 집 또는 거처라는 뜻이다. 다시 말해서 하나님이 임재하여 거하시는 거룩한 곳이다.

성막이라는 용어는 성경에 처음으로 출애굽기 26장 1절에 언급되었다. 즉 "너는 성막을 만들되 앙장 열폭을 가늘게 꼰 베실과 청색 자색 홍색 실로 그룹을 공교히 수놓아 만들지니"(출 26:1). 여호와 하나님이 산에서 보여준 각종 식양대로 성막을 만들어 세웠다. 그 성막 안에는 성소와 지성소가 있으며 번제단을 비롯한 각종 성물과 기구를 만들어 세웠다.

성막은 광야에서 이동이 편리하도록 나무로 조립되고 천으로 싸인 천막의 형태로서 거룩한 성소였다. 또한 성막은 성전(聖殿)이 세워지기 전까지의 임시적인 성전인 동시에 광야 교회였다.

다음의 각론에서 구체적인 성막에 대하여 상세하게 논하고자 한다.

### (2) 장막(帳幕)

장막(משכן, 미쉐칸)의 원어는 성막과 동일한 "집" 또는 "사는 곳"이라는 뜻이다. 장막은 성막이라는 용어보다도 훨씬 먼저 사용되었다. 즉 "가인의 자손인 라멕의 둘째 부인 아다는 야발을 낳았다. 그는 장막에 거하여 육축을 치는 자의 조상이 되었다"라고 했다. 이 성경의 기록은 노아시대 이전부터 장막생활이 이루어졌음을 입증하고 있다.

그리고 노아는 물 심판으로부터 구원받아 방주에서 나와 농업을 시작하여 포도나무를 심었다. 어느 날 그가 취하였다. 장막 안에서 벌거 벗은 노아의 모습을 본 아들 함은 아버지의 하체를 보고 형제 셈과 야벳에게 고하매 아버지의 저주를 받아 형제의 종이 될 것이라는 사건이 장막생활에서 일어났다(창 9:18-29). 이스라엘 백성은 족장시대의 출애굽 이전에도 장막생활을 했다는 사실을 성경 기록을 통해서 알 수 있다.

그러면 성막을 왜 장막과 동일시 했을까 하는 것이다. 그것은 성막이 장막의 형태와 유사하기 때문일 것이다.

그래서 "하나님께서 모세에게 내가 그들 중에 거할 성소를 짓되 무릇 내가 네게 보이는 대로 장막의 식양과 그 기구의 식양을 따라 지을지니라"(출 25:8,9)하고 분명하게 지시하셨다. 그러므로 유목 및 농경의 고대문명의 생활양식을 위한 거처로서의 장막은 성전 개념의 성막과 엄연한 차이점이 있음을 발견할 수 있다.

이스라엘 백성이 출애굽한 후 최초로 숙곳에 장막을 쳤다. 장막은 사람이 거처하기 위한 처소이며 성막은 하나님이 임재하는 곳으로 지성소와 성소 그리고 성물의 기구가 있어야 한다. 이스라엘 백성이 광야에서 이동하다가 멈춰 진을 칠 때는 지파별로 배치되어 장막을 치고 성막을 가운데 두고 사주방호를 했다. 또한 세상적 육신의 장막과 성막은 하늘나라의 장막과 성소의 모형으로 대조되고 있다.

오늘날 베두인들의 이동식 천막형 거처를 보면 장막을 잘 이해할 수 있고, 군대의 군사훈련이나 실전(實戰)에서 대부대가 이동할 경우 대형 천막을 숙영시에 사용한다. 출애굽 때에도 오늘날과 다름 없었을 것이다.

### (3) 증거막(證據幕)

증거막(מִשְׁכַּן הָעֵדֻת, 미쉐칸 하에두트)은 원어로 집 또는 거처를 의미한다. 증거막은 하나님이 거처하는 거룩한 곳으로 증거궤(법궤, 언약궤)가 성소에 있는 성막을 말한다. 그리하여 증거막은 하나님이 계심과 나타내심을 보이는 곳이다.

증거막은 처음으로 출애굽기 38장 21절에 언급되었다. 증거막이 성막과 동일하다는 사실을 아래 성경 말씀을 통해 알 수 있다.

즉 "성막 곧 증거막을 위하여 레위 사람의 쓴 재료의 물목(物目)은 제사장 아론의 아들 이다말이 모세의 명대로 계산했다"고 했다(출 38:21).

"레위 지파만은 너는 계수치 말며 그들을 이스라엘 자손 계수 중에 넣지 말고 그들로 증거막과 그 모든 기구와 그 모든 부속품을 관리하게 하라 그들은 그 장막과 그 모든 기구를 운반하며 거기서 봉사하며 장막 사면에 진을 칠지며 장막을 운반할 때는 레위인이 그것을 세울 것이요 외인이 가까이 오면 죽일지며 이스라엘 자손은 막을 치되 그 군대대로 각각 그 진과 기(旗) 곁에 칠 것이나 레위인은 증거막 사면에 진을 쳐서 이스라엘 자손의 회중에게 진노가 임하지 않게 할 것이라 레위인은 증거막에 대한 책임을 지킬지니라 하셨음이라"(민 2:49-53).

하나님은 레위인에게 증거막(성막)에 대한 책임과 임무에 대하여 분명하게 말씀했다.

### (4) 회막(會幕)

회막(אֹהֶל־מוֹעֵד, 오헬모엘)은 원어로 여행객에게 필요한 천으로 된 임시건물로 "모이는 곳"이라는 뜻이다.

회막은 하나님과 택하신 백성이 만나는 장소로서 하나님과 택함을 받은 선민과 만나는 회합의 장소를 의미한다.

그래서 그들이 모일 때는 늘 성막을 회막이라 불렀다. 이스라엘 백성이 광야에서 진을 칠 때도 회막을 중심으로 동서남북으로 3개 지파씩 12지파가 배치되어 장막을 치고 회막을 보호했다.

회막은 성경에 처음으로 출애굽기 27장 21절에 언급되었다. 즉 "아론과 그 아들로 회막 안 증거궤 앞 휘장 밖에서 저녁부터 아침까지 항상 여호와 앞에 그 등불을 간검(看檢)하게 하라 이는 이스라엘 자손의 대대로 영원한 규례니라"(출 27:21). 또한 "이는 너희가 대대로 여호와 앞 회막 문에서 늘 드릴 번제라 내가 거기서 너희와 만나고 네게 말하리라 내가 거기서 이스라엘 자손을 만나리니 내 영광을 인하여 회막이 거룩하게 될지라 내가 그 회막과 그 단을 거룩하게 하며 아론과 그 아들들도 거룩하게 하여 내게 제사장 직분을 행하게 하며 내가 이스라엘 자손 중에 거하여 그들의 하나님이 되리니 그들은 내가 그들의 하나님 여호와로서 그들 중에 거하려고 그들을 애굽 땅에서 인도하여 낸 줄을 알리라 나는 그들의 하나님 여호와니라."(출 29:42-46)라고 했다.

### (5) 법막(法幕)

법막(אֹהֶל הָעֵדֻת, 오헬 하에두트)의 원어는 "증거의 텐트"라는 뜻이다. 하나님께서 주신 율법의 근본인 십계명이 있는 법궤가 바로 그곳에 있기에 붙여진 이름이다.

법막은 성경에 처음으로 역대하 24장 6절에 언급되었다. "왕이 대제사장 여호야다를 불러 이르되 네가 어찌하여 레위 사람을 시켜서 여호와의 종 모세와 이스라엘의 회중이 법막(法幕)을 위하여 정한 세(稅)를 유다와 예루살렘에서 거두게 하지 아니하였느냐"(대하 24:6)라고 했다.

### (6) 성소(聖所)

성소(מִקְדָּשׁ, 디크다쉬)는 원어로 "거룩한 곳"을 말한다. 성막을 거룩하게 구별하는 장소라 불렀다. 거룩하신 하나님이 계시므로 거룩한 곳 즉 성소이다. 성막이 있던 땅이 성소가 아니라 하나님이 임재하신 곳이 성소이다.

성소는 성경에 처음으로 출애굽기 15장 17절에 언급되었다. 이스라엘 백성이 홍해를 건넌 후 기적을 베풀어주신 하나님의 은혜를 기쁨과 감격으로 찬양했다. 이때 "모세의 노래" 가운데 최초로 성소가 언급되었다. "주께서 백성을 인도하사 그들을 주의 기업의 산에 심으시리이다 여호와여 이는 주의 처소를 삼으시려고 예비하신 것이라 주여 이것이 주의 손으로 세우신 성소로소이다 여호와의 다스림이 영원무궁 하시도다"(출 15:17,18)라고 했다.

"그리고 내가 그들 중에 거할 성소를 그들을 시켜 나를 위하여 짓되 무릇 내가 네게 보이는 대로 장막의 식양과 그 기구의 식양을 따라 지을지니라"(출 25:8-9)라고 했다.

성소는 하나님이 거할 거룩한 장소임을 분명이 밝혀주고 있다.

### (7) 하나님의 집·전(殿)과 여호와의 집·전(殿)

집과 전은 동일한 뜻의 단어이다. 그러나 엄밀히 구분한다면 집은 사람이 거처하는 건물(house)을 말하며 전은 궁궐(palace)을 말하는데 하나님 또는 여호와의 집이나 전은 성전을 지칭한다.

성경의 역대하 24장 4절에서 9절까지에서 잘 언급되어 있다. "그 후에 요하스가 여호와의 전을 중수할 뜻을 두고 제사장과 레위 사람을 모으고 저희에게 이르되 너희는 유다 여러 성읍에 가서 이스라엘 무리에게 해마다 너희 하나님의 전을 수리할 돈을 거두되 그 일을 빨리 하라 하였으나 레위 사람이 빨리 하지 아니 한지라 왕(요아스)이 대제사장 여호야다를 불러 이르되 네가 어찌하여 레위 사람을 시켜 여호와의 종 모세와 이스라엘의 회중이 법막을 위하여 정한 세(稅)를 유다와 예루살렘에서 거두게 하지 아니하였느냐 하니 이는 그 악한 여인 아달랴의 아들들이 하나님의 전을 깨뜨리고 또 여호와의 전의 모든 성물을 바알들에게 드렸음이었더라. 이에 왕이 명하여 한 궤(櫃)를 만들어 여호와의 전 문 밖에 두게 하고 유다와 예루살렘에 반포하여 하나님의 종 모세가 광야에서 이스라엘에게 정한 세를 여호와께 드리리"(대하 24:4-9)라고 했다.

또한 "여호와의 전이 실로에 있을 동안에 미가의 지은 바 새긴 신상이 단 자손에게 있었더라"했고 "매년에 한나가 여호와의 집에 올라 갈 때마다 남편이 그같이 하매 브닌나가 그를 격동시키므로 그가 울고 먹지 아니하니"(삼상 1:7)라 했다. 하나님 및 여호와의 집과 전은 하나님이 임재하신 성전을 예시(例示)해 주고 있음을 알 수 있다.

### (8) 하나님의 처소

하나님의 처소는 하나님이 계신 곳을 말한다. 성경에 "다윗이 하나님 앞에서 은혜를 받아 야곱의 집을 위하여 하나님의 처소를 준비케 하여 달라 하더니"(행 7:46)의 기록에서 이해할 수 있다.

### (9) 세상에 속한 성소와 하나님의 장막

성소는 천상의 성소와 지상의 성소로 구분할 수 있다. 하늘나라의 성소가 참 모습의 성소이며 지상의 성소는 하늘나라 성소의 모형이다.

성경에 "첫 언약에도 섬기는 예법과 세상에 속한 성소가 있더라."(히 9:1)라고

## 제2장. 성막의 총론

했다. 아담으로 인한 타락한 인간은 이 세상의 성막 안에 있는 성소에 대제사장이 피를 가지고 들어가 천상의 성소를 회복해야 한다. 그리하여 이 세상에서는 육신의 장막 집에서 거하면서 성소에서의 희생제사가 필요했다. 그러나 하늘 나라의 영원한 장막 집의 성소에는 제사가 필요 없고 오직 참 빛 되시는 주님의 영광만이 존재한다. 요한계시록에 "내가 들으니 보좌에서 큰 음성이 나서 가로되 보라 하나님의 장막이 사람들과 함께 있으매 하나님이 저희와 함께 거하시리니 저희는 하나님의 백성이 되고 하나님은 친히 저희와 함께 계셔서 모든 눈물을 그 눈에서 씻기시매 다시 사망이 없고 애통하는 것이나 곡하는 것이나 아픈 것이 다시 있지 아니하리니 처음 것들이 다 지나 갔음이러라"(계 21:3-5)의 말씀으로 새 하늘과 새 땅에 있는 하나님의 장막을 밝혀주고 있다.

오직 유월절 어린 양 예수께서 십자가에 못박혀 죽으신 단번의 희생제사를 통해서 유형적인 성전이 소멸되었다.

### 성막과 다른 명칭의 비교

| 구분 | 한국성경 (1964년판) | 원어성경 (히브리어) | 한영성경 (1999년판) | 중국성경 (1912년판) | 한 중 성 경 (2003년판) | 비고 (성경) |
|---|---|---|---|---|---|---|
| 1 | 성 막 (聖幕) | משכן, 미쉐칸, (집, 사 는곳) | Tabernacle (천막집) | 幕 | 帳幕 | 출26:30 |
| 2 | 장 막 (帳幕) | 상 동 | 상 동 | 幕 | 帳幕 | 출25:9 |
| 3 | 증거막 (證據幕) | משכן העדת, 미쉐칸 하에두트 (집, 거처) | 상 동 | 法幕 | 帳幕 | 민1:53 |
| 4 | 회 막 (會幕) | אהל-מועד, 오헬모엔, (객을 위한 천의 임시 건물) | Tent (천막) | 會幕 | 會幕 | 출29:42 |
| 5 | 법 막 (法幕) | אהל העדת, 오헬 하에두트 (증거의 텐트) | 상 동 | 法幕 | 帳幕 | 대하24:6 |
| 6 | 성 소 (聖所) | מקדש, 디크다쉬 (거룩한 곳, 지성소) | Sanctuary (성소) | 聖所 | 經所 | 출25:8 |

**성막의 다른 명칭들이 큰 차이점이 없이 혼용되었음을 알 수 있다.**

## 3. 성막이 세워진 일정

이스라엘 백성의 출애굽은 주전 1446년 1월 15일에 고센 땅의 라암셋에서 시작되어 홍해를 건너 신광야에 2월 15일에 도착(출 16:1)한 후 3월에 시내광야에 도착했다(출 19:1).

그래서 시내광야에 도착한 후 약 10개월을 체류한 후인 출애굽한 지 2년째의 주전 1445년 1월 1일에 성막이 완공되었다(출 40:17).

그러나 시내광야에 도착한 시점에 성막을 세우기 시작한 것이 아니다. 모세가 시내광야에 도착하여 시내산에 올라가 하나님께서 성막을 지으라는 지시를 받고 나서 두 번째 십계명을 받기까지 100여 일이 소요된 것으로 추산된다(40일×2회, 기타 20일 추정).

그런고로 이스라엘 백성이 시내광야에 도착해서 성막이 완공된 시점까지의 기간인 10개월에서 두 번째 십계명을 받기 전의 100일을 제하면 약 7개월이 된다. 그래서 성막은 약 7개월의 단기간에 세워진 것으로 성경의 기록을 통해서 알 수 있다.

성막이 완공된 후 구름이 성막 곧 증거막을 덮었고 저녁이 되면 성막 위에 불 모양 같은 것이 나타나서 늘 아침까지 있었다(민 9:15). 그후 50일이 지난 2월 20일 성막을 덮었던 구름이 떠오르자 시내광야에서 출발하여 바란광야를 향해 진행했다(민 10:11,12).

이스라엘을 상징하는 일곱 촛대의 메노라는 모리아라는 이름으로 알려진 고대식물의 모양을 본 뜬 것이다. 메노라를 둘러싼 올리브는 유대민족의 평화에 대한 갈망을 상징힌다.

제2장. 성막의 총론

## 출애굽에서 시내산까지

**도착 및 행적**

| 순서 | 출애굽 | 성경근거 | 일정 |
|---|---|---|---|
| 1 | 출애굽 출발 | 이스라엘 자손이 라암셋에서 발행하여 숙곳에 이르니 유아 외에 보행하는 장정이 육십만 가량이요(37)<br>중다한 잡족과 양과 소와 심히 많은 생축이 그들과 함께 하였으며(38)<br>그들이 가지고 나온 발교되지 못한 반죽으로 무교병을 구웠으니 이는 그들이 애굽에서 쫓겨남으로 지체할 수 없었음이며 아무 양식도 준비하지 못하였음이었더라(39)<br>이스라엘 자손이 애굽에 거주한 지 사백 삼십 년이라(40)<br>사백 삼십 년이 마치는 그 날에 여호와의 군대가 다 애굽 땅에서 나왔은즉(41)<br>이 밤은 그들을 애굽 땅에서 인도하여 내심을 인하여 여호와 앞에 지킬 것이니 이는 여호와의 밤이라 이스라엘 자손이 다 대대로 지킬 것이니라(42)<br>(출 12:37-42) | 주전 1446년 1월15일 |
| 2 | 신광야 도착 | 이스라엘 자손의 온 회중이 엘림에서 떠나 엘림과 시내산 사이 신 광야에 이르니 애굽에서 나온 후 제 이월 십오일이라(1) 이스라엘 온 회중이 그 광야에서 모세와 아론을 원망하여(2) 그들에게 이르되 우리가 애굽 땅에서 고기 가마 곁에 앉았던 때와 떡을 배불리 먹던 때에 여호와의 손에 죽었더면 좋았을 것을 너희가 이 광야로 우리를 인도하여 내어 이 온 회중으로 주려 죽게 하는도다(출 16:1-3).<br>여호와께서 이스라엘 백성의 원망을 들으시고 메추라기와 만나를 내려주셨다. 저녁에는 메추라기가 와서 진에 덮이고 아침에는 이슬이 진 사면에 있더니 그 이슬이 마른 후에 광야 지면에 작고 둥글며 서리같이 세미한 것이 있는지라 (출 16:13,14).<br>육일 동안은 너희가 그것을 거두되 제칠일은 안식일인즉 그 날에는 없으리라 하였으나 제칠일에 백성 중 더러가 거두러 나갔다가 얻지 못하니라 (출 16:26,27)<br>이스라엘 족속이 그 이름을 만나 하였으며 깟씨 같고도 희고 맛은 꿀 섞은 과자 같았더라(출 16:31).<br>이스라엘 자손이 사람 사는 땅에 이르기까지 사십 년 동안 만나를 먹되 곧 가나안 지경에 이르기까지 그들이 만나를 먹었더라 (출 16:35). | 주전 1446년 2월15일 |
| 3 | 시내광야 도착 | 이스라엘 자손이 애굽 땅에서 나올 때부터 제삼월 곧 그 때에 그들이 시내 광야에 이르니라 (1) 그들이 르비딤을 떠나 시내 광야에 이르러 그 광야에 장막을 치되 산 앞에 장막을 치니라(2) (출 19:1,2) | 주전 1446년 3월 |
| 4 | 성막 완공 | 모세가 그 같이 행하되 곧 여호와께서 자기에게 명하신 대로 다 행하였더라 (16)<br>제 이년 정월 곧 그 달 초일일에 성막을 세우니라(17) (출 40:16-17)<br>성막을 세운 날에 구름이 성막 곧 증거막을 덮었고 저녁이 되면 성막 위에 불 모양 같은 것이 나타나서 아침까지 이르렀으되 (민 9:15) 항상 그러하여 낮에는 구름이 그것을 덮었고 밤이면 불 모양이 있었는데 (민 9:16) | 주전 1446년 1월 1일 |

## 성막 건축기간 산정

| 성전 건축 기간의 세부산정 내용 | 결론 |
|---|---|
| ○ 출애굽 출발 　　 : 주전 1446년 1월15일<br>○ 신광야 도착 　　 : 1446년 2월15일<br>○ 시내광야 도착 　 : 주전 1446년 3월<br>○ 시내광야 체류 　 : 10개월(추정)<br>○ 성막 완공(세움) 　: 주전 1445년 1월1일<br><br>〈시내광야 체류기간에 모세의 일정 및 행적〉<br>○ 1차 모세가 시내산에 올라가 십계명 받음 : 40일(출 4:16)<br>○ 2차 모세가 시내산에 올라가 십계명 받음 : 40일(출 34:28)<br>○ 하산하여 소요된 일자(10일 2회) : 20일(추정)<br><br>1차: 3일 기다림 (출 19:11) + 화목제 드림(출 20: 24) =<br>　　 약 10일<br>2차: 화목제 드림(출 24: 5) + 6일 산 위에 구름,7일<br>　　 모세 부름(24:16)=약 10일<br><br>※모세의 행적에 따른 일정 : 약 100일(추정)<br>시내광야 채류기간 10개월에서 100일을 제하면<br>성막 건축기간은 단기간의 7개월로 추정된다. | 성막 건축 기간은 약 7개월로 추정(저자) |

## 4. 성막은 무엇을 하는 곳인가.

### (1) 성막은 하나님이 임재(臨在)하고 있는 곳이다.

성막(聖幕)이라는 용어 자체가 거룩한 장막의 집이다. 다시 말해서 거룩하신 하나님이 임재하고 계신 곳이다.

그래서 하나님께서 모세에게 "내가 그들 중에 거할 처소를 그들을 시켜 나를 위하여 짓되 무릇 내가 네게 보이는 대로 그 기구의 식양을 따라 지을지니라"(출 25:9)라고 말씀한 사실은 하나님이 몸소 거처하겠다는 뜻을 명시해 주고 있다. 따라서 성막에 하나님이 거처하는 실제 장소는 언약궤가 있는 지성소로서 하나님의 계심과 나타내심을 보이는 곳이다.

광야의 성막에서 하나님이 임재하고 계심을 성막의 "여호와의 영광"을 통해서 잘 알 수가 있다.

"그 후에 구름이 회막에 덮이고 여호와의 영광이 성막에 충만하매 모세가 회막에 들어 갈 수 없었으니 이는 구름이 회막 위에 덮이고 여호와의 영광이 성막에 충만함이었으며 구름이 성막 위에서 떠오를 때에는 이스라엘 자손이 그 모든 행하는 길에 앞으로 발행하였고 구름이 떠오르지 않을 때에는 떠오르는 날까지 발행하지 아니하였으며 낮에는 여호와의 구름이 성막 위에 있고 밤에는 불이 그 구름 가운데 있음을 이스라엘의 온 족속이 그 모든 행하는 길에서 친히 보았더라."(출 40:34-38)고 했다.

이스라엘 백성들이 발행을 멈춰 진을 치고 있을 때는 여호와의 구름이 회막위에 덮여 있었으나 발행을 위하여 성막의 해체 작업을 하는 동안은 구름기둥이 언약궤 위로 옮겨져 있다가 이동준비가 완료되면 제사장들이 언약궤를 메고 구름의 인도함을 따라 앞서 행진이 이루어졌다.

다시 행진이 멈춰 진을 치고 성막을 완전히 세우게 되면 성막 위에 구름이 덮이고 여호와의 영광이 성막에 충만했고 밤에는 불이 구름 가운데 있게 되었다.

또한 지성소는 아무나 들어 가거나 접근 할 수 없으며 언약궤를 만지는 자는 죽임을 당했다.

이는 인간의 부패한 죄인의 모습으로는 하나님께 임의로 나갈 수 없음을 말해 준다. 오직 대제사장이 죄인들의 구속사역을 위하여 피를 가지고 들어 갈 때에 하나님을 만날 수 있었다.

오늘날 예수 그리스도는 우리의 대제사장이 되시며 다시 오실 예수님은 하늘나라 성소의 하나님 보좌 우편에 앉아서 우리를 위해 간구하고 계신다.

### (2) 성막은 하나님과 이스라엘 백성이 만나는 장소이다.

회막(會幕)이라는 용어는 모임을 갖는 장막을 말한다. 다시 말해서 하나님과 택하신 백성과 만나기 위한 장소로서 하나님과 선민 이스라엘 백성과 만나는 회합의 장소를 말한다.

하나님은 "내가 이스라엘 중에 거하여 그들의 하나님이 되리니 그들은 내가 그들의 하나님 여호와로서 그들 중에 거하려고 그들을 애굽 땅에서 인도하여 낸 줄을 알리라 나는 그들의 하나님 여호와니라"(출 29:45,46)라고 했다.

하나님은 이스라엘 백성을 출애굽시킨 목적을 그들과 함께 거하려는 데 있다는 사실을 천명해 주고 있다.

하나님이 임재하고 계신 회막에는 성소에 어둠이 없도록 저녁부터 아침까지 항상 등불을 켜놓았다.

하나님은 모세에게 명하여 은나팔 둘을 만들라 명했다. 그리하여 제사장이 두 나팔을 불 때에 온 회중이 회막문 앞에 모이게 하고, 하나만 불 때는 천부장 지휘관이 모이며, 한 나팔을 크게 울려 불 때에 동편 진이 진군하고, 재차 크게 울려 불면 남편 진이 진군하며, 무릇 진군할 때는 나팔을 크게 울려 불었다. 또한 대적을 치러 나갈 때는 나팔을 크게 울려 불게 하여 여호와가 기억하고 대적에게서 구원해 주었다(민 10:1-9).

여리고 성은 제사장이 법궤를 메고 7일 간 새벽 일찍이 성을 매일 한 바퀴 돌되 제7일 째는 여섯 번 돈 후 마지막 일곱 번째 돌 때 일곱 제사장이 언약궤 앞에서 일곱 양각나팔(羊角喇叭)을 불며 백성들이 일제히 소리질러 외치니 여리고 성벽이 무너져 내렸다(수 6:1-16).

하나님께서 이스라엘 백성과 함께하는 성막의 언약궤를 제사장들이 메고 앞세워 진군할 때 요단강 물도 갈라지고 여리고 성벽도 무너졌다. 그러나 실로에서 엘리 제사장이 아벡전투에서 블레셋 군대에게 법궤를 빼앗겼을 때 여호와의 영광은 이스라엘에서 떠나고 말았다.

### (3) 성막은 죄인을 구원하는 곳이다.

사람은 에덴동산에서 평화롭게 살도록 하나님께서 창조하셨다. 에덴동산의 아름다운 자연이 인간에게 삶의 거처인 장소였다.

그 곳에서는 벌거벗어도 수치를 모르고 행복한 삶을 누릴 수 있었다. 그러나 아담에게 죄가 들어오게 되자 수치를 알게 되어 치부를 가리게 되었다. 그 수치를 가리기 위해 아담은 무화과 나뭇잎을 엮어 치마를 했으나(창 3:7) 하나님께서 아담과 하와에게 가죽 옷을 지어 입히셨다(창 3:21). 이때부터 인간의 죄 때문에 필요한 가죽 옷은 짐승이 죽고 피를 흘려야 얻어 졌다.

성막은 이스라엘 백성의 죄 사함을 위해서 희생제사를 드리는 곳으로 짐승이 죽고 피를 흘려야 했다.

성막은 예수 그리스도의 모형이다. 성막은 하나님께서 이스라엘 백성을 만나기 위하여 임재하신 곳으로 신성과 인성을 가지신 예수 그리스도를 예표한다.

성막의 모든 식양과 그 기구들도 예수 그리스도의 구속사역의 실체를 모형으로 보여 주며 구약시대의 성막에서의 희생제사는 십자가에 달려 죽으심으로 구원사역을 성취한 예수 그리스도를 예표하고 있다.

이스라엘 백성이 죄를 범했을 때 그들은 흠없고 점없는 양을 가지고 왔다. 제사장은 그 양에게 안수하여 죄인의 죄를 전가시켰다. 그리고 그 양을 잡아서 번제단에 태우고 그 피를 제단에 뿌렸다. 그 때 제사장은 하나님께 이렇게 고했다. "여호와여! 양의 피를 받으소서 이 피를 보시고 주의 백성의 죄를 사하소서" 이때 하나님께서는 "내가 양의 피를 보고 내 백성의 죄를 사하노라" 하셨다.

"율법을 좇아 거의 모든 물건이 피로써 정결케 되나니 피흘림이 없이는 사함이 없느니라."(히9:22)했다. 그 양은 곧 예수 그리스도시요 그 피는 보혈의 피를 상징한다.

구약은 성막 없이 성립될 수 없고 예수 그리스도 없는 구약은 허구적 언약일 수밖에 없다.

구약의 율법을 손수 제정하신 성삼위 가운데 한 분인 예수 그리스도께서 죄 없으신 몸으로 이 땅에 오셔서 저주받고 십자가에 달려 죽으심으로 단번에 율법을 완성하게 되었다.

속죄일에는 법궤의 속죄소(贖罪所, 출 25:17) 위에 희생의 피를 뿌리므로 죄인들에게 속죄가 성립되었다. 그리하여 성막의 상징들은 그리스도 안에서 완성되었다. 그는 성막이시요, 제사장이시고, 제단이시며, 희생 양이셨다.

예수 그리스도는 대제사장으로 승천하셨고 앞으로 다시 재림하실 것이며 우리는 그의 피 즉 영원한 언약의 피로써 하늘 나라 지성소에 들어갈 수 있게 되었다.

이스라엘 장막에 거하셨고 성육신 하신 "말씀" 안에서 사람들과 함께하셨던 주님께서는 이제 그리스도의 몸(교회) 가운데 거하시며(엡 2:1-22) 성령의 전(몸) 안에 거하신다(고전 6:19).

### (4) 성막은 장막생활의 중심이 되는 곳이다.

아담은 범죄하여 에덴의 동편으로 추방되어 토지를 갈며 생활하게 되었다. 그의 두 아들 가운데 형 가인은 동생 아벨을 질투로 인해 들에 있을 때 쳐죽였다. 그리하여 가인은 쫓겨나 에덴 동편의 놋 땅에 거하게 되었다(창 4:8).

그의 7대 장손 야발은 장막에 거하여 육축치는 자의 조상이 되었다(창 4:20). 최초의 장막생활을 했음을 성경을 통해 알 수 있다.

하나님은 아담에게 아벨을 대신하여 셋째아들 셋을 태어나게 했으며 형 가인의 장자 직분을 계승하게 되었고 하나님을 섬기는 시조가 되었다. 그리하여 셋의 9대손인 노아의 아들 셈의 계보인 아브라함 자손에서 예수님이 탄생하셨다.

아벨을 죽인 가인의 7대손인 4남매의 가족(아들: 야발, 유발, 두발가인, 딸:나아미)은 장막생활을 하다가 노아 때 물 심판으로 전부 멸절되어 오늘날 지구상에 가인의 후손은 한 사람도 없다.

인류의 장막 생활은 홍수 심판 후에도 계속되어 노아는 장막에서 생활을 했다(창 9:21). 고대의 장막 생활의 방식은 가족생활 중심에서 종족의 집단생활 방식으로 발전하게 되었다.

이스라엘 백성들의 출애굽 과정에서 라암셋에서 출발하여 성막을 짓기 전 까지의 장막은 백성이 거처하기 위한 장막이었지만 성막이 세워진 이후부터는 하나님이 거처하는 성막과 백성이 생활하는 장막은 분명히 구분되었다. 그러나 성경 기록에 성막과 장막이 혼용되고 있음을 알 수 있다.

이스라엘 백성이 성막을 세운 후 장막을 치고 진칠 때는 성막을 중앙에 두고 동서남북으로 3개 지파씩 사면에 장막을 치고 성막을 사주방호하며 이동할 때는 구름이 떠오르면 성막을 중심으로 사면에서 지파별로 감싸고 보호하다가 군대의 기동 형태로 진군을 했다.

장막을 거처로 하는 이스라엘 백성들에게 성막은 장막 생활의 핵심의 장소로써 하나님 중심의 신정국가로 발전하게 된 것이다.

하나님께서는 택한 이스라엘 백성들을 버리지 않으셨으며 언제나 여호와의 이름을 부르는 자들과 함께하셨다.

### (5) 성막은 광야에서 예배하는 곳이다.

애굽에서 종살이 하던 이스라엘 백성은 자유와 신앙이 없는 곤고한 생활을 했다.

애굽의 장자들이 죽은 마지막 재앙으로 유월절이 성립된 날은 이스라엘 백성이 구원받은 중생의 날이다.

이스라엘 백성은 애굽에서 광야로 이끌려 나와 비로소 하나님을 만났고 잃었던 자유와 예배를 회복할 수 있었다. 그들은 모세에게 속하여 다 구름과 바다에서 세례를 받고(고전 10:1-3) 애굽에서의 죄된 생활을 씻김 받고 용서받았다. 그리하여 홍해의 세례를 통하여 이스라엘 민족은 하나님 백성으로 구별되었으며 선민의 신분을 보장받게 되었다.

그러나 이스라엘 백성들이 시내광야에서 우상에게 예배하자 하나님께서 엄청나고 무서운 형벌을 내리겠다고 말씀하셨다.

하나님은 모세에게 성막을 세우게 하시고 성막에서 경배받기를 원하셨다. 하나님을 영화롭게 하며 경배하는 것이 예배이며 예배의 필요한 요소는 신령과 진정으로 드려야 한다. 이러한 모든 문제를 충족하기 위하여 성막에서 절기를 지키며 희생제사를 통한 예배를 위하여 성회로 모였다.

하나님께서 "네가 만일 네 하나님 여호와를 잊어버리고 다른 신들을 좇아 그들을 섬기며 그들에게 절하면 내가 너희에게 증거하노니 너희가 정녕히 멸망할 것이라"(신 8:19)고 경고의 말씀을 하셨다.

"나는 너를 애굽 땅에서 종 되었던 집에서 인도하여 낸 너희 하나님 여호와로라 나 외에는 위하는 신들을 네게 있게 말지니라 너는 자기를 위하여 새긴 우상을 만들지 말고 위로 하늘에 있는 것이나 아래로 땅에 있는 것이나 땅 밑 물 속에 있는 것의 아무 형상이든지 만들지 말며 그것들에게 절하지 말며 그것들을 섬기지 말라 나 여호와 너의 하나님은 질투하는 하나님인즉 나를 미워하는 자의 죄를 갚되 아비로부터 아들에게로 삼 사대까지 이르게 하거니와 나를 사랑하고 내 계명을 지키는 자에게는 천 대까지 은혜를 베푸느니라"(신 5:6-10)라고 말씀했다.

여호와 하나님을 부인하고 마땅히 그분에게 돌려야 할 경배(예배)를 다른 신에게 돌리는 것만큼 하나님을 모독하는 행위는 없다. 따라서 하나님께서 자신을 질투하는 하나님이라고 말씀하신 것(출 10:5)은 이러한 관점에서 이해할 수 있다.

이스라엘 백성이 광야에서 예배드렸던 성막교회는 예수 그리스도의 모형으로써 구약의 성전시대를 거쳐 신약의 교회시대로 변모되어 예수 그리스도의 몸된 현대교회에서 신령과 진정으로 예배를 드리게 되었다.

## 5. 모세에 의해 세워진 성막

하나님이 시내산에 계실 때 "여호와의 영광이 시내산 위에 머무르고 구름이 육일 동안 산을 가리더니 제칠일에 여호와께서 구름 가운데서 모세를 부르시니라."(출 24:16)

그리하여 "모세는 구름 속으로 들어가서 산 위에 올랐으며 사십일 사십야를 산에 있으니라"(출 24:18).

이때 하나님께서 "내가 그들(이스라엘 백성) 중에 거할 성소를 그들을 시켜 나를 위하여 짓되 무릇 내가 네게 보이는 대로 장막의 식양과 그 기구의 식양을 따라 지으라"(출 25:8,9)고 명했다.

또한 모세에게 "내가 유다지파 훌의 손자요 우리의 아들인 브살렐을 지명하여 부르고 하나님의 신을 그에게 충만하게 하여 지혜와 총명과 지식과 여러 가지 재주로 공교한 일을 연구하여"(출 31:1-4) 성막을 만들게 하고 또한 "내가 또 단 지파 아히사막의 아들 오홀리압을 세워 그와 함께하게 하며 무릇 지혜로운 마음이 있는 자에게 내가 지혜를 주어 그들로 내가 네게 명한 것을 다 만들게 할지니"(출 31:6)"라고 말씀했다.

그래서 하나님의 뜻에 합한 성령이 충만하고 지혜로운 자를 영적 지도자로 그를 보좌할 참모의 협력자를 지명해 주었다는 사실을 알 수 있다.   하나님이 모세에게 명하여 그에게 지명해 준 ① 브살렐로 하여금 주도하게 하고 ② 오홀리압의 협력으로 ③ 지혜있는 자들과 함께 장막의 식양대로 성막을 세웠다.

하나님께서 시내산에서 모세에게 십계명을 주었고 성막을 세우도록 명하여 출애굽한 지 2년째 되는 주전 1445년 1월 1일 완공되었다(출 40:17)" 그 성막은 창조주 하나님께서 창세 이후 직접 설계하여 하나님이 거처할 가장 아름다운 집을 세우게 하므로 광야에서 이스라엘 백성이 하나님을 영접하여 절기를 지키고 제사를 드리며 예배하는 장소가 되었다.

성막에는 지성소에 법궤가 안치되었고 여호와의 영광이 충만한 구름이 덮여 있었으며 밤에는 불이 구름 속에 있었다.

이스라엘 백성 약 250만- 300만명이 진칠 때 숙영하기 위한 천막 성격의 장막은 엄밀히 말하면 거룩한 하나님께서 임재하고 계신 성막과 구별이 된다. 그러므로 성막은 하나님 자신이 볼 때는 장막이지만 백성들이 보는 측면에서는 거룩한 성막이 되는 것이다.

출애굽기 25장 8절과 9절을 통해서 장막과 성막을 분명히 구별해 주고 있다.

8절에 "내가 그들 중에 거할 성소를 그들을 시켜 나를 위하여 짓되" 9절에 "무릇 내가 네게 보이는 대로 장막의 식양과 그 기구의 식양을 따라 지을지니라"라고 말씀하며 장막(the tent)을 모델로 하여 성막(the tabernacle)을 지으라고 명하셨다.

백성들이 장막을 치고 진칠 때면 방대한 사각형 모양으로 동쪽에 세 지파(유다,잇사갈,스불론)를 서쪽에 세 지파(에브라임,므낫세,베냐민)를 남쪽에 세 지파

(르우벤,시므온,갓)를 북쪽에 세 지파(납달리,아셀,단)들이 사면에 배치되어 그들 장막의 중앙에 하나님의 집인 성막이 세워져 있었다.

성막에 구름이 떠오르면 성막을 비롯한 각 지파의 장막을 해체하여 성막의 물품과 기구를 12지파의 중앙에 두고 제사장이 법궤를 메고 맨 앞에 서서 구름기둥의 인도함에 따라 남녀노소 그리고 모든 가축들의 행렬이 이루어졌다. 그리고 구름이 멈추는 곳에 다시 진을 쳤다.

"하나님의 장막이 사람들과 함께 있으매 하나님이 저희와 함께 거하시리니"(계 21:3) 또한 성막은 하늘나라에 있는 것들의 모형이라고 했다(히 9:23,24). 그러므로 광야에 있는 성막의 일부 또는 전체 속에 예수 그리스도가 계시되어 있음을 보게 된다.

## 6. 성막 구조와 배치도

하나님께서 모세에게 성막을 지으라고 명하시면서 가장 먼저 언약궤를 비롯하여 각종 성막 기구를 만들어 세우도록 말씀했다.

성막은 직사각형(50m×2+25m×2)의 외곽에 놋 기둥(높이2.5m×60개)을 세우고 세마포장(細麻布帳)의 울타리(높이2,5m×광150m)를 둘러 치도록 하여 동쪽의 한 군데에 필요한 출입문(높이2,5m×광10m)을 내도록 했다.

성막의 내부는 성막의 뜰이 있어 안뜰과 바깥뜰로 구분되며 성소와 지성소 주변이 안뜰이고, 번제단과 물두멍이 있는 주변지역이 바깥뜰이다.

성소 안에는 진설병의 상, 금촛대, 금향단이 있으며 지성소 안에는 언약궤(법궤, 증거궤)가 위치해 있다.

제2장. 성막의 총론

## 가. 성막의 형태(전경)

## 나. 성막의 평면도

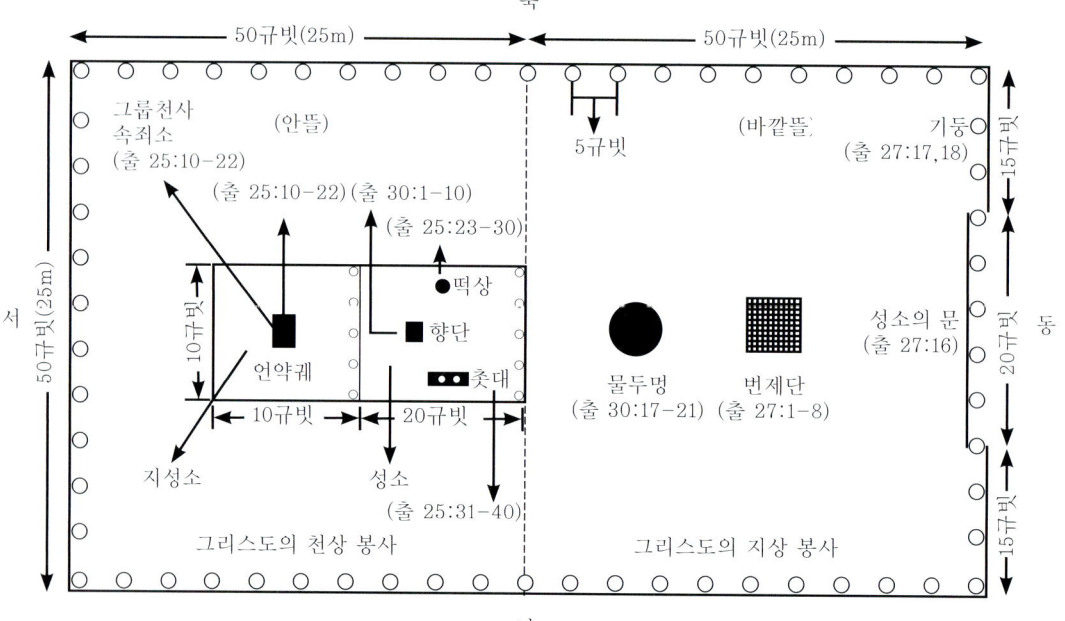

## 다. 성막의 측면도

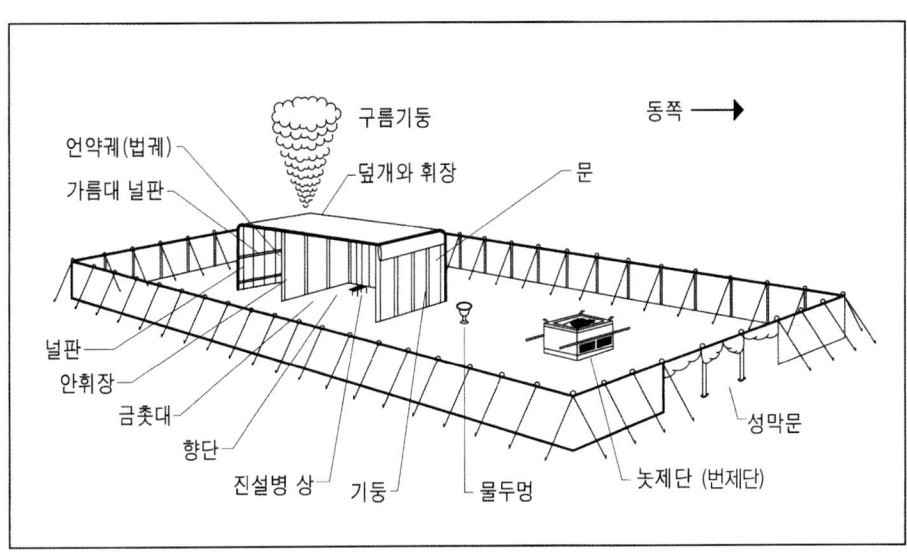

## 라. 십자가 형태의 기구 배치도

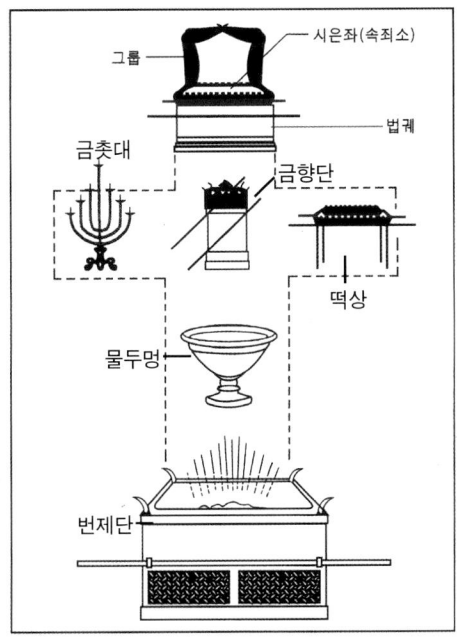

## 7. 성막의 이동 절차와 이동 과정

### (1) 성막의 이동 절차

성막을 세운 그날에 구름이 성막 곧 증거막을 주야로 덮었고 저녁이 되면 성막 위에 불 같은 것이 나타나서 아침까지 머물렀으며 항상 낮에는 구름이 덮었고 밤이면 불 모양이 있었다.

성막에 밤낮을 가리지 않고 구름이 머물러 있을 때는 진행치 않다가 구름이 떠오를 때는 이스라엘 자손이 곧 진행하였다. 구름이 머무는 곳에 이스라엘 자손이 진을 쳤다(민 9:15-17).

성막 위에 구름이 항상 머물러 있었지만 행진할 때는 성막을 해체하여 운반해야 했기 때문에 항상 앞서 가는 언약궤(법궤) 위에 구름이 높이 떠서 인도하다가 행진이 멈춰야 할 때는 구름이 언약궤 위로 내려왔다.

이스라엘 백성은 이동하다가 법궤가 멈추면 성막을 중앙에 치고 그 성막을 중심으로 동서남북의 4면에 지파별로 배치하여 장막을 쳤다.

그 배치형태는 12지파를 4개의 편대로 나누고 각 편대는 3개 지파로 구성했다. 각 편대는 대표적 1개 지파에게 진기(陣旗)를 주어 지도적 임무를 부여했다. 그 진기(陣旗)는 해가 뜨는 동쪽에 유다 군대에게, 남편에 르우벤 군대에게, 서편에 에브라임 군대에게, 북쪽에 단 군데에게 각각 주어 지도적 책임을 부여했다.

이스라엘 백성이 이동할 때는 배치된 상태에서 이동준비가 완료되면 기동할 수 있는 지파별 배치형태를 갖춘다. 그리하여 맨 앞에 제사장이 법궤를 메고 서고 전방으로부터 3개 지파씩 4개 제대의 편대로 구성한다. 각 편대는 진기를 가진 지파가 왼편에 위치하여 오른편의 2개 지파와 함께 질서있게 전진하며 중앙에 위치한 성막물품과 성막기구를 사면에서 호위하며 계속 이동한다.

## 주둔하고 있을 때의 각 지파의 배치도

( )괄호는 지파별의 장정의 수(명)이다.　★별표는 진기(陣旗)를 주어 지도적 지파로 삼았다.

## 이동할 때의 각 지파의 기동 형태

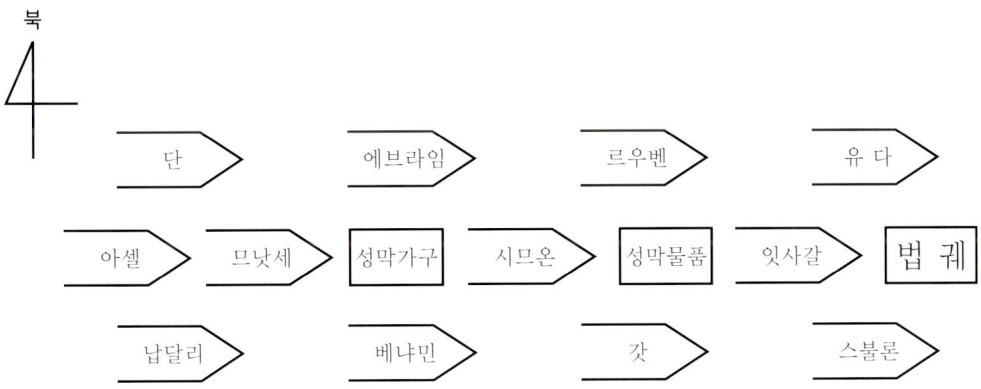

　시내광야에서 약속의 땅인 가나안까지 진군해 가는 동안 하나님은 구름으로 자신의 임재를 보이시면서 이스라엘 백성을 인도해 주셨다.
　구름은 하나님께서 그분의 백성과 함께 계심을 입증해 주는 가시적인 수단이었다.

또한 행진할 때 은으로 만든 나팔은 제사장이 불었으며 두 나팔을 불 때는 온 회중이 회막문 앞에 모였고 하나만 불 때는 천부장인 족장이 모였다. 그리고 진행할 때와 대적을 치러 갈 때는 나팔을 울려 불었으나 회중을 모을 때는 울려 불지 않았다. 이처럼 여러 종류의 나팔소리의 신호에 따라 이스라엘 백성이 전진해 나갔다(민 10:1-9).

### (2) 성막의 이동준비와 책임 분담

성막을 덮었던 구름이 떠오르면 진군할 준비를 하게 되는데 먼저 성막을 해체하게 되고 지파별로 장막을 걷었다.

성막을 해체하는 동안 구름 기둥은 법궤 위에 머물러 있었다. 그리하여 성막 중심으로 12지파가 동서남북으로 3개 지파씩 사방으로 배치되어 지파별로 장막을 치고 있다가 이동준비를 위하여 각 지파별로 장막을 걷었다. 그리고 성막의 해체는 특별히 임무가 부여된 족속이 담당했다.

따라서 성막은 오직 레위지파 즉 레위의 세 아들인 게르손, 고핫, 므라리의 자손 중에서 30-50세 되는 장년들에게 성막의 설치, 관리, 해체, 운반의 임무가 부여되었고 아무나 성막을 걷거나 만질 수가 없었다.

① 게르손 자손(7,500명중 2,630명)의 장년(30-50세)들이 성막, 장막, 그 덮개, 회막 문장, 뜰의 휘장, 단 사면에 있는 뜰의 문장, 모든 줄 등을 운반하는 책임을 맡았다(민 3:23-25).

② 고핫 자손(8,600명중 2,750명)의 장년(30-50세)들이 가장 중요한 임무를 맡아 법궤를 비롯하여 상, 등대, 단, 각종 기구, 휘장 등을 운반하는 책임을 맡았다 (민 3: 31).

③ 므라리 자손(6,000명중 3,200명)의 장년들(30-50세)은 장막의 널판, 띠, 기둥 및 받침, 뜰 사면 기둥 및 받침, 말뚝과 줄 등을 메고 운반하는 책임을 맡았다 (민 3:36).

그러므로 성막과 각종 기구의 운반을 맡았던 레위지파인 레위의 세 아들 자손(게르손, 고핫, 므라리)의 수는 모두 22,500명으로 그중 약 20%인 8,580명이 성막 이동시 운반의 책임을 맡았다.

우리가 참고해야 할 것은 출애굽하여 시내광야에 이르렀을 때 남자 20세 이상의 장정을 계수한 결과 603,550명이었다. 그러나 레위지파는 계수되지 않고 비전투요원으로 취급되었으며 레위지파의 제1대 제사장인 아론의 자손에게 제사장이 계승되었으며, 레위의 세 아들의 자손에게 성막에 대한 책임이 전적으로 부여되었다.

## (3) 성막기구의 운반방법

① 증거궤는 간 막은 장으로 증거궤를 덮고 그 위에 해달 가죽으로 다시 덮어 그 위에 순청색 보자기로 덮은 후 체를 꿰어 운반했다(민 4:4-6).

② 떡상(진설병의 상)은 상에 청색 보자기를 펴고 대접, 숟가락, 주발, 붓는 잔, 그리고 항상 진설하는 떡을 그 위에 두고 홍색 보자기를 그 위에 펴고 그것을 해달 가죽 덮개로 덮은 후 체를 꿰어 운반했다(민 4:7-8).

③ 등대는 청색 보자기로 등대, 등잔, 불집개, 불똥 그릇, 쓰는 기름 그릇을 덮고, 등대와 모든 기구를 해달의 가죽 덮개 안에 넣어 운반했다(민 4:9,10).

④ 분향단과 모든 기물은 청색 보자기를 펴고 해달의 가죽 덮개로 덮어 메는 틀 위에 두어 운반했다(민 4: 11-14).

성물 운반을 위한 싸는 작업은 레위와 그 아들들의 자손만이 할 수 있었고 메는 작업은 고핫 자손만이 했으며 만지면 죽임을 당했다. 특히 지성소 물건은 누구든지 접근만 해도 죽임을 당했다.

## 8. 성막과 법궤의 이동 경로

**법궤의 이동경로**

느보산의 모세기념 교회

느보산의 모세기념 교회 바닥에 있는 비잔틴 시대의 모자이크

# 제3장
# 성막의 각론

시내산 성 케더린 수도원
(수도원 안에 가시 떨기 나무가 있다)

# 제3장. 성막의 각론

## 1. 성막의 울타리

> 출애굽기 27:9-19
>
> "너는 성막의 뜰을 만들지니 남을 향하여 뜰 남편에 광이 백 규빗(50m)의 세마포장을 쳐서 그 한편을 당하게 할지니 그 기둥이 스물(20개)이며 그 받침 스물은 놋으로 하고 그 기둥의 갈고리와 가름대는 은으로 할지며 그 북편에는 광이 백 규빗(50m)의 포장을 치되 그 기둥이 스물이며 그 기둥의 받침 스물은 놋으로 하고 그 기둥의 갈고리와 가름대는 은으로 할지니 뜰의 옆 곧 서편에 광 오십 규빗(25m)의 포장을 치되 그 기둥이 열이요 받침이 열이며 동을 향하여 뜰 동편의 광도 오십 규빗(25m)이 될지며 문 이편을 위하여 포장이 십오 규빗(7.5m)이며 그 기둥이 셋이요 받침이 셋이며 뜰 문을 위하여는 청색, 자색, 홍색실과 가늘게 꼰 베실로 수놓아 짠 이십 규빗(10m)의 장이 있게 할지니 그 기둥이 넷이요 받침이 넷이며 뜰 사면 모든 기둥의 가름대와 갈고리는 은이요 그 받침은 놋이며 뜰의 장은 백 규빗(50m)이요 광은 오십 규빗(25m)이요 세마포장의 고(高)는 오 규빗(2.5m)이요 그 받침은 놋이며 성막에서 쓰는 모든 기구(器具)와 그 말뚝과 뜰의 포장 말뚝을 다 놋으로 할지니라"(출 27:9-19).

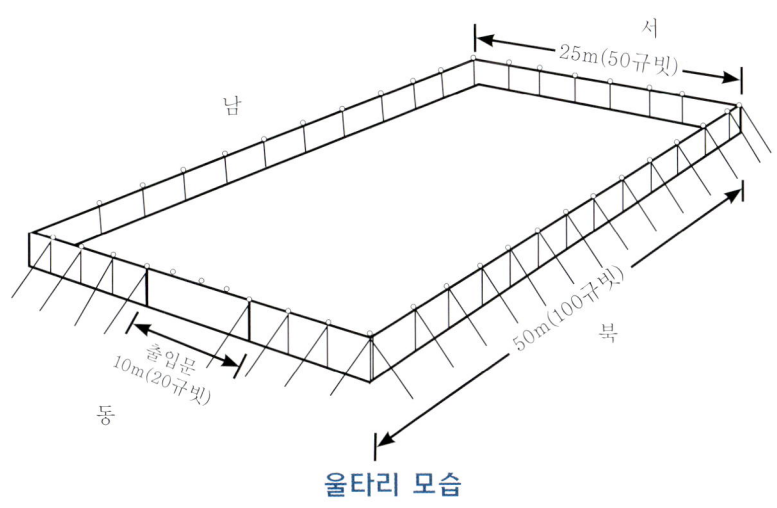

울타리 모습

## 가. 울타리의 개념

　울타리(hedge)는 돌이나 벽돌을 쌓아 올린 담이나 벽이 아닌 풀이나 나무를 엮어서 집(家屋)의 주위를 둘러 막거나 경계(境界)를 위하여 설치한 시설물을 말한다. 그러나 성막의 울타리는 통상적인 울타리에 풀이나 나무로 엮어 만든 것이 아니라 세마포장(細麻布帳)을 둘러 쳐서 만든 울타리이다.

　성막은 하나님께서 임재하여 거하는 집으로써 모세에게 명하여 세울 때 그 사면의 경계선을 따라 놋 받침을 한 놋(銅) 기둥(60개)에 은 갈고리를 해서 경계선 밖의 땅에 박아 놓은 놋 말뚝에 끈을 연결하여 세웠다. 그리하여 기둥이 사면에서 보면 동쪽과 서쪽에 각각 11개씩 22개가 되고 남쪽과 북쪽에 각각 21개씩 42개로 되어 총 64개의 기둥이 보인다. 그러나 네 모퉁이의 두 기둥이 두 번 보였기에 실제로 세워진 기둥은 총 60개가 세워져 있다. 기둥의 높이는 5규빗(2.5m)으로 사람의 키보다 높아 밖에서 안을 볼 수 없도록 하였고 사면의 기둥을 따라 세마포장(높이2.5m x 광 150m)을 둘러 쳐서 울타리를 세웠다.

　놋 기둥은 십자가를 의미한다. 모세가 광야에서 놋 뱀을 만들어 장대 위에 다니 뱀에 물린 자마다 놋뱀을 쳐다 본즉 살아났다(민 21:9). 이처럼 구리 놋뱀 장대(기둥)는 십자가를 상징하고 있다. 그리고 금(金)과 은(銀)은 변함이 없는 불변성의 금속으로 언제나 믿음을 상징한다. 그리고 세마포는 성결과 의를 상징한다.

　그리하여 성막의 울타리는 성막의 외형을 사면에서 보여 주고 있다. 그 울타리는 믿음을 상징하는 가름대, 갈고리, 말뚝에 의해 지탱되도록 하였고 구원을 상징하는 놋 기둥에 연하여 성결과 의를 표상하는 세마포로 둘러져 있다.

　하늘 나라를 예시(豫示)해 주는 공간적인 범위와 경계를 성막의 울타리를 통하여 보여주고 있고 오직 구원의 주이신 예수 그리스도를 모형으로 보여 주고 있다. 그러나 동쪽 울타리의 기둥 11개 가운데 5개(중앙 1개 좌우 2개)는 출입문의 기둥이다. 그 출입문 기둥을 따라 20 규빗(광10m)에는 세마포장이 아닌 별도의 장막(帳幕, 높이 2.5m x 광 10m)인 청색, 자색, 홍색실과 가늘게 꼰 베실로 수놓아 아름답고 화려한 휘장이 가려져 있어 출입시에 사용되었다.

## 나. 세마포장의 특성

　마포(麻布)는 아마(亞麻), 대마(大麻), 저마(苧麻), 황마(黃麻) 등 삼껍질에서 실을 자아내 천으로 짠 직물의 총칭이다. 성막 울타리에 둘러 친 세마포(細麻布)는 삼껍질(麻皮)에서 뽑아낸 실의 가는 올로 짠 마포이다. 마포 즉 삼베는 삼껍질의 안쪽에 있는 인피섬유(靭皮纖維)를 이용하여 짠 천으로서 수분을 빨리 흡수하여 배출하고 자외선을 차단하며 곰팡이를 억제하는 항균성과 항독성이 있다. 그래서 마직물(麻織物)은 쉽게 썩지 않는 특성이 있어 시신의 수의로 사용되었으며 오늘날 우리나라에서도 수의로 사용하고 있다.

　우리나라는 고조선 시대부터 마포로 옷을 지어 입다가 통일신라 시대부터 저마포(苧麻布)와 대마포(大麻布)를 따로 짠 옷이 왕족이나 귀족은 등급이 높은 저마포(모시)의 옷을 입었고, 서민은 등급이 낮은 대마포(삼베)의 옷을 입었다. 신라 마지막 경순왕의 아들 마의태자(麻衣太子)는 망국(BC 935년)의 한을 안고 삼베 누더기를 입은 채 개골산(금강산)에서 초근목피로 연명하여 여생을 보내다가 죽었다. 그리하여 마의태자를 애도하는 뜻에서 삼베옷의 상복(喪服)을 입는 풍습이 생겼다.

　주전 3000년경 이집트의 고분에서 발굴된 미라(mirra)가 마포로 싸여져 있었다. 고대 애굽의 바로들은 사후 세계의 풍요로운 생활을 위하여 사후의 집을 짓고자 했던 것이 피라미드(pyramid)였다. 또한 미라를 만들어 사후 세계를 위해 썩지 않도록 시신 보존에 사용한 것이 마포(麻布)였다.

　성경의 구약과 신약에 세마포에 대한 기록이 나온다. "바로가 자기의 인장 반지를 빼서 요셉의 손에 끼우고 그에게 세마포 옷을 입히고 금사슬을 목에 걸고 자기에게 있는 버금 수레에 그를 태우고 무리가 그 앞에서 소리 지르기를 엎드리라 하더라 바로가 그로 애굽 전국을 총리하게 하였더라"(창 41:42).

　바로가 요셉에게 입혔던 세마포 옷(robe)은 총리가 입는 관복이었다.

　"아리마대 요셉이 예수님의 시체를 가져다가 정한 세마포로 싸서 바위 속에 판 자기 새 무덤에 넣어 두고 큰 돌을 굴려 무덤 문에 놓고 가니 거기 막달라 마리아와 다른 마리아가 무덤에 앉았더라"(마 27:59-61).

　예수님의 시신을 정한 세마포로 싸서 무덤에 넣었던 예수님의 수의는 성결한 올이 가늘고 고운 아마포(亞麻布, fine linen robe)였다.

"그에게 허락하사 빛나고 깨끗한 세마포를 입게 하셨은즉 이 세마포는 성도들의 옳은 행실이로다"(계 19:8)라고 언급된 말씀 가운데 세마포는 그리스도인들에게 주어지는 하늘 나라의 성결한 예복이다. 성막 울타리의 놋 기둥에 세마포장이 둘려진 상태는 예수님을 예표한 요셉에게 입혀준 관복의 영광이요, 정한 세마포로 싸인 예수님 모형으로 부활의 소망인 동시에 생명이 되시는 예수 그리스도의 실제적 모형이다.

## 다. 울타리의 필요성

### (1) 하나님 영역(領域)의 지계선(地界線)을 명시하고 있다.

국경은 나라와 나라 간의 경계(境界)이며 나라 상호간에 협정된 경계이듯이 성막에도 거룩한 하늘나라와 부패한 인간세상의 경계선을 두듯이 울타리가 설치되었다.

"여호와께서 모세에게 이르시되 너는 내려가라 네가 애굽 땅에서 인도하여낸 네 백성이 부패하였도다 그들이 내가 그들에게 명한 길을 속히 떠나 가기를 위하여 송아지를 부어 만들고 그것을 숭배하며 그것에게 희생을 드리며 말하기를 이스라엘아 이는 너희를 애굽 땅에서 인도하여 낸 너희 신이라 하였도다 여호와께서 또 모세에게 이르시되 내가 이 백성을 보니 목이 곧은 백성이로다"(출 32:7-9)라고 했다.

출애굽한 이스라엘 백성들이 부패하여 금송아지 우상을 만들어 숭배하며 희생제사를 드리는 목이 곧은 백성으로 전락하고 말았다. 그리하여 하나님과 이스라엘 백성 간에 단절된 장벽이 가로 막히게 되었고 그 장벽의 울타리는 부패하지 않을 세마포장으로 둘려진 성막이다.

성막의 울타리 밖에는 죄악의 흑암에 의한 영원한 사망이 있으나 울타리 안에는 광명의 빛에 의한 구원의 생명이 있다. 이 세상 사람들은 울타리가 가려져 있어 하늘 나라를 바라볼 수 없고 들어 갈 수도 없다. 성막의 울타리는 해가 뜨는 동편에 오직 하나의 큰 문이 있다. 이 문이 양의 문이요 구원의 문이다.

"너희에게 이르노니 양의 우리에 문으로 들어가지 않고 다른 데로 넘어가는 자는 절도요 강도요"(요 10:1)라고 말씀했다.

성막은 양의 우리이며 우리에 둘러 있는 울타리가 있다. 성막의 울타리는 누구도 넘어 갈 수 없다. 오직 목자장이 되시는 하나님의 음성을 듣는 구원 받을 백성만이 울타리 동쪽의 출입문으로 들어 갈 수 있다.

## (2) 사람들이 누구나 들어 갈 수 없게 하기 위함이다.

하나님이 거처하시는 거룩한 영역의 땅은 철저하게 차단되어져 있다. 하나님이 요구하신 순종을 거부한 무리들은 하나님을 바라볼 수도 없고, 십계명을 비롯한 율법을 범한 자는 어느 누구도 하나님 앞에 설 수 없다. "누구든지 율법을 지키다가 그 하나에 거치면 모두 범한 자가 되느니라"(약 2:10) 했다. 모든 율법 중에 한 가지라도 범하면 하나님과의 관계가 차단되고 단절되는 것이다.

세마포장은 장막에서 외벽과 같은 역할을 하며 밖으로부터의 악한 세력의 접근을 막아 준다. 그러므로 울타리 안에는 하나님이 임재하며 선택된 이스라엘 백성만이 들어갈 수 있고 울타리 밖은 구원 받지 못한 이방인들이 활동하는 영역의 나그네들의 세상이다. 다시 요약해서 말하면 지상의 지옥과 천상의 천국을 상징하는 두 영역의 경계선 위에 설치된 담(墻)이 울타리이다.

"이제는 전에 멀리 있던 너희가 그리스도 예수 안에서 그리스도의 피로 가까워졌느니라 그는 우리의 화평이신지라 둘로 하나로 만드사 중간에 막힌 담을 허시고 원수된 것 곧 의문에 속한 계명의 율법을 자기의 육체로 폐하셨으니 이는 이 둘로 자기의 안에서 한 새 사람을 지어 화평하게 하시고 또 십자가로 이 둘을 한 몸으로 하나님과 화목하게 하려 하심이라 원수된 것을 십자가로 소멸하시고 또 오셔서 먼 데 있는 너희에게 평안을 전하고 가까운데 있는 자들에게 평안을 전하셨으니 이는 저로 말미암아 우리 둘이 한 성령 안에서 아버지께 나아감을 얻게 하려 하심이라 그러므로 이제부터 너희가 외인도 아니요 손도 아니요 오직 성도들과 동일한 시민이요 하나님의 권속이라"(엡 2:13-19)고 했다.

예수님은 십자가의 보혈로 율법을 완성하시며 인류를 구원하는 권능으로 하나님과 죄인 사이에 막혔던 담을 허셨다. 죄인된 자들이 이러한 담을 헐기 위해서는 예수님을 상징하는 성막 울타리의 문으로 번제물을 가지고 들어가야 되며 희생제사가 드려져야 한다.

### (3) 성막의 울타리는 전체가 둘러져 있다.

울타리는 광야의 바람으로 인하여 모래가 날아와 희생제사를 드릴 때에 방해하는 것들을 막아주며 희생제물을 태울 때에 그 냄새로 주위의 동물이 찾아오는 등의 방해요소를 막아주는 역할을 한다.

그리스도인들이 광야와 같은 이 땅에서 살아가는 동안 세마포장이 바람, 모래, 짐승 등으로부터 막아주고 보호해 주듯이 환난, 핍박, 고난으로부터 예수님이 피난처가 되어 주시는 것이다.

또한 그리스도인들의 행실이 세마포처럼 온전히 깨끗하고 성결해야만 그 심령에 오셔서 승리할 수 있는 힘과 능력을 주신다는 것이다.

성막 울타리의 세마포장이 하나님의 거처와 세상을 구별지어 주듯이 그리스도인들의 옳은 행실이 세상에서 선민을 구별해 주는 것이다.

### (4) 성막의 울타리는 방주의 선체외판(船體外板, hull)과 같다 (창 6 - 8장).

하나님께서 사람의 죄악이 세상에 관영(貫盈)하자 한탄하시며 창조한 사람과 짐승을 전부 지면에서 쓸어 버리려 홍수로 진멸하시고자 하셨다. 의인(義人)이요 당세에 완전한 자 노아에게 방주를 만들어 홍수를 피하라고 미리 계시를 통해서 명했다(창 6장).

"너는 잣나무로 너를 위하여 방주를 짓되 그 안에 간들을 막고 역청으로 그 안팎에 칠하라"(창 6:14)고 했다. 그리하여 노아는 하나님의 말씀에 순종하여 방주를 120년간 만들어 나이 600세에 건조를 마쳤다.

하나님께서 홍수 심판이 임하기 전에 그의 가족 8명(노아 부부, 세 아들 부부)과 혈육이 있는 모든 생물의 종류대로 암수 한쌍(정결한 짐승은 암수 일곱씩)과 함께 방주 안에 들어가게 하여 홍수가 창일(漲溢)한 물심판을 피하도록 했다. 노아의 가족과 짐승들은 방주 안에서 377일 동안 생명이 안전하게 보전되었다가 홍수가 끝난 후 방주에서 나왔다. 노아는 에덴동산에서 인류의 시조(始祖)가 된 아담에 이어 인류의 유일한 중시조(中始祖)가 되었다. 그는 950세를 향수하고 죽었다.

노아가 건조한 방주<길이 : 300 규빗 (137m), 폭 : 50규빗 (23m), 높이 : 30 규빗 (14m")>는 전부 잣나무로 만들었으며 그 안에 간들을 막고(격실)역청으로 그 안팎에 칠하도록 했다(창 6:14). 물론 선체외판(hull)의 안팎에도 역청을 칠했기 때문에 물이 배 안으로 스며들지 못하게 하는 방벽의 역할을 튼튼히 했다. 방주의 선체외판은 성막의 울타리를 상징하는 것이며 노아의 방주는 구약에 나타난 구원사역의 실질적 모형이다. 그래서 하나님이 노아를 택하여 행하신 물심판의 구원사역의 의미를 꼭 알아야 한다.

노아의 방주가 건조된 후 40일간 비가 내려 150일간 땅 위에 창일하게 되었다. 방주는 지상에 상가(上架)된 상태에서 물바다가 되자 약 43,000톤의 배수량으로 물에서 떠서 아라랏산 꼭대기에 머물렀고, 40일 후에 창문을 열고 보니 산봉우리들이 보이기 시작하자 까마귀와 비둘기를 내어보내 물이 감한 상태를 확인하게 했다. 두 번째 내어 보낸 비둘기가 그 입에 감람 새 잎사귀가 있어 이에 노아가 물이 감한줄 알았으며 또 7일을 기다려 비둘기를 내어 보냈으나 다시 돌아오지 않으므로 지면에 물이 걷힌 줄 알았다. 하나님께서 노아에게 방주에서 네 가족과 짐승을 다 이끌어 내라 하고 이것들이 땅에서 생육하고 번성하여 땅에 충만하라 했다(창 8장). 그리고 "하나님이 너희와 언약을 세우리니 다시는 모든 생물을 홍수로 멸하지 않고 홍수가 다시 있지 아니라 하시고 무지개를 구름 속에 두었나니 이것이 나의 세상과의 언약의 증거니라"라고 했다. 성막은 이스라엘 백성을 구원하기 위하여 노아의 방주와 같은 성격으로 세워졌으나 노아의 방주는 선택된 노아의 가족과 생축을 위한 구원의 사건이었고 성막(성전)은 선민 이스라엘 민족을 구원하기 위한 구원의 성격을 보여 주고 있어 방주와 성막의 구원 성격에 다소 차이점이 있다. 노아가 방주에서 나와 여호와를 위하여 단을 쌓고 모든 정결한 짐승 중에서와 모든 정결한 새 중에서 취하여 번제로 단에 드렸다(창 8:20). 노아시대부터 홍수의 물심판이 있은 후에 짐승의 희생제사가 시작되었음을 알수있다. 그리하여 노아의 번제물에 이어 성막의 번제물로 많은 짐승이 죽어야 하는 희생제사는 예수께서 십자가에 달려 단번에 죽으심을 통해 예수 그리스도의 그림자였던 성막의 희생제사는 끝이 나고 구약의 율법이 완성되었다. 예수 그리스도는 신약시대에 교회의 머리가 되시고 하나님 우편 보좌에 계시다가 때가 차면 재림하실 것이다(엡 4:15, 행 1:11).

"그러므로 형제들아 내가(바울) 하나님의 모든 자비하심으로 너희를 권하노니 너희 몸을 하나님이 기뻐하시는 거룩한 산제사로 드리라 이는 너희의 드릴 영적 예배니라"(롬 12:1).

## (5) 성막에 들어 갈 수 있는 곳은 오직 한 길뿐이다.

성막 울타리의 안과 밖은 천국과 세상의 상반된 지역 개념으로 볼 수 있다. 이 세상 사람들은 하나님과 천국을 알지 못하며 바라보지도 못한다. 성막 울타리는 십자가의 도를 깨닫지 못하는 어리석은 자들에게 차단되어 있는 방벽의 장애물이다. 사람들은 모두가 죄인이요 길 잃은 양들이기 때문이다. 그래서 하나님께서는 그들이 울타리를 넘을 수 없으며 구멍을 뚫을 수 없고 밑으로 들어갈 수 없도록 했다. 예수께서 가라사대 "내가 곧 길이요 진리요 생명이니 나로 말미암지 않고는 아버지께로 올 자가 없느니라"(요 14:6)라고 말씀하셨다.

하나님의 선민은 성막의 울타리를 넘는 것이 아니라 길이요 진리요 생명이 되는 구원의 문으로 들어가야 한다.

예수께서 이르시되 "진실로 진실로 너희에게 말하노니 나는 양의 문이라 나보다 먼저 온 자는 다 절도요 강도니 양들이 듣지 아니 하였느니라 내가 문이니 누구든지 나로 말미암아 들어가면 구원을 얻고 또 들어가며 나오며 꼴을 얻으리라"(요 10:7-9)라고 했다.

오직 하나님의 백성들이 성막에 들어 갈 수 있는 곳은 양의 문이신 예수 그리스도를 통해서 성막 울타리 문을 통과하는 오직 한 길밖에 없다.

## (6) 성막 울타리는 영적 의미가 있다.

가늘고 곱게 짜여진 세마포는 성막뜰 안에 있는 성소와 지성소를 보호하고 보전하기 위하여 하나님이 요구하시는 의(義)로서 동서남북의 사면에 둘러져 있음을 알 수 있다.

그 의로운 세마포는 사람의 키보다 높은 놋기둥(약 2.5m)에 걸려 있어 신분의 고하를 막론하고 아무나 성막의 내부를 들여다 보거나 기어 올라가지 못하며 도적처럼 넘어 갈 수 없다.

또한 어느 누구도 자신의 방법이나 힘이나 능력으로 의의 벽을 뚫고 통과할 수 없다. 오직 하나님이 지시하여 만들어진 울타리 동편의 예수 그리스도의 그림자인 양의 문으로 들어갈 수가 있다.

"우리가 다 즐거워하고 크게 기뻐하여 그에게 영광을 돌리세 어린 양의 혼인 기약이 이르렀고 그 아내가 예비하였으니 그에게 허락하사 빛나고 깨끗한 세마포를 입게 하셨은즉 이 세마포는 성도들의 옳은 행실이로다"(계 19:7-8)라고 했다. 예수 그리스도께서 재림하실 때에 신부(성도)들에게 예비해 주시는 세마포 옷을 입을 수 있는 자들이 성막 울타리에 둘려져 있는 세마포장의 영적 의미를 깨닫고 놋뱀의 기둥을 바라보고 양의 문 곧 생명의 문을 찾고 두드려서 생명의 문을 열고 그 문 안으로 들어가야 한다.

## 라. 울타리 기둥

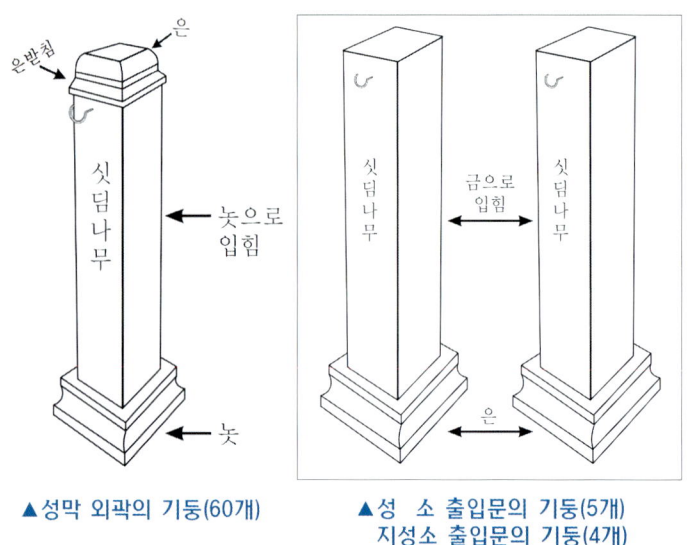

▲성막 외곽의 기둥(60개)   ▲성 소 출입문의 기둥(5개)
                         지성소 출입문의 기둥(4개)

　　세마포장 울타리는 60개의 기둥에 의해 견고히 세워져 있다. 기둥 60개는 성막 울타리의 동쪽이나 서쪽의 밖에서 보면 각각 11개씩(11×2=22)보이고 남쪽과 북쪽의 밖에서 각각 보면 22개씩(22×2=44)으로 보인다. 그러나 네 모퉁이의 기둥 4개가 두 번 중첩해서 보이기 때문에 동서남북의 사면에서 보인 기둥이 64개이지만 실제로 60개가 세워져 있다.

　　성경에 나타난 숫자 6은 4(사) 더하기 2(이)이다. 즉 인간의 세상(4)에서 하나님에 대한 인간의 적의(敵意)(2)로 생겨났다. 그것은 불완전의 수, 인간의 수, 하나님이 없는, 그리스도가 없는 사람의 수로서 사단인 마귀의 숫자요 죄악의 숫자이다. 그러나 10(십)은 완전 수이며 새로운 일련의 수들을 합하여 시작하는 하나님의 질서의 완전함을 상징하는 숫자이다. 또한 어떤 것의 전체적인 순환을 나타내는 질서의 완전함이 십(10)이라는 수에 내재하게 된다.

　　그래서 하나님의 성막은 최초에 사막 길 행로인 죄악 세상에 이스라엘 백성을 구원하기 위해 광야에 견고한 반석과 같이 세워졌다. 비록 저주를 받은 사단의 세력 안에 있지만 하나님의 능력으로 이 땅에 하나님의 구원의 약속과 소망을 선포하신 것이다.

성막의 기둥들은 은(銀)으로 만들어진 가름대(橫棒)에 의해 연결되어 있으며 재질은 조각목으로 만들어졌고 금(金)으로 도금되어 있으며 또 청동(靑銅)이 사용되고 머리부분에는 은으로 입혀져 있다. 그리고 높이는 5 규빗(약 2.5m)이다.

또한 기둥의 밑에는 동(銅)으로 된 받침을 만들어 기둥이 모래 속으로 빠지지 않도록 했다.

"그리스도께서 우리를 위하여 저주받은 바 되사 율법의 저주에서 우리를 속량하셨으니 기록된 바 나무에 달린 자마다 저주 아래 있는 자라"(갈 3:13)라고 했다.

어둠과 죄악 그리고 진노와 사망의 땅에 하나님께서 친히 거할 성소를 준비하시고 영적으로 죽어 멸망했던 인간들에게 몸소 찾아오셔서 성막의 지성소에 임재하고 계셨다.

성막 울타리 재료들의 영적 의미는 색깔, 재질, 용도에 따라 뜻이 나타나 있는데 세마포장은 흰색으로 거룩하고 깨끗한 성결을 상징하고, 놋기둥과 받침은 십자가를, 은 기둥머리와 은 가름대는 믿음을 영적으로 상징한다.

우리는 자신의 직분, 행위, 노력, 공로 등으로 구원받는 것이 아니라 오직 십자가 보혈의 능력, 십자가의 사랑, 십자가의 은혜로 말미암아 구원받는다.

## 마. 성막 출입문(聖幕 出入門)

> 출애굽기 27:13-16
>
> "동을 향하여 뜰 동편의 광(廣,너비)도 오십 규빗(25m)이 될지며 문 이편을 위하여 포장(布帳)이 십오 규빗(7.5m)이며 그 기둥이 셋이요 받침이 셋이요 문 저편을 위하여도 포장이 십오 규빗(7.5m)이며 그 기둥이 셋이요 받침이 셋이며 뜰 문을 위하여는 청색 자색 홍색실과 가늘게 꼰 베실로 수 놓아 짠 이십 규빗(10m)의 장이 있게 할지니 그 기둥이 넷이요 받침이 넷이며"(출 27:13-16)

제3장. 성막의 각론

성막 출입문

문(門, gate)은 구약성경에 두 가지의 원어로 표현되어 있다.

첫째로 페타흐(פֶּתַח)는 통로 또는 출입구를 뜻한다. 둘째로 델레트(דֶּלֶת)는 통로를 차단 또는 개방시키는 문을 의미한다. 다시 말해서 우리가 통상 인식하고 있는 출입을 위한 여닫는 문과 개폐장치(開閉裝置)가 없는 개방된 통로의 문으로 이해할 수 있다. 그러나 신약 성경에는 문의 헬라어 원어 뒤라는 히브리어의 두 가지의 의미를 다 가지고 있다(마 6:6, 27:60).

또한 근동지방에서는 문을 비유적으로 여러 곳에 쓰기도 했다.

① 문 앞에란 문에 가까이란 뜻을 의미한다(마 24:33, 막 13:29, 약 5:9).

② 좁은 문이란 하나님의 나라에 들어가는 좁고 협착한 통로를 의미한다
   (마 7:13, 눅 13:24).
③ 열린 문이란 기회나 가능성을 상징한다
   ( 행 14:27,고전 16:9, 고후 2:12,골 4:3,계 3:8).
④ 마음의 문이란 그리스도를 사람들의 마음에 꾸준히 사랑으로 초청하는 마음을 문으로 묘사하고 있다(계 3:20).
⑤ 그리스도는 양의 문이 되기 때문에 "양들의 문"이다(요 10:7).

성막의 동쪽 울타리 출입문은 양의 문인 예수 그리스도를 예표하는 생명의 문이다. 그 생명의 문인 양의 문은 출애굽할 때 유월절의 이스라엘 백성의 집의 문과 시내산에 세워진 성막의 문에서 발견할 수 있다.

하나님의 택한 이스라엘 백성들이 애굽에서 거처했던 집의 문은 구원의 문이었다. 그 문의 좌우 문설주와 인방에 양의 피를 발라 그 피를 보고 죽음의 사신들이 넘어가 장자들이 죽음에서 면할 수 있었다.

시내산에서 "모세가 그 피를 취하니 백성에게 뿌려 가로되 이는 여호와께서 이 모든 말씀에 대하여 너희와 세우신 언약의 피니라"(출 24:8)했으며 모세는 피를 취하고 그 피의 반은 언약서에 반은 백성에게 뿌렸다. 이로써 이스라엘 백성은 하나님의 언약 백성이 되었다. 그러나 하나님께서 유월절의 참 구원의 의미와 모습을 보여 주시며 출애굽을 시켜 주었지만 이스라엘 백성들은 그 크신 은혜를 망각하고 아론을 앞세워 금송아지를 만들고 우상을 섬기는 죄악을 범했다. 그렇지만 하나님은 그들을 버리지 않고 그들을 위하여 십계명·율법을 주시고 성막을 세우도록 했다. 이스라엘 백성이 죄를 용서 받을 수 있는 곳이 성막이다. 그곳 성막에서 죄를 용서받기 위해 들어가는 문이 성막의 문이다. 그래서 그 문은 양의 문인 예수 그리스도를 예표하고 있다. 그러므로 "예수께서 다시 이르시되 내가 진실로 너희에게 말하노니 나는 양의 문이라 나보다 먼저 온 자는 다 절도요 강도니 양들이 듣지 아니하였느니라 내가 문이니 누구든지 나로 말미암아 들어가면 구원을 얻고 또는 들어가며 나오며 꼴을 얻으리라"(요 10:7-9)고 말씀했다.

성막에는 밖으로부터 안으로 들어 가는 3단계의 출입문이 있다. 첫 번째로 성

막 외곽의 동쪽 울타리에 설치된 백성들이 출입하는 큰 문이 있고, 두 번째는 성막 바깥뜰에서 성소로 들어가는 제사장이 출입하는 좁은 문이 있으며, 세 번째로 성소에서 지성소로 들어 가는 대제사장만이 출입하는 좁은 문이 있다. 이들 출입문은 각각 휘장(揮帳)이 설치되어 있다.

성막의 외곽 울타리 문은 폭이 10m(20규빗) 높이 2.5m(5규빗)의 넓은 문으로 할례를 받은 이스라엘 백성은 누구든지 들어갈 수 있다. 이 문은 해뜨는 동쪽에 오직 한 곳에만 있고 그 앞에 유다지파의 장막이 배치되어 있다. 그 문은 유다지파를 통해 예수 그리스도가 탄생함을 상징하고 있다.

그 문의 휘장은 네 가지 색으로 흰 바탕에 청색, 자색, 홍색의 가는 베실로 짜여 있다. 청색은 생명, 자색은 왕권, 홍색은 피를 각각 나타내어 예수 그리스도를 상징하고 있다.

그 성막의 문으로 이스라엘 백성이 들어 갈 때는 대속의 짐승을 끌고 들어가야 했고 짐승이 죽어야 했다.

갈보리산 언덕의 십자가에 달리신 예수 그리스도는 참된 구원의 문이 되심을 우리에게 보여주는 것이다.

## 2. 성막의 뜰과 내부의 성물

### 가. 성막 뜰의 범위

"너는 성막의 뜰을 만들지니 남을 향하여 뜰 남편에 광이 100규빗(50m), 그 북편에도 100규빗(50m), 뜰 옆 곧 서편에 광이 50규빗(25m), 동을 향하여 뜰 동편의 광도 50규빗(25m)으로 하여 세마포장을 치고 기둥을 세우라"고 했다(출 24:9-14). 다시 말하면 성막의 울타리 안의 공간이 성막의 뜰이다. 성막의 뜰은 통상 바깥 뜰과 안뜰로 구분한다.

* 바깥 뜰은 성막의 출입문으로 들어가면 번제단과 물두멍이 있는데 이 번제단과 물두멍의 주변지역이 바깥 뜰이다(50규빗×50규빗). 바깥 뜰은 이스라엘 백성은 누구나 들어갈 수 있는 곳이다.

\* 안 뜰은 성소와 지성소의 주변지역이다. 제사장은 바깥 뜰의 번제단에서 희생제사를 드리고 성소에 들어갈 수 있으며 대제사장은 제사장과 같은 절차를 거쳐 성소를 통하여 일 년에 한 번 속죄일에 피를 가지고 지성소에 들어갈 수 있다.

### 나. 번제단(燔祭壇)(출 22:1-8)

"너는 조각목으로 장이 5 규빗(2.5m), 광이 5 규빗(2.5m)의 단을 만들되 네모 반듯하게 하며 고(높이)는 3 규빗(1.5m)으로 하고 그 네 모퉁이 위에 뿔을 만들되 그 뿔이 그것에 연하게 하고 그 단을 놋으로 쌀지며 재를 담는 통과 부삽과 대야와 고기 갈고리와 불 옮기는 그릇을 만들되 단의 그릇을 다 놋으로 만들지며 단을 위하여 놋으로 그물을 만들고 그 위 네 모퉁이에 놋고리 넷을 만들고 그물은 단 사면 가장자리 아래 곧 단 절반에 오르게 할지며 또 그 단을 위하여 채를 만들되 조각목으로 만들고 놋으로 쌀지며 단 양편 고리에 그 채를 꿰어 단을 메게 할지며 단은 널판으로 비게 만들되 산에서 네게 보인 대로 그들이 만들지니라"(출 27:1-8).

번제단

### (1) 번제단의 모양과 규격

번제단은 성막의 문으로 들어가면 제일 가까운 곳에 위치하고 있다. 번제단은 조각목으로 장이 5규빗(2.5m) 광이 5규빗(2.5m) 고(높이)는 3규빗(1.5m)으로 정사면체로 만들어졌다. 번제단 규격의 수 오(5)는 다섯 가지 희생제물을 드리게 함으로써 아브라함과의 약속에 깊은 관련이 되어 암소, 암염소, 숫양, 산비둘기, 집비둘기 등의 다섯 짐승의 제물을 상징하고 있다(창 15:9).

번제단의 네 모퉁이에 뿔을 만들었고 그 단을 놋으로 싸고 단 안의 절반에 오르게 놋으로 그물을 만들었으며 단 양편에 고리를 만들어 조각목에 놋을 싼 채를 꿰어 단을 메게 만들었다.

번제단에서 죄인들의 죄를 전가 받은 짐승이 희생되어 불태워지는 것이다. 죄인들이 속죄의 번제단에서 죄를 용서받기 전에는 아무도 지성소의 거룩한 하나님을 만날 수 없다.

### (2) 번제단의 희생제물

번제단은 인간의 죄를 대신하여 죄과(罪過)를 전가 받은 짐승(우양)이 희생되어 바쳐지는 제단이다. 죄인이 희생 제물을 끌고 왔을 때 제사장은 그 제물에 대하여 흠이 있는가 없는가를 확인한다. 하나님 앞에 드려질 제물은 흠도 점도 없는 깨끗한 제물이어야 하기 때문이다. 그 제물은 바로 죄 없으신 예수 그리스도의 상징이다. 예수 그리스도는 죄가 없으신 분이며 흠도 점도 없으셨으나, 인류를 위하여 온전한 제물이 되셨다.

죄인이 흠없는 희생제물의 짐승을 끌고 와서 죄를 고백하면 제사장은 제물을 받아서 제물의 머리에 안수하여 죄인의 죄를 전가시켜 짐승에게 뒤집어 씌우고 그 짐승을 희생시켜 피를 쏟게 하여 죽게 했다. 그리고 내장을 꺼내 물로 깨끗이 씻고 그 가죽을 벗겨 각을 뜨고 그 짐승의 피는 단 사면에 뿌리고 제물을 단에서 불로 태워 하나님께 드렸다.

이스라엘 백성이 범죄하면 죄의 삯은 사망이기에 그 죄인은 죽어야 했다. 하나님은 죽을 수밖에 없는 죄인을 위하여 번제단에서 속죄의 길을 만드셨고 그 희생제물은 예수 그리스도를 상징한다.

예수 그리스도는 인류의 죄를 담당하시고 온 인류의 죄를 전가 받아 담당하셨다. 최초 아담 한 사람으로 말미암아 죄가 들어왔고 마지막 아담 예수 그리스도 한 사람이 십자가에 희생제물로 바쳐 인류를 구원하셨다. 예수 그리스도는 십자가를 통해 물과 피를 쏟으시고 희생제물이 되셨기에 우리가 하나님 앞에 나갈 수 있는 길이 열린 것이다. 그래서 그리스도인은 하나님 앞에 바쳐지는 제물이 되어야 하고 하나님께 바쳐지는 제물은 죽어야 한다.

사도 바울은 "너희 몸을 하나님이 기뻐하시는 거룩한 산 제사로 드리라 이는 너희의 드릴 영적 예배니라"(롬 12:1)라고 했다.

그리스도인의 거룩한 산 제사는 바로 죽어진 제물에 대한 역설이다. 바울 자신은 날마다 실천적 죽음의 생활을 했다(고전 15:31).

번제단에서 짐승과 같이 희생제물이 되신 예수 그리스도의 사랑에 감사하여 영육 간에 하나님 앞에 드리는 예배가 산 제사이다.

## (3) 번제단의 불

번제단의 불은 인위적으로 만들어진 불이 아니라 하나님으로부터 내려진 불이다.

"불이 여호와 앞에서 나와 단 위의 번제물과 기름을 사른지라 온 백성이 이를 보고 소리 지르며 엎드렸더라"(레 9:24)라고 했다. 단 위의 불은 항상 피워서 꺼지지 않게 했다. 제사장은 아침마다 나무를 그 위에 태우고 번제물을 위에 벌여 놓고 화목제의 기름을 그 위에 사르며 불을 끊이지 않고 단 위에서 피워 꺼지지 않게 했다(레 6:12,13). 여호와의 불은 속죄의 불이며 생명의 영원한 불이다. 여호와의 불이 아닌 다른 불을 드리면 죽임을 당했다.

"아론의 아들 나답과 아비후가 각기 향로를 가져다가 여호와의 명하시지 않은 다른 불을 담아 여호와 앞에 분향하였더니 불이 여호와 앞에서 나와 그들을 삼키매 그들이 여호와 앞에서 죽은지라"(레 10:1-2)

갈멜산에서 참 신과 거짓 신을 분별하는 대결에서 엘리야 선지자의 기도로 하늘에서 불이 내려와 번제단을 불살라 엘리야의 기도를 열납하셨고 아세라와 바알 선지자 850명의 간구에는 불의 응답이 없어 그들이 죽임을 당하고 말았다(왕상 18:19-40).

사람은 성령의 불 세례가 임하게 되어 성령으로 거듭나서 하늘나라 생명책에 녹명되고 하늘나라 시민권을 소유한 천국백성이 되는 것이다. 거룩한 산 제사를 드릴 때마다 날로 성화되어 가는 것이다.

### (4) 번제단의 뿔

번제단에는 네 개의 뿔이 있는데 놋으로 싸서 만들었다(출 27:2) 그 제단 뿔에 희생 짐승을르 매어 희생시켰다. "줄로 희생을 제단 뿔에 맬지어다(시 118:27)"라고 했다. 이 뿔은 제단의 능력과 구원을 상징하고 있다. 향단에도 네 개의 뿔이 있는데 영적 의미가 있다.

"아도니야도 솔로몬을 두려워하여 일어나 가서 제단 뿔을 잡으니"고 했다(왕상 1:50). 죽을 죄인이라도 성전에 와서 제단 뿔을 잡으면 용서를 받았다. 이 제단의 뿔은 죽을 죄인을 구원하는 십자가의 사죄의 은총을 상징한다.

"내가 이스라엘의 모든 죄를 보응하는 날에 벧엘의 단들을 벌하여 그 단의 뿔들을 꺾어 땅에 떨어뜨리고"(암 3:14)라 했다. 여기서 뿔을 꺾었다는 것은 이스라엘의 모든 영광의 뿔이 꺾였다는 뜻이다. 그래서 능력을 잃은 제단은 곧 뿔 꺾인 제단을 뜻한다.

### (5) 번제단의 재료

번제단은 조각목을 놋으로 싸서 만들었다. 놋은 조각목을 불에 타지 않도록 보호해 주고 대속과 승리의 모형을 보여 주고 있다. 놋 제단은 곧 십자가의 모형이며 죄를 이기고 죽음에서 구원하는 능력의 십자가, 승리의 십자가를 상징하는 모형이다.

성경에서 놋이 상징하는 뜻은 심판과 능력의 양면성을 나타내고 있다. "네 머리 위의 하늘은 놋이 되고 네 아래의 땅은 철이 될 것이며 여호와께서 비 대신에 티끌과 모래를 네 땅에 내리시니 그것들이 하늘에서 네 위에 내려서 필경 너를 멸하리라"(신 28:23,24)고 했다. 여기서 하늘의 재앙을 놋으로 나타내어 저주와 심판을 상징했다. 또한 광야에서 이스라엘 백성이 하나님을 원망하다가 불뱀에 물려 죽게 되었을 때 장대 위에 달린 그 놋뱀을 바라보는 자는 살게 되었다. 그 놋뱀은 저주와 심판의 상징인 동시에 예수 그리스도의 구원의 상징이었다.

또한 골리앗은 "머리에는 놋투구를 썼고 몸에는 어린갑을 입었으니 그 갑옷의 중수가 놋 오천 세겔이며 그 다리에는 놋경갑을 쳤고 어깨 사이에 놋 단창을 메었으니 그 창자루는 베틀채 같고 창날은 철 육백 세겔이며 방패 든 자는 앞서 행하더라"(삼상 17:5-7)라고 했다. 군인들의 갑옷과 투구는 놋으로 되어 있어 강한 보호의 힘을 나타내고 있다. 그러나 골리앗은 투구, 갑옷, 경갑, 단창 등을 놋으로 무장했지만 다윗의 물맷돌에 맞아 단번에 쓰러졌다. 전쟁은 오직 여호와께 속한 것이기 때문이다.

### (6) 번제단에 사용된 기구들

번제단에서 번제를 드리기 위해 필요한 보조기구로서 대야, 고기갈고리, 재를 담는 통, 부삽, 불 옮기는 그릇 등 다섯 가지 기구는 다 놋으로 만들어 사용되었다.

| 번제단에 사용된 기구들 | | | |
|---|---|---|---|
| 대야 | | 고기 갈고리 | |
| 재를 담는 통 | | 부삽 | |
| 불 옮기는 그릇 | | | |

제3장. 성막의 각론

오늘날도 이스라엘 사마리아인들은 유월절을 위하여 양을 잡는다(그리심 산).

번제단의 제물은 산채로 드리지 않는다. 죄인이 희생제물을 끌고 가면 제사장이 짐승의 머리에 안수한 후 죽이고 내장을 긁어내어 씻는다. 그리고 가죽을 벗기고 각을 떠서 고기를 대야에 담아 고기 갈고리로 단에 올려 놓고 꺼지지 않는 나무 불에 잘 태워 하나님께 제사를 드린다. 그 다음 타고난 재를 부삽으로 긁어 내어 통에 담아서 내어 버린다.

성막 기구들은 오실 메시아의 속죄 신앙과 바람직한 교회형태에서 그리스도의 지체로서의 신앙의 여러 형태들을 보여 주고 있다. 이 기구들은 주님의 몸된 교회에서 지체로서 쓰임을 받는 직분자들이 합력하여 선을 이루는데 하나님의 도구가 되는 것이다.

"우리가 알거니와 하나님을 사랑하는 자 곧 그 뜻대로 부르심을 입은 자들에게는 모든 것이 합력하여 선을 이루느니라"(롬 8:28).

## \* 대 야

　　대야는 제물을 담는 그릇이다. 하나님 앞에 번제를 드릴 때 짐승의 가죽을 벗기고 내장을 꺼내고 피를 뽑은 후에 각을 떠서 번제단에 운반하는데 필요한 그릇이 대야이다.

　　그릇은 그 속에 담길 내용물에 따라 용도가 달라진다. 밥상 위에 오르는 그릇도 크기와 용도가 각각 달라서 밥그릇, 국그릇, 각종 접시, 간장 종지 등 내용물의 종류와 담겨질 음식의 양에 따라 그릇의 형태와 크기가 다르다. 무엇 보다도 그릇이 만들어진 재질과 형태에 따라 가치가 달라진다.

　　"큰 집에는 금과 은의 그릇이 있을 뿐 아니라 나무와 질그릇도 있어 귀히 쓰는 것도 있고 천히 쓰는 것도 있나니 그러므로 누구든지 이런 것에서 자기를 깨끗이 하면 귀히 쓰는 그릇이 되어 거룩하고 주인의 쓰임에 합당하여 모든 선한 일에 예비함이 되리라"(딤후 2:20,21)고 했다. 그릇 가운데 금, 은, 질그릇, 나무 등 네 종류의 그릇은 귀하게 또는 천하게도 쓰이지만 우선적으로 깨끗해야 주인에게 선택되어 귀히 쓰인다는 것이다.

　　따라서 번제단에 사용되는 대야는 희생제물을 담는 깨끗한 그릇이어야 쓰임 받는다. 영적으로 대야에 담겨진 희생된 각이 뜨인 상태의 고기는 거룩한 산 제사를 드리는 성도들을 상징한다.

　　오늘날 교회에서 직분을 맡은 자는 믿음의 그릇을 깨끗이 하고 날로 거룩해져서 믿음의 분량대로 그릇에 차고 넘치므로 그리스도의 장성한 분량에 이르기까지 날로 성화되어야 한다.

　　영적으로 고기 담는 대야의 사명은 사람들을 전도해서 하나님의 교회에 데려오는 것이다. 하나님의 교회가 부흥되려면 대야에 희생고기가 가득한 거듭난 영혼이 담겨져야 교회가 부흥되고 성장한다.

　　그래서 제단에 나갈 때 빈 그릇의 대야로 나가지 말고 불신자들을 그릇에 제물로 담아 와야 한다.

　　"형제들아 내가 그리스도 예수 우리 주 안에서 가진 바 너희에게 대하여 나의 자랑을 두고 단언하노니 나는 날마다 죽노라"라고 사도 바울은 고백했다. 성도들은 희생제물이 되어 날마다 죽어야 거듭나고 겸손해지며 거룩해진다. 첫째, 영적으로 희생제물이 되어 날마다 죽어서 경건한 몸으로 거룩한 산 제사를 드려야 한다. 둘째, 대야의 교회적 직무인 전도의 사명을 다할 수 있어야 한다.

## ∗ 고기 갈고리

고기 갈고리는 대야에 담아 온 고기를 찍어서 제단에 올려 놓고 고기가 불타는 동안 다른 곳에 떨어지지 않도록 보호하는 기구이다. 이는 대야의 고기를 제단에 옮겨서 제물이 온전히 하나님께 드려지도록 하는데 결정적 역할을 하는 것이다. 성도들이 전도한 사람을 교회로 인도하는 것으로 끝내지 않고 산 제사를 드릴 수 있도록 갈고리의 역할을 해야 한다. 이는 교회 안의 초신자에게 연결고리가 되는 사랑의 통로가 되는 것이다.

"네가 원 돌감람나무에서 찍힘을 받고 본성을 거슬러 좋은 감람나무에 접붙임을 얻었은즉 원 가지인 이 사람들이야 얼마나 더 자기 감람나무에 접붙임을 얻으랴"(롬 11:24)의 말씀처럼 돌감람나무를 찍어서 참 감람나무에 접붙이는 기구의 역할과 같이 고기 갈고리의 사명을 감당해야 한다.

"또한 가지 얼마가 꺾어졌는데 돌감람나무인 네가 그들중에 접붙임이 되어 참 감람나무의 뿌리의 진액을 함께 받는 자 되었은즉"이란 말씀은 성도들이 고기 갈고리인 사랑의 사명을 실천한 결과이다. 성도들 간에는 사랑의 매는 줄로 묶여져서 거룩한 산 제사를 드리는 신앙 공동체가 되어야 한다.

대야에 담겨진 고기를 갈고리에 찍어서 제단에 올리지 못하면 그 고기는 버려져야 한다. 교회에 불신자들이 인도되어 왔으나 신앙생활에 적응하지 못하고 돌아선다면 대야에 담긴 고기가 버려지는 경우와 마찬가지다. 그래서 사랑의 갈고리로 강력하게 포용하고 감싸면서 성령의 역사에 의해 생명의 길로 인도되어야 한다.

### \* 부삽

번제단에서 타고 남은 모든 재를 긁어내어 재를 옮기는 도구는 부삽이다. 고기 갈고리는 뾰쪽하고 날카로워 제물을 찍어서 번제단으로 옮기는 데 쓰이고 부삽은 번제단에서 타고 남은 재를 담기 편리한 넓죽한 형태의 기구이다. 예수 그리스도는 거룩하시고 성결하셔서 온 인류를 죄에서 구속하시고 우리 심령의 더러운 찌꺼기까지도 제거해 주시는 부삽의 도구가 되신다. 예수 그리스도는 우리를 죄악에서 속량하시고 거룩하게 성화시켜 주시기 위해 십자가에서 죽으셨으며 번제단의 부삽의 도구가 되어 주셨다.

### \* 재를 담는 통

재를 담는 통은 번제단에서 태운 나무나 제물의 재를 담아 넣는 기구이다. 번제물이나 나무가 타고 남은 재가 성막 안에 날리게 되면 세마포 장막, 성막 기구, 뜰이 더러워지고 성막 밖의 광야에 재가 바람에 날리면 불결하게 되고 지저분하게 된다. 또한 성막 주변에 진을 치고 있는 이스라엘 백성들에게 타고 남은 재가 날리면 그들의 건강을 해치게 된다. 그래서 재를 담아 두었다가 진 밖에 버리는 통이 있어야 한다. 재를 담는 통은 예수 그리스도께서는 더럽고 추한 인류의 죄를 사하시고 죄의 잔재까지도 전부 소멸해 주시기 위해 십자가에 못 박혀 죽으심으로 번제단에서 타고 남은 재를 버리기 위한 통이 되어 주셨다.

### \* 불을 옮기는 그릇

번제단의 최초의 불은 하나님께서 내려 주신 불로서 이 불은 꺼져서는 안 된다. 그래서 불이 꺼지지 않도록 하기 위한 불씨를 담는 그릇이 있어야 한다. 번제를 드린 후에 불을 보존하기 위한 그릇이 불을 옮기는 그릇이며 일명 화로(火爐)라고 한다.

번제단의 불은 성령의 불을 예표한다. 하나님은 성부, 성자, 성령이신 삼위일

체이시다. 성자 예수 그리스도는 어린 양이 되어 십자가에 희생제물이 되셨고, 성령 하나님은 성령의 불로 역사하신다. 거듭난 영혼의 몸은 성령의 불씨를 담은 그릇이며 거룩한 심령의 성전이 된다. 예수 그리스도는 승천하여 성령의 불로 임하시는 동시에 성령을 담는 그릇이 된다. 따라서 길이요 진리요, 생명이 되는 예수 그리스도를 증거하며 성령의 불이 담겨 있는 그릇을 옮기며 말씀을 전파하는 사명이 전도이며 선교이다.

## 다. 물두멍(출 30:18-20)

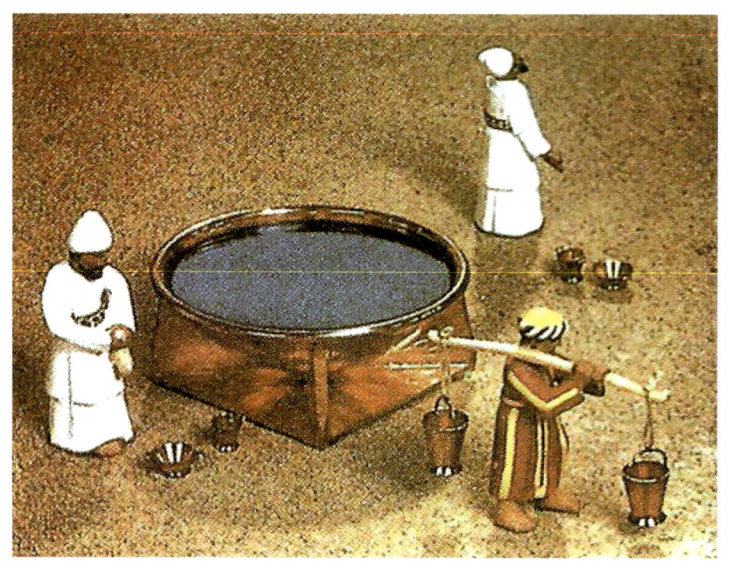

### (1) 물두멍의 위치와 성결의 교훈

물두멍은 번제단에서 성소의 문에 이르는 중간에 위치해 있다. 번제단에서는 제물이 불태워지고 피가 뿌려진 번제를 마친 후 제사장은 성소의 휘장을 열고 성소에 들어가기 전에 물두멍을 거쳐야 한다.

번제단이 예수 그리스도의 십자가 희생을 상징한다면 성소의 문은 장차 나타날 하늘나라의 지성소의 문을 의미한다. 그렇다면 십자가로 구속 받은 성도들이 장차 하늘나라에 이르기까지 그 중간 행로에 거쳐야 할 곳이 물두멍이다. 번제단이 신자들의 칭의를 상징한다면 물두멍은 계속적으로 성결을 이루는 성화를 의미한다.

성막 뜰에는 마룻바닥이 없고 제사장이 앉을 의자도 없다. 또 성막 뜰은 거룩한 곳이기에 신발을 벗어야 한다. 제사장은 신발을 벗고 맨발로 다니기에 흙과 먼지에 의해 더러워졌고 손은 희생의 피로 더러워졌기에 손과 발을 씻어야 하는 것이다.

손은 봉사를 의미하며 발은 행함을 의미한다. 오직 봉사와 행함은 하나님의 뜻에 합당한 봉사와 행함이어야 한다. 그렇지 않을 경우 "그들이 회막에 들어 갈 때에 물로 씻어 죽기를 면할 것이요"(출 30:20)라 했다. 손발을 물두멍에서 씻지 않고서는 성소에 들어 갈 수 없다.

죄인이 번제단을 상징하는 예수 그리스도의 십자가를 통해 의롭다고 칭함받은 것이다. 예수께서 베드로에게 말씀하신 대로 예수 믿는 자들은 이미 목욕을 한 자이나 죄가 없는 것은 아니다. 목욕을 했어도 발을 씻어야 한다.

"만일 우리가 죄 없다 하면 스스로 속이고 또 진리가 우리 속에 있지 아니 할 것이요"(요일 1:8)라고 했다. 우리는 계속해서 그날 그날 죄를 씻는 자백이 필요하다. "만일 우리가 우리 죄를 자백하면 저는 미쁘시고 의로우사 우리 죄를 사하시며 모든 불의에서 우리를 깨끗케 하실 것이요"(요일1:9)라는 말씀의 실천은 천국 문에 들어 갈 때까지 지속적으로 행해야 한다.

우리에게 중생의 씻음은 단번에 그리고 영원히 되어지는 것이다. 그러나 자범죄의 그림자가 항상 엄습하기 때문에 죄를 자복하여 빛으로 어둠을 몰아내듯 물두멍의 물로 죄를 씻어내야 한다.

### (2) 물두멍의 재료와 용도

"너는 물두멍은 놋으로 만들고 그 받침도 놋으로 만들어 씻게 하되 그것을 회막(성소)과 단(번제단) 사이에 두고 그 속에 물을 담으라"(출 30:18)고 했다. 그리고 물두멍과 받침대의 겉에는 관유(灌油)를 발랐다. 또한 관유를 번제단과 모든 기구에 발라 지성물(至聖物)로 거룩하게 구별했다.

여인들이 바친 놋 거울로 물두멍이 만들어졌다(출 38:8). 오늘날의 유리로 되어진 깨끗한 거울은 13세기 이후에 나타났다. 옛날에는 놋에다 기름칠한 놋 거울을 사용했다. 여인들이 자기들이 쓰는 물건을 하나님 앞에 드린 것이다. 육을 아름답게 하던 것이 영을 아름답게 하기 위하여 쓰여졌다.

성막의 모든 기구는 규격과 모형에 대해서 모세를 통해 자세히 말씀하고 있다. 그러나 유일하게 물두멍에 대해서는 언급이 없다. 물두멍은 크기나 규모에 대한 제한이 없고 물의 양에 대한 제한도 없다.

물두멍에 담긴 내용물은 물이다. 예수께서 십자가에서 흘리신 물과 피를 의미한다. "그중 한 군병이 창으로 옆구리를 찌르니 곧 피와 물이 나오더라"(요 19:34). 이 주님의 보혈은 어떠한 죄와 실수와 허물도 다 깨끗이 씻어 준다. 십자가(놋)의 피 외에는 어느 것도 우리의 죄를 씻을 수 없다. 그래서 씻음으로 성결하게 되는 것이다. 물두멍은 구원받은 후에 지은 죄들을 그때 그때마다 씻어 주는 것을 의미한다.

"저희를 진리로 거룩하게 하소서. 아버지의 말씀은 진리이니이다"(요 17:17). "이는 곧 물로 씻어 말씀으로 깨끗하게 하사 거룩하게 하시고"(엡 5:23)의 말씀과 같이 우리 하나님의 말씀으로 거룩해질 수 있다. 중생도 성결도 모두 성령의 역사이다. 그러나 구원의 중생과 이후의 성결은 구분된다. 예수를 영접하여 믿고 한 번 회개한 것으로 만족해서는 안 된다. 예수 그리스도의 보혈로 속죄함을 받았지만 계속해서 말씀을 읽고, 듣고 행할 수 있도록 심령을 물로 씻고 말씀으로 거룩해져야 한다. 그리하여 예수 그리스도의 성품과 인격을 닮아 가고, 그리스도의 향기를 드러내며 그리스도의 장성한 분량까지 성화되어야 한다. 물두멍은 그리스도의 능력이며 성화의 본체를 상징한다.

## 3. 성막(성소, 지성소)

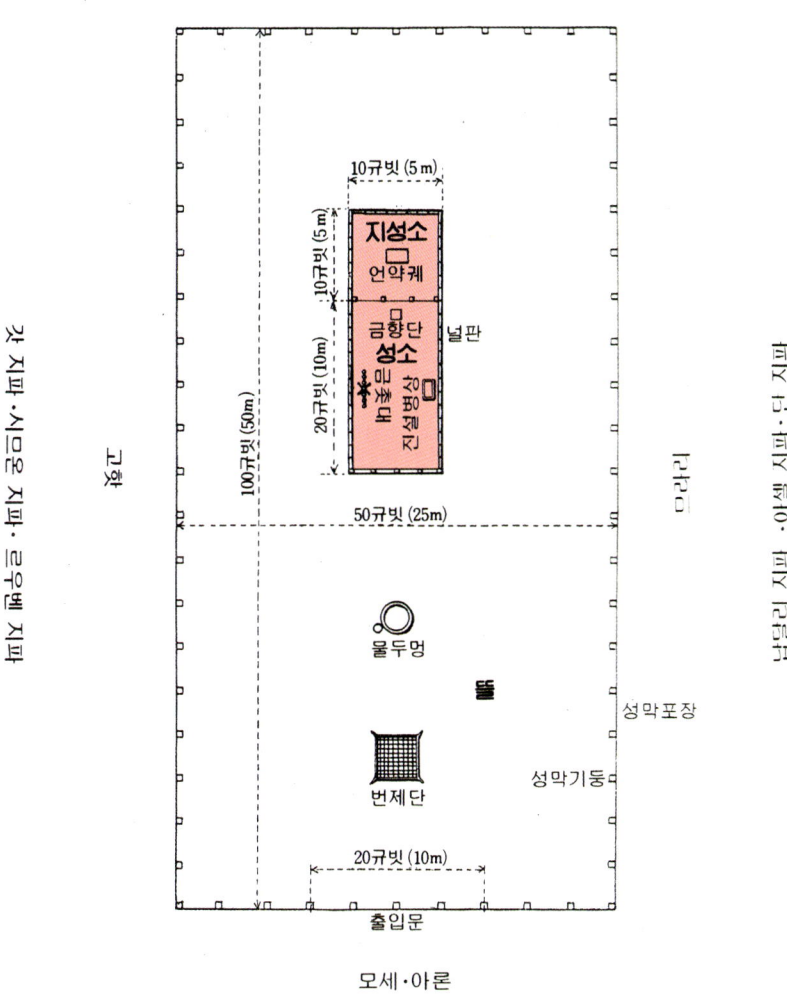

제3장. 성막의 각론

## 가. 외곽 널판 및 덮개

> 출애굽기 26:15-30
>
> "너는 조각목으로 성막을 위하여 널판을 만들어 세우되(15) 각 판의 장은 십 규빗, 광은 일 규빗 반으로 하고(16) 각 판에 두 촉씩 내어 서로 연하게 하되 너는 성막 널판을 다 그와 같이 하라(17) 너는 성막을 위하여 널판을 만들되 남편을 위하여 널판 스물을 만들고(18) 스무 널판 아래 은받침 마흔을 만들지니 이 널판 아래에도 그 두 촉을 위하여 두 받침을 만들고 저 널판 아래에도 그 두 촉을 위하여 두 받침을 만들지며(19) 성막 다른편 곧 그 북편을 위하여도 널판 스물로 하고(20) 은받침 마흔을 이 널판 아래에도 두 받침, 저 널판 아래에도 두 받침으로 하며(21) 성막 뒤 곧 그 서편을 위하여는 널판 여섯을 만들고(22) 성막 뒤 두 모퉁이 편을 위하여는 널판 둘을 만들되(23) 아래서부터 위까지 각기 두겹 두께로하여 윗 고리에 이르게 하고 두 모퉁이 편을 다 그리하며(24) 그 여덟 널판에는 은받침이 열여섯이니 이 판 아래에도 두 받침이요. 저 판 아래에도 두 받침이니라(25) 너는 조각목으로 띠를 만들지니 성막 이편 널판을 위하여 다섯이요(26) 성막 저편 널판을 위하여 다섯이요 성막 뒤 곧 서편 널판을 위하여 다섯이며(27) 널판 가운데 있는 중간 띠는 이끝에서 저 끝에 미치게 하고(28) 그 널판들을 금으로 싸고 그 널판들의 띠를 꿸 금고리를 만들고 그 띠를 금으로 싸라(29) 너는 산에서 보인 식양대로 성막을 세울지니라(30)

성소와 지성소를 둘러 싼 외곽의 벽에 가로 30규빗, 세로 10규빗(성소:20규빗x10규빗, 지성소:10규빗x10규빗), 높이 10규빗의 규격(가로15m, 세로5m, 높이5m)에 동쪽(10규빗)을 제외한 서,남,북의 삼면에만 널판의 벽을 세웠다.

널판은 조각목으로 만들어졌다. 남쪽과 북쪽의 벽에 각각 20개씩 모두 40개의 널판을 세웠다. 그리고 서쪽의 벽에 6개, 모서리에 2개("ㄱ"자형) 모두 8개의 널판을 세웠다. 따라서 총 48개의 널판을 세웠다. 널판 각 판의 장은 십규빗, 광은 일 규빗 반이며 각 판에 두 촉씩 내어 서로 연하게 하여 설치를 했다.

그리고 한 널판에 각각 2개씩의 은받침이 들어 갔으며 모두 96개의 은받침이 성막 전체를 받치고 있다. 각 널판은 보이는 4개의 띠로 둘려져 있고 안 보이게 속으로 한 띠가 둘러져 모두 5개의 띠가 둘러져 있다.

다시 정리하면 각 널판은 조각목을 금으로 쌌고, 각 널판은 은으로 된 두 받침대 위에 세워졌고, 전체의 널판은 다섯개의 네모진 빗장에 의하여 든든히 세워졌으며 빗장은 널판과 함께 연결되었다. 중앙에 가로 세워진 빗장은 성막의 전체길이로 뻗어 나가게 했다. 널판마다 고리를 통하여 다른 빗장들과 함께 고정시켜서 널판을 안정적으로 연결시켜 튼튼히 널판의 벽을 세웠다.

널판은 성막(성소, 지성소) 전체를 지탱해 주는 벽으로 구성되어 있고, 조립식 구조로 되어 있어 설치 및 해체에 용이하다. 널판은 광야의 모래바람, 비바람을 막아 성막 내부를 안전하게 보호해 주는 역할을 해 준다.

### (1) 널판과 띠의 영적 의미

널판과 띠는 조각목으로 만들어 금으로 쌌다. 하나님 나라의 성소는 지상 세상과 구분되는 벽이 있다. 그 벽을 널판으로 가려 세웠다.

은 받침 위에 튼튼히 고정된 널판을 세워서 만든 성막은 예수 그리스도께서 세운 교회를 예표한다.

"너는 베드로라 내가 이 반석 위에 내 교회를 세우리니 음부의 권세가 이기지 못하리라"(마 16:18). 하나님의 교회는 반석이 되시는 예수님의 피, 곧 예수 그리스도의 초석 위에 세워졌다.

"너희로 감독자로 삼고 하나님이 자기 피로 사신 교회를 치게 하셨느니라"(행 20:28).

오직 생명이 넘치는 참 교회는 예수 그리스도의 터 위에 세워지고 성장하며 부흥해야 한다. 금으로 싸여진 널판은 믿음을 뜻하며 서로 믿음으로 연결되어 믿음의 띠를 의미하는 금띠가 둘러져 있다.

구원받지 못한 사람(조각목)은 믿음(금)으로 덧입혀져야 구원 받아 새 사람이 된다는 의미이다.

## (2) 덮개(지붕)

> 출 26:1-14
>
> 너는 성막을 만들되 앙장(仰帳)열 폭을 가늘게 꼰 베실과 청색 자색 홍색실로 그룹을 공교(工巧)히 수 놓아 만들지니(1) 매 폭의 장은 이십팔 규빗, 광은 사 규빗으로 각 폭의 장단을 같게 하고(2) 그 앙장 다섯 폭을 서로 연하며 다른 다섯 폭도 서로 연하고(3) 그 앙장의 연락할 말폭(末幅) 가에 청색 고를 만들며 다른 연락할 말폭 가에도 그와 같이 하고(4) 앙장 말폭 가에 고 오십을 달며 다른 앙장 말폭 가에도 고 오십을 달고 그 고들을 서로 대하게 하고(5) 금 갈고리 오십을 만들고 그 갈고리로 양장을 연합하여 한 성막을 이룰지며(6) 그 성막을 덮는 막 곧 앙장을 염소털로 만들되 열한 폭을 만들며(7) 각 폭의 장은 삼십 규빗, 광은 사 규빗으로 열한 폭의 장단(長短)을 같게 하고(8) 그 앙장 다섯 폭을 서로 연하며 또 여섯 폭을 서로 연하고 그 여섯째 폭 절반은 성막 전면에 접어 드리우고(9) 앙장을 연락할 말폭(末幅) 가에 고 오십을 달며 다른 연락할 말폭 가에도 고 오십을 달고(10) 놋 갈고리 오십을 만들고 그 갈고리로 그 고를 꿰어 연합하여 한 막이 되게 하고(11) 그 막 곧 앙장의 나머지 그 반폭은 성막 뒤에 드리우고(12) 막 곧 앙장의 길이의 남은 것은 이편에 한 규빗, 저편에 한 규빗씩 성막 좌우 양편에 덮어 드리우고(13) 붉은 물 드린 숫양의 가죽으로 막의 덮개를 만들고 해달(海獺)의 가죽으로 그 웃 덮개를 만들지니라(14)

성막(성소, 지성소)의 덮개는 광야의 햇빛과 모래, 비, 바람으로부터 성막 안에 있는 기물들을 보호하기 위하여 네 개의 덮개로 덮었다.

제3장. 성막의 각론

성소 위에 네 덮개가 중첩되어 덮여 있다. 그러나 볼 수 있도록 벗겨 놓은 모습이다.

첫째, 맨 속에 그룹을 수놓은 앙장 덮개

제3장. 성막의 각론

둘째, 앙장 덮개 위에 염소털로 만든 덮개

셋째, 염소털 덮개 위에 숫양 가죽으로 만든 덮개 (붉게 물들였다.)

넷째, 덮개는 해달(물개) 가죽으로 덮여져 있는 덮개 (방수용 가죽임)

첫번째 덮개는 앙장 열 폭을 가늘게 꼰 베실과 청색, 자색, 홍색실로 천사를 수놓아 아름답게 만들었다(출 26:1-5).

성막(가로:30 규빗, 세로:10 규빗, 높이:10 규빗)을 덮기 위해서 한 폭 2규빗, 길이 30규빗(1m x 15m) 규격의 15폭을 연결하여 덮었다. 그러나 앙장 연결은 앙장을 연락할 말폭(末幅) 가에 고 오십을 달며 다른 연락할 말폭 가에도 오십을 달고 금 갈고리 오십을 만들고 그 갈고리로 그 고를 꿰어 연합하여 한 막이 되게 금 갈고리 50개로 연결했다.

앙장의 청색은 생명이신 예수 그리스도, 자색은 왕이신 예수 그리스도, 홍색은 고난 당하신 예수 그리스도, 백색의 가는 베실은 부활하신 예수 그리스도를 상징한다.

두 번째 덥개는 염소털의 실로 짜서 만들었다(출 26:7-13). 첫 번째 덮개 위에 덮어야 하기에 가로, 세로 각각 1m씩 크게 21m x 15m 규격으로 만들어 덮었다.

양이나 염소는 가장 많이 쓰여지는 희생제물로 털은 버림받은 그리스도인들을 의미한다. 죄인을 구하기 위하여 하늘 보좌를 떠나 이 땅에서 버림을 받으신 예수 그리스도의 모습을 예표하고 있다. 이 땅에서 버림 받은 예수 그리스도가 하나님과 인간이 만나는 성소와 지성소를 덮어 보호하고 있다. 우리는 예수 그리스도로 말미암아 존엄한 하나님을 만날 수 있게 된다.

세 번째 덮개는 붉은 물 들인 숫양가죽으로 만들었다(출 26:14). 붉은 색의 숫양가죽 덮개는 십자가에서 보혈의 피를 흘리신 예수 그리스도의 모습이다. 인간의 죄를 위하여 이루신 대속적인 희생을 의미한다. 성막은 예수 그리스도의 보혈의 피로 덮여 있음을 상징한다.

네 번째 덮개는 해달(물개)의 가죽으로 덮여져 있다(출 26:24). 해달의 가죽은 아주 질기며 폭풍우에도 견딜 수 있는 양질의 방수용 가죽이다. 성경에는 해달의 가죽이 신발용 재료로 사용되었음을 기록하고 있다(겔 16:10).

성막은 겉에서 보기에는 보잘것없는 장막에 불과하다. 성막은 내부벽면의 널판과 모든 기구는 금빛이지만 외부의 덮개를 보면 우중충하고 초라하기 짝이 없다.

"그는 주 앞에서 자라나기를 연한 순 같고 마른 땅에서 나온 줄기 같아서 고운 모양도 없고 풍채도 없은즉 우리의 보기에 흠모할 만한 아름다운 것이 없도다 그는 멸시를 받아서 사람에게 싫어 버린 바 되었으며 간고를 많이 겪었으며 질고를 아는 자라 마치 사람들에게 얼굴을 가리우고 보지 않음을 받는자 같아서 멸시를 당하였고 우리도 그를 귀히 여기지 아니하였도다"(사 53:2-3).

이사야 선지자의 표현대로 예수 그리스도를 예표한 성막은 외적으로는 흠모할 만한 풍채도 없이 초라하지만 내적으로는 하나님이 임재하고 계셔서 아름다운 광채의 모습으로 찬란하다.

성막의 덮개는 교회를 상징한다. 교회당은 형식적인 건물이다. 그 교회당 안에는 성별된 그리스도인들이 모인다. 온갖 병든 자, 가난한 자, 불쌍한 고아와 과부, 삶에 지친 자들이 모이는 곳이다. 그 교회당 안에는 교회의 머리가 되시는 하나님이 임재하고 계신다. 성막 교회에 하나님이 임재하시고 역사하신다. 곧 덮개로 덮힌 성막은 참교회의 모습이다.

## 나. 성소의 내부 성물

### (1) 등대(燈臺)

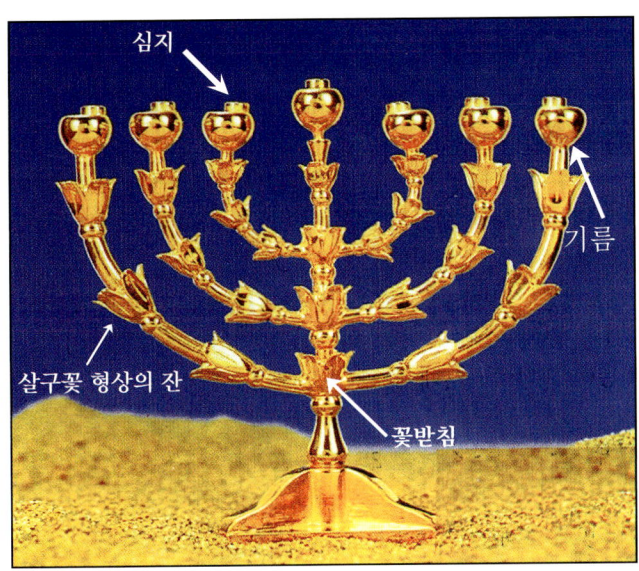

> 출애굽기 37:17-24
>
> "그가 또 정금(精金)으로 등대를 만들되 그것을 쳐서 만들었으니 그 밑판과 줄기와 잔과 꽃받침과 꽃이 그것과 한 덩어리로 되었고(17) 여섯 가지가 그 곁에서 나왔으니 곧 등대의 세 가지는 저편으로 나왔고 등대의 세 가지는 이편으로 나왔으며(18) 이편 가지에 살구꽃 형상의 잔 셋과 꽃받침과 꽃이 있고 저편 가지에 살구꽃 형상의 잔 셋과 꽃받침과 꽃이 있어 등대에서 나온 여섯 가지가 그러하며(19) 등대 줄기에는 살구꽃 형상의 잔 넷과 꽃받침과 꽃이 있고 등대에서 나온 여섯 가지를 위하여는 꽃받침이 있게 하였으되 두 가지 아래 한 꽃받침이 있어 줄기와 연하였고 또 두 가지 아래 한 꽃받침이 있어 줄기와 연하였고 또 두가지 아래 한 꽃받침이 있어 줄기와 연하게 하였으니(21) 이 꽃받침과 가지들을 줄기와 연하여 전부를 정금으로 쳐서 만들었으며(22) 등잔 일곱과 그 불집게와 불똥 그릇을 정금으로 만들었으니(23) 등대와 모든 기구는 정금 한 달란트로 만들었더라(24)

### 1) 등대의 재료와 만드는 방법

등대는 히브리어로 메노라(Menorah)이며 촛대를 의미한다. 흔히 금촛대라 불린 등대는 중심 기둥에 여섯 가지(1+6=7) 위의 일곱 등잔을 총칭하는 명칭이다. 이것은 바닷가의 등대 혹은 초를 꽂는 촛대가 아니다. 등대는 핵심체인 일곱 등잔에서 감람유로 불을 밝히는 램프(lamp light)의 역할을 한다.

등대는 순금으로 만들어졌기 대문에 금촛대라고도 한다. 그 중량은 중심기둥, 여섯 가지, 일곱 등잔 그리고 불집게, 불똥 그릇을 포함하여 금 한 달란트(34.272kg)로 만들도록 규정했다. 그리고 등대를 만드는 방법은 쳐서 만들도록 했다. 순금으로 만들어진 등대에는 감람 열매를 찧어서 얻은 순결한 기름을 부어 항상 불이 꺼지지 않도록 했다.

예수님은 "나는 세상의 빛이라"(요 9:50)고 했다. 또 "주의 말씀은 내 발에 등이요 내 길에 빛이 되신다"(시 119:105)고 했다. 등대에서 발하는 빛은 예수님이요 등대의 기름은 성령을 상징한다.

### 2) 일곱 등대와 그 상징성

등대는 중앙의 촛대를 중심으로 한 가지에 좌편에 셋, 우편에 셋을 연하게 가지런히 하여 일곱 등대가 빛을 발하게 했다. 일곱이라는 숫자는 완전 수를 말한다.

등대 가지에는 살구꽃(아몬드) 형상의 잔(등잔)이 좌우에 각각 셋이 있고 꽃받침과 꽃이 있고, 등대의 줄기에는 살구꽃 형상의 잔 넷과 꽃받침과 꽃이 있게 만들었다.

일곱 등대는 떡상과 마주 대하였으며 앞을 비추게 했다(출 25: 37). 예수 그리스도는 참빛으로 이 세상에 오셨다. 등대는 참빛이신 예수 그리스도를 상징한다. "참빛 곧 세상에 와서 각 사람에게 비취는 빛이 있었나니 그가 세상에 계셨으며 세상은 그로 말미암아 지은 바 되었다"(요 1:9,10)라고 했다.

일곱 등대에서 발하는 그 빛은 참빛인 예수 그리스도께서 말씀과 성령을 통하여 그리스도의 구속사역을 완전히 성취하실 것을 상징한다. 따라서 성도들은 빛의 근원이신 예수 그리스도로부터 빛을 받아 말씀과 성령의 빛을 전파하는 반사체의 사명을 감당해야 한다.

### 3) 등대를 밝히는 시간과 간검(看檢)의 중요성

"너는 또 이스라엘 자손에게 명하여 감람으로 찧어 낸 순결한 기름을 등불을 위하여 내게로 가져 오게 하고 끊이지 말고 등불을 켜되 아론과 그 아들을 회막 안 증거궤 앞 휘장 밖에서 저녁부터 아침까지 항상 여호와 앞에 그 등불을 간검하게 하라 이는 이스라엘 자손의 대대로 영원한 규례니라"(출 27:20-21)라고 했다.

성소의 일곱등대의 빛은 암흑의 밤을 밝히며 샛별이 떠오를 때까지 불이 꺼지지 않게 간검하도록 대대로 규례를 삼게하였다. 등불을 "끊이지 않고 켜되"라고 했으나 등불을 켜는 시간은 주야로 24시간 켜는 것이 아니라 "저녁부터 아침까지"이다.

암흑의 성소에 일곱 등대에서 비추는 빛은 이 세상을 밝혀 주는 말씀의 은혜와 성령의 역사를 상징한다.

"또 우리에게 더 확실한 예언이 있어 어두운데 비추는 등불과 같으니 날이 새어 샛별이 너희 마음에 떠오르기까지 너희가 이것을 주의하는 것이 가하니라"(벧후 1:19)라고 했다.

어두운 밤이 지나 날이 새어 밝아오는 새 아침은 주님의 재림의 때로 상징된다. 환언하면 예수께서 승천하신 후 재림하기까지의 시간을 어두운 밤으로 표현했다(요 9:4,5).

일곱 등대를 밝힐 수 있도록 불을 켜고, 불똥을 제거하며, 기름이 마르지 않도록 간검을 해야 한다. 이러한 간검하는 믿음의 자세로 깨어서 기도하며 죄악이 관영한 어두운 세상을 밝혀야 한다. 성도들은 날이 새어 밝아 오는 주님의 재림을 기다리는 소망과 믿음으로 승리해야 한다.

## (2) 떡 상

출애굽기 25:23-30

"너는 조각목으로 상을 만들되 장이 이 규빗, 광이 일 규빗, 고가 일 규빗 반이 되게 하고 정금으로 싸고 주위에 금테를 두르고 그 사면에 손바닥 넓이만한 턱을 만들고 그 턱 주위에 금으로 테를 만들고 그것을 위하여 금고리 넷을 만들어 그 네 발 위에 네 모퉁이에 달되 턱 곁에 달라 이는 상 멜 채를 꿸 곳이며 또 조각목으로 그 채를 만들고 금으로 싸라 상을 이것으로 멜 것이니라 너는 대접과 숟가락과 병과 붓는 잔을 만들되 정금으로 만들지며 상 위에 진설병을 두어 항상 내 앞에 있게 할지니라"(출 25:23-30).

성막 울타리의 동편 문으로 들어 서면 성막 뜰이 있다. 성막 뜰에는 번제단과 물두멍이 있다. 희생제물로 번제를 드리고 물두멍에 손, 발을 씻는다. 이제 성막 제1문의 휘장을 넘어가 성소에 들어 서면 세 개의 기구가 있다. 이 기구는 지성소 휘장 뒤에 있는 법궤를 향하여 오른편에는 떡상이 있고 맞은편에는 금등대가 있으며 그 앞편에는 향단이 놓여 있다. 히브리서에는 성소를 첫 장막이라 했고 지성소를 가리켜 둘째 장막이라 했다. 성막 뜰에는 이스라엘 백성은 남녀 구분 없이 누구나 들어 갈 수 있다. 그러나 이방인은 들어 갈 수 없다.

성막 뜰에서 성가대가 찬양을 하기도 했다. 그러나 성소에는 제사장이 매일 출입하면서 등불을 점검하고 향단에 향을 피웠으며 매 안식일에 떡을 바꿔 놓았다. 이미 언급한 바와 같이 지성소는 대제사장이 홀로 일년에 단 한 번씩 속죄일에 반드시 양의 피를 가지고 들어 갔다. 성소는 침묵 속에 모든 것이 행해졌다. 이 곳에서는 인간적인 잡음이 있을 수 없음을 말한다.

"오직 여호와는 그 성전에 계시니 온 천하는 그 앞에서 잠잠할지어다"(합 2:20).

소리를 내는 기도와 찬송은 번제드리는 뜰에서만 가능했다. 첫 장막의 성소는 하나님의 영광이 성소 등불의 조명을 받아 빛나고 있을 뿐이다.

### 1) 진설병의 상(陳設餠의 床)

진설병의 상은 쉽게 말해서 떡을 배설하는 상이다. 크기는 가로 100cm, 세로 50cm, 높이 75cm의 규격이다. 그 재료는 조각목으로 만들고 정금으로 샀다. 물론 채의 재료도 동일하다.

그 떡상 위에 12덩어리의 떡을 6개씩 두 줄로 나란히 놓았다. 이것은 이스라엘의 열두 지파를 의미한다. 떡 위에 유향 두 그릇이 각각 놓여 있다. 떡상 사면의 주위에 떡이 떨어지지 않도록 손바닥만한 크기로 이어져 있다.

떡상 위에는 대접, 순가락, 떡, 유향 붓는 잔 등도 보조기구로 놓여 있다. 이 떡은 매 안식일마다 바뀌었다. 바뀌어진 떡은 거룩한 성전에서 제사장이 나누어 먹었다.

### 2) 상의 비유

상(床)은 일반적으로 하나님의 사랑과 은총을 비유한다.

"므비보셋은 항상 왕자 중 하나처럼 왕의 상에서 먹으리라"고 했다. 사울이 다윗을 죽이려고 수없이 추격을 했다. 그러나 사울의 아들 요나단은 다윗을 자기 생명처럼 사랑하며 다윗을 도와서 죽음을 면케 해 주었다. 그렇지만 요나단은 블레셋과의 길보아산 전투에서 아버지 사울 왕과 두 형제(아비나답, 말기수아)들과 함께 전사했다.

사울 왕에 이어 다윗이 왕이 되자 요나단의 아들 므비보셋을 찾아 냈다. 므비보셋은 사울의 왕가가 무너질 때에 유모가 안고 도망하다가 떨어뜨려서 두 발을 다쳐 절뚝거렸다(삼하 9:13). 무서워 벌벌 떠는 므비보셋에게 다윗은 은총을 베풀었다.

"네가 네 조부 사울의 밭을 다 네게 도로 주겠고 또 너는 항상 내 상에서 먹을지니라"(삼하 9:7)라고 했다.

"주께서 내 원수의 목전에서 내게 상을 베푸시며"(시 23:5)의 말씀은 사랑과 은총을 베푸는 상(床)이다.

이스라엘의 제사장은 백성을 대표해서 성소의 상에서 하나님의 깊은 사랑과 은총을 입었고 하나님과의 사랑의 교통이 이루어졌다.

### 3) 진설병의 비유

"상 위에 진설병을 두어 항상 내 앞에 있게 할지니라"(출 25:30). 상 위에는 항상 진설병을 두었다. 이 떡은 무엇을 상징하는 것일까?

#### ① 떡은 예수님을 상징한다.

예수께서 가라사대 "너희가 나를 찾는 것은 표적을 본 까닭이 아니요 떡을 먹고 배부른 까닭이로다"(요6:26)라고 했다.

벳새다 들녘에서 예수님은 이적을 행하셨다. 물고기 두 마리와 보리떡 다섯 마리로 오천 명을 먹이고 남은 조각을 열두 광주리에 거두셨다. 사람들은 이 사건을 보고 표적이라 설명하고 있다. 이스라엘 백성이 시내 광야에서 만나를 먹은 것도 표적이다. 이것은 곧 생명의 떡 되시는 예수 그리스도를 먹어야 할 것을 예표해 주고 있다.

예수님은 베들레헴에서 탄생했다. 베들레헴은 떡집이라는 뜻이다. 예수님께서 베들레헴의 말 구유에서 탄생하신 것은 표적을 보이신 것이다. "내가 곧 생명의 떡이로다 너희 조상들은 광야에서 만나를 먹었어도 죽었거니와 이는 하늘로서 내려오는 떡이니 사람으로 하여금 먹고 죽지 아니하게 하는 것이니라 나는 하늘로서 내려온 산 떡이니 사람이 이 떡을 먹으면 영생하리라 나의 줄 떡은 곧 세상의 생명을 위한 내 살이로다 하시니라"(요 6: 48-51).

### ② 예수 그리스도는 참 생명의 떡이시다.

"인자의 살을 먹지 아니하고 인자의 피를 마시지 아니하면 너희 속에 생명이 없느니라 내 살을 먹고 내 피를 마시는 자는 영생을 가졌고 마지막 날에 내가 그를 다시 살리리니 내 살은 참된 양식이요 내 피는 참된 음료로다 내 살을 먹고 내 피를 마시는 자는 내 안에 거하고 나도 그 안에 거하나니 살아계신 아버지께서 나를 보내시매 내가 아버지로 인하여 사는 것 같이 나를 먹는 그 사람도 나로 인하여 살리라"(요 6:53-57).

예수님은 우리를 살리시는 참된 양식이요 생명의 떡이시다. 떡은 곧 하나님의 말씀이다.

"사람이 떡으로만 살 것이 아니요 하나님의 입으로 나오는 모든 말씀으로 살 것이니라 하였느니라"(마 4:4).

육신의 양식이 떡이라면 영혼의 양식은 하나님의 말씀이다. 상에 진설된 떡은 매 안식일에 제사장들의 양식이 되었다. 이것은 신약의 성도들이 매 주일마다 교회에 나와서 예비된 영혼의 양식을 취하는 생명의 떡인 말씀을 뜻한다. 하나님의 말씀은 곧 우리 영혼의 떡이다. 우리는 말씀을 읽을 수도 있고 들을 수도 있다. 말씀을 무시로 읽고 강단에서 선포되는 말씀을 들어 영의 양식을 풍성이 먹어야 한다.

제3장. 성막의 각론

"에브라임이 열방에 혼잡되니 저는 곧 뒤집지 않은 전병이로다"(호 7:8). 전병은 뒤집지 않아 잘 익지 않으면 제물의 가치가 없다. 떡은 앞 뒤로 잘 뒤집어서 익혀야 잘 익은 떡이 된다. 그러나 뒤집지 않은 떡은 한쪽만 익고 한쪽은 설 익은 떡이 된다. 떡상의 제물로서의 떡은 고루 잘 익은 떡으로 하나님 앞에 바쳐야 한다.

예수 그리스도를 전파하는 산 증인은 생명의 떡과 사랑의 떡을 증거하고 전파해야 한다.

### (3) 분향단

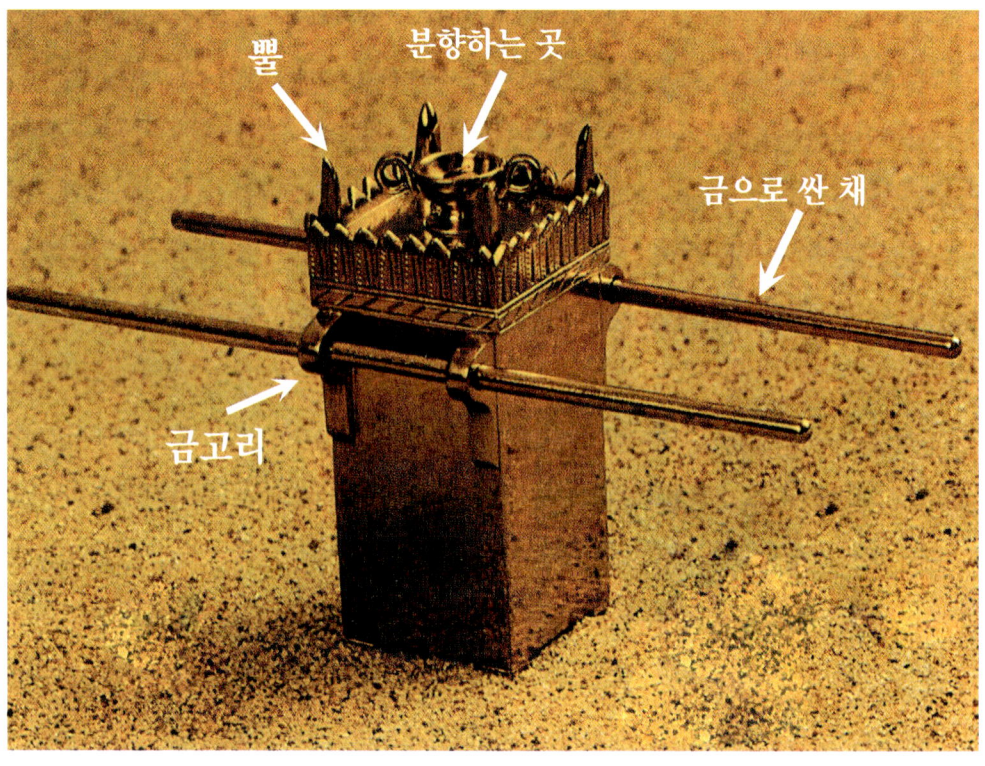

164

> 출애굽기 30:1-10
>
> "너는 분향할 단을 만들지니 곧 조각목으로 만들되 장이 일 규빗, 광이 일 규빗으로 네모 반듯하게 하고 고는 이 규빗으로 하며 그 뿔을 그것과 연하게 하고 단 상면과 전후 좌우면과 뿔을 정금으로 싸고 주위에 금테를 두를지며 금테 아래 양편에 금고리 둘을 만들되 곧 그 양편에 만들지니 이는 단을 메는 채를 꿸 곳이며 그 채를 조각목으로 만들고 금으로 싸고 그 단을 증거궤 위 속죄소 맞은편 곧 증거궤 앞에 있는 장 밖에 두라 그 속죄소는 내가 너와 만날 곳이며 아론이 아침마다 그 위에 향기로운 향을 사르되 등불을 정리할 때에 사를지며 또 저녁때 등불을 켤 때에 사를지니 이 향은 너희가 대대로 여호와 앞에 끊지 못할지며 너희는 그 위에 다른 향을 사르지 말며 번제나 소제를 드리지 말며 전제의 술을 붓지 말며 아론이 일 년 일차씩 이 향단 뿔을 위하여 속죄하되 속죄제의 피로 일 년 일차씩 대대로 속죄할지니라 이 단은 여호와께 지극히 거룩하니라"(출 30:1-10).

성막의 바깥뜰에 있는 번제단은 조각목과 놋으로 되어 있고, 성소 안에 있는 분향단은 조각목과 금으로 되어 있다. 번제단은 희생의 장소이며, 분향단은 분향의 장소이다. 성소의 바깥에서는 번제를 위하여 피가 끊임없이 흘려졌으며, 성소 안의 분향단에서는 향이 항상 피워져 있어야 했다. 예수 그리스도의 영광이 두 제단에 다 나타나 있었다. 십자가 위에 계신 예수 그리스도가 번제단에 나타나 있고, 부활하시고 영광을 받으신 예수 그리스도가 분향단에 나타나 있다.

분향단은 하나님 앞에 거룩한 향불을 피우는 곳이다. 향은 성경 어디를 보나 기도를 의미하고 있다. 성소 안의 기구는 세 가지가 있는데 떡상과 금등대 그리고 분향단이다. 또한 떡상이 하나님의 말씀을 상징하며, 금등대는 성령의 역사를, 향단은 성도의 기도를 의미한다. 교회는 말씀과 성령의 역사와 기도가 있어야 한다. 성도는 하나님의 말씀 중심으로 살며 성령의 감동으로 기도해야 한다.

분향단은 성소 안에서 가장 중심이 되는 곳에 있으며 속죄소와 언약궤가 있는 지성소의 휘장 바로 앞에 위치하고 있다. 향은 금향단 위에서 끊이지 않고 피워져야 했다. 이것은 하나님의 존전 앞에서 지금도 우리를 위하여 간구하시는 예수 그리스도를 예표한다.

"그리스도께서는 참 것의 그림자인 손으로 만든 성소에 들어 가시지 아니하시고 오직 참 하늘에 들어가사 이제 우리를 위하여 하나님 앞에 나타나시고"(히 9:24). 예수 그리스도께서 계속하여 우리를 위한 중보자가 되어 주시기 때문에 우리는 그리스도 안에서 안전할 수 있다. "그러므로 자기를 힘입어 하나님께 나아가는 자들을 온전히 구원하실 수 있으니 이는 그가 항상 살아서 저희를 위하여 간구하심이니라"(히 7:25).

## 1) 분향단의 필요성

분향단은 성소 중앙에 있는 큰 기구로써 하나님이 거하시는 지성소에 가장 가까운 장소에 있다. 이는 그 누구든지 기도의 향단을 거치지 않고는 하나님께로 가까이 갈 수 없다는 것을 의미한다. 조각목은 우리 인간들의 상징이며 조각목을 금으로 싸라 했으니 인간이 믿음을 가져야 기도할 수 있으며 믿음으로 기도해야 하나님 앞에 상달된다는 의미이다. 금고리는 사랑이요, 두 개의 채는 신·구약 말씀이며, 이는 믿음으로 말씀을 믿고 기도하여야 한다는 숨겨진 의미이다.

기도는 하나님의 제단에서 제사장들이 향을 피우는 것을 상징하는데 오늘날 우리들의 부르짖음이나 간구의 모습과 똑같은 것이다. 이 기도의 향을 피울 때는 중심을 보시는 하나님께 진심으로 진실하게 기도해야 한다.

기도는 하나님과의 대화요 교제이기 때문에 위선과 형식 그리고 가증함과 거짓을 버려야 한다. "너희가 기도할 때에 외식(外飾)하는 자와 같이 되지 말라 저희는 사람에게 보이려고 회당과 큰 거리 어귀에 서서 기도하기를 좋아 하느니라 내가 진실로 너희에게 이르노니 저희는 자기 상을 이미 받았느니라 또 기도할 때에 네 골방에 들어가 문을 닫고 은밀한 중에 계신 네 아버지께 기도하라 은밀한 중에 보시는 네 아버지께서 갚으시리라"(마 6:5,6). 오늘날 우리가 암송하는 주기도문(The Lord's Player)을 예수님이 감람산에서 친히 가르쳐주셨다(마 6:9-13).

"여호와의 손이 짧아 구원치 못하심은 아니요 귀가 둔하여 듣지 못하심은 아니라 오직 너희 죄악이 너희와 너희 하나님 사이를 내었고 너희 죄가 그 얼굴을 가리워서 너희를 듣지 않으시게 함이니"(사 59:1,2). 금향단 앞에서 향을 피우고 기도하면 반드시 하나님의 역사가 나타난다. 그 향을 태우면 불꽃이 일어나며 향내가 나게 된다. 이는 받으실 만한 기도로서 천사들이 금대접을 가지고 와서 기도의 향을 받는다. 그 기도의 향이 천사들에 의해 하늘로 올려져 하나님 보좌 앞에 드리면 하나님께서 그 기도를 받으시고 하나님이 원하시는 때에 응답해 주신다.

"아무것도 염려하지 말고 오직 모든 일에 기도와 간구로 너희 구할 것을 감사함으로 하나님께 아뢰라"(빌 4:6) "여호와께서 자기에게 간구하는 모든 자 곧 진실하게 간구하는 모든 자에게 가까이 하시는도다 저는 자기를 경외하는 자의 소원을 이루시며 또 저희 부르짖음을 들으사 구원하시리로다 여호와께서 자기를 사랑하는 자는 다 보호하시고 악인은 다 멸하시리로다"(시 145:18-20). 따라서 분향단이 예수 그리스도의 인류구원 사역에 있어서 실체적인 예표로 예시해 주고 있음을 알아야 한다.

## 2) 분향단의 거룩한 향기

출애굽기 30:34-38

여호와께서 모세에게 이르시되 너는 소합향과 나감향과 풍자향의 향품을 취하고 그 향품을 유향에 섞되 각기 동일한 중수(重數)로 하고(34) 그것으로 향을 만들되 향 만드는 법대로 만들고 그것에 소금을 쳐서 성결하게 하고(35) 그 향 얼마를 곱게 찧어 내가 너와 만날 회막 안 증거궤 앞에 두라 이 향은 너희에게 지극히 거룩하니라(36) 네가 만들 향은 여호와를 위하여 거룩한 것이니 그 방법대로 너희를 위하여 만들지 말라 (37) 무릇 맡으려고 이 같은 것을 만드는 자는 그 백성 중에서 끊쳐지리라(38)

분향단에 향을 사를 때 아무 향이나 또는 아무 때 사르는 것이 아니다. 법대로 만든 것만이 하나님이 받으시는 향이다. 우리가 기도함에 있어서 하나님이 원하시는 법대로 하여야 응답 받는 기도생활을 할 수 있다. 하나님의 말씀과 진리에서 떠난 인간의 정욕대로 쓰려는 목적으로 하는 기도는 법대로 하는 기도가 아니다.

"네가 만들 향은 여호와를 위하여 거룩한 것이니 그 방법대로 너희를 위하여 만들지 말라"(출 30:37)는 것은 너희를 위하여 기도하지 말라는 것이다. 우리가 드리는 기도는 목적이 뚜렷하고 방법이 정당해야 한다. 또 향은 그대로 두면 아무런 향기도 없다. 그러나 향을 불에 사를 때 향기로운 냄새가 난다. 아무리 좋은 기도의 제목이라도 간구하되 불같이 뜨거운 마음을 가지고 자신을 하나님 제단에서 불태우는 심정으로 기도할 때 하나님께 상달되어 응답이 있는 것이다.

향단에 사용된 향은 소합향, 나감향, 풍자향, 유향이 있고 향에 소금이 필요하였다. 이들 향에 소금을 친 것은 성결을 의미한다. 소금은 부패를 방지하는 예수 그리스도의 상징이다. 그의 말씀은 소금 언약이 된다. 소합향, 나감향, 풍자향, 유향이 귀할지라도 그 자체가 거룩하여질 수는 없다. 그 위에 소금을 쳐서 성결하도록 했다.

아무것도 이것과 비슷하게 만들어서는 결코 안 된다. 왜냐하면 만일 누가 그렇게 했다간 여호와의 백성 중에 끊어짐을 당하기 때문이다. 이러한 법은 우리에게 엄중한 경고를 준다. 우리가 그리스도 안에서 자유케 되었다는 미명 아래 제 멋대로 방종한다면 그것은 하나님의 가장 거룩한 것을 더럽히는 행위이다. 오직 향은 예수 그리스도의 성품과 삶으로부터 하나님께로 올라가는 거룩한 향기를 상징한다.

## 3) 분향단 뿔의 의미와 능력

분향단의 뿔은 대제사장이 속죄의 피를 발라서 거룩하게 한다. 향연은 성도들의 기도를 상징하는 것이다. 네 뿔에 속죄의 피를 바르는 것은 우리의 기도가 예수 그리스도의 피의 공로에 의해서 상달됨을 상징하는 것이다. 속죄 피로 분향단이 정결해지듯이 우리의 심령은 예수 그리스도의 피로 깨끗하게 된다. 그러므로 예수 그리스도의 피를 의지하여 예수님의 이름으로 기도해야 한다.

성막 안에는 번제단의 뿔과 분향단의 뿔이 각각 다른 곳에 위치하고 있다. 번제단의 뿔은 능력의 뿔로서 죄악 가운데 있던 자들을 구원하시고 악한 마귀로부터 보호와 방어의 역할을 한다. 또 속죄소의 분향단 뿔로는 매일 제물을 태우던 것을 예수 그리스도께서 영원한 제물이 되었기 때문에 예수 그리스도의 이름만 믿고, 붙잡고 있으면 그 누구도 정죄하지 못한다. 그러므로 번제단의 뿔은 구원과 용서의 뿔이지만 향단의 뿔은 하나님의 은혜와 능력이다. 우리가 매일 범죄치 않고 하나님의 영광에 참여할 수 있는 힘을 얻도록 금향단의 제단에서의 기도가 필요하다.

우리가 진심으로 하나님의 말씀과 능력을 믿고 기도를 한다면 하나님께서 반드시 우리의 기도가 상달되도록 역사하신다. "내게 능력 주시는 자 안에서 내가 모든 것을 할 수 있느니라"(빌 4:13)라고 했다. 우리가 기도할 때 하나님의 능력으로 강건하여 지고 하나님의 일을 할 수 있는 담대한 힘을 얻게 된다.

## 다. 지성소의 내부 성물

### (1) 휘장(揮帳)

지성소의 휘장

성소의 휘장

"너는 청색 자색 홍색실과 가늘게 꼰 베실로 짜서 장을 만들고 그 위에 그룹들을 공교히 수놓아서 금 갈고리로 네 기둥 위에 드리우되 그 네 기둥을 조각목으로 만들고 금으로 싸서 네 은받침 위에 둘지며 그 장을 갈고리 아래 드리운 후에 증거궤를 그 장 안에 들여 놓으라 그 장이 너희를 위하여 성소와 지성소를 구별하리라"(출 26:31-33).

> 휘장은 성막 전체에 3개소에 설치되어 있다.

첫번째 휘장은 성막 울타리의 문에 설치되어 있다.

성막 울타리 문은 폭이 20규빗(10m), 높이 5규빗(2.5m)의 규격으로 넓은 문이며 문턱이 없다. 이 문은 해 뜨는 동쪽에 오직 한 곳에만 있고 그 앞에 유다지파의 장막이 배치되어 있다. 그 문은 유다지파를 통하여 예수 그리스도가 탄생할 것을 상징하고 있다. 그 문의 휘장은 네 가지의 색으로 흰 바탕에 청색, 자색, 홍색의 가는 베실로 짜여졌다. 청색은 생명, 자색은 왕권, 홍색은 피, 백색은 부활을 각각 나타내어 예수 그리스도를 상징하고 있다. 성막의 문은 양의 문이다. 그 문으로 이스라엘 백성들이 들어 갈 때는 대속의 짐승을 끌고 들어가야 했고 짐승이 죽어야 했다. 이는 갈보리산 언덕의 십자가에 달리신 예수 그리스도의 참된 구원의 문이 되시는 것이다.

두 번째 휘장은 성소에 들어가는 문에 설치되어 있다.

성소는 가로 20규빗(10m), 폭 10규빗(5m), 높이 10규빗(5m)의 규격으로 되어 있고 북쪽의 지성소에 설치되어 있다. 성소의 동쪽에 들어가는 문이 있고 성소를 경유하여 지성소에 들어가는 문이 있어 각각 문에 휘장이 설치되어 있다.

성막의 성소와 지성소는 ㄷ자 규격의 형태로서 남, 북, 서쪽은 널판으로 막혀있고 동쪽만이 터져 있어 출입문이 있다. 이 문이 성소로 들어 가는 문이며 광 10규빗, 높이 10규빗의 규격으로 휘장이 설치되어 있다. 번제를 드린 후 제사장이 물두멍에 손, 발을 씻고 성막으로 들어가는 이 문에 휘장이 설치된 것이다. 성막 울타리 문에 설치된 휘장과 동일한 네 가지 색으로 흰 바탕에 청색, 자색, 홍색의 가는 베실로 짜여졌다. 휘장 안에는 촛대, 떡상, 향단의 기구가 놓여 있다.

세 번째 휘장은 지성소에 들어가는 문에 설치되어 있다.

대제사장이 희생 염소의 피를 가지고 일 년에 단 한 번 속죄일에 지성소에 들어가도록 허락되어 있다. 대제사장 외에는 어느 누구도 들어 갈 수 없다. "무시로 들어 가면 죽음을 당하리라"(레 16:2)고 성경에 경고하고 있다. 지성소의 문은 성소를 경유하여 들어 가는 문이다. 이 문에 휘장이 가리워져 있으며 휘장의 안에는 법궤가 안치되어 있다.

지성소는 성막 안에서 가장 거룩한 곳이다. 성소에서 지성소로 들어 가는 길은 휘장으로 막혀 있고 대제사장 외에는 일반 제사장과 모든 사람은 절대로 지성소에 들어갈 수 없도록 휘장이 가로 막혀 있다. 대제사장도 오직 일 년에 한 번 속죄일에 한해서 번제단 제물의 흘린 피를 가지고 휘장을 열고 들어갈 수 있다. 대제사장도 피 없이 들어 가면 죽임을 당했다.

휘장은 세마포로 만들어졌으며 그리스도 자신의 완전함과 거룩하심과 공의로우심을 상징하고 있다.

휘장은 네 가지 색실로 만들어서 위에서 아래로 걸어 내리고 금갈고리로 걸어 은받침 위에 서있는 네 기둥에 매어 펼치라고 했다. 이 네 개의 기둥은 공관복음인 마태복음, 마가복음, 누가복음, 요한복음에 나타난 주 예수 그리스도의 사역 중 죽음, 부활, 승천, 재림의 신앙적인 네 기둥이다.

성소와 지성소는 모두 황금으로 되어 있으나 휘장은 황금을 사용하지 않았다. 성소와 지성소 사이에 있는 휘장은 오직 예수 그리스도의 인성을 가리키는 것이다. "휘장은 곧 저의 육체라"(히 10:22). 휘장은 곧 예수 그리스도의 육신 또는 인성을 상징하고 있다. 하나님께 나가기 위해서는 이 휘장이 찢어져야 했으며 죄인들이 예수의 피로 가까워지기 전에 먼저 주님께서 죽으셔야만 했다.

하나님의 거룩한 어린 양이 예루살렘성 밖의 갈보리에서 죽으시며 다 이루었다고 선언하실 때 성전의 휘장이 위로부터 아래로 한가운데가 찢어졌다.

"예수께서 다시 크게 소리 지르시고 영혼이 떠나시다 이에 성소 휘장이 위로부터 아래까지 찢어져 둘이 되고"(마 27:50,51). 휘장이 아래로부터 위로 찢어졌다면 사람이 인위적으로 찢었다고 할 수 있다. 그러나 전능하신 하나님의 역사로 위에서 아래로 찢어졌다. 예수 그리스도는 죄 없으신 몸이 부서지고 찢기심으로 모든 구속 사역을 마치시고 "다 이루었다"(요 19:30)고 외치셨다.

"그러므로 형제들아 우리가 예수의 피를 힘입어 성소에 들어갈 담력을 얻었나니 그 길은 우리를 위하여 휘장 가운데로 열어 놓으신 새롭고 산 길이요 휘장은 곧 저의 육체니라 또 하나님의 집 다스리는 큰 제사장이 계시매 우리가 마음에 뿌림을 받아 양심의 악을 깨닫고 몸을 맑은 물로 씻었으니 참 마음과 온전한 믿음으로 하나님께 나아가자"(히 10:19-22).

"모든 사람이 죄를 범하였으매 하나님의 영광에 이르지 못하더니 그리스도 예수 안에 있는 구속으로 말미암아 하나님의 은혜로 값없이 의롭다 하심을 얻은 자 되었느니라"(롬 3:23,24).

본래 인간이 에덴 동산에서 범죄함으로 인해 타락한 아담과 하와를 에덴 동산에서 내어 쫓으시고 생명나무의 길을 막기 위해서 두루 도는 화염검을 두셨다. 그래서 죄 지은 인간이 접근하면 죽임을 당할 수밖에 없었다. 그래서 성소에 두 그룹을 새기었다.

창세기(1, 2, 3장)는 하나님의 창조의 역사와 함께 불순종, 타락, 범죄, 땀흘림, 해산의 고통, 동산에서 추방이 있었지만 자기의 피로 영원한 속죄를 이루시고 단번에 성소에 들어가게 되는 역사를 이루시므로 요한계시록(21-23장)에서는 회복과 완성, 은혜와 은총, 그리고 천사들이 들어오고 환영하는 모습을 보게 된다.

창세기와 요한계시록을 대조하여 비교해 보면 처음 아담과 마지막 아담의 구속사적 관련성과 지상에서 천상을 지향하는 소망의 세계를 분명히 밝혀 주고 있다.

## 휘장의 비밀

### 구약과 신약의 대조(비교)

| 구분 | 구약<br>(창 : 1, 2, 3장) | 성경근거 | 신약<br>(계 : 20, 21, 23장) | 성경근거 |
|---|---|---|---|---|
| 1 | 처음 하늘과 땅 | 1:1 | 새 하늘과 새 땅 | 21:1 |
| 2 | 혼돈하고 공허함 | 1:2 | 단장한 것 같더라 | 21:2 |
| 3 | 에덴의 강을 지키심 | 2:10-15 | 생명수를 나눠줌 | 22:1-7 |
| 4 | 에덴의 경고 | 2:16-17 | 경고의 실행 | 17 |
| 5 | 육적인 부부 | 2:18-25 | 영적인 부부 | 20:12-16 |
| 6 | 에덴의 실과 | 2:8-9 | 천국의 보물 | 21:9 |
| 7 | 일시적 승리 | 3:1-6 | 영원한 패배 | 21:14 |
| 8 | 사단의 종 노릇 | 3:4-6 | 하나님 앞에 왕 노릇 | 20:6 |
| 9 | 하나님과 교제의 상실 | 3:8 | 하나님과 교제 회복 | 21:1-7 |
| 10 | 옷을 벗고 두려워 함 | 3:10 | 두루마기를 입혀 주심 | 22:14 |
| 11 | 하나님의 진노 | 3:11 | 하나님의 영광 | 22:14 |
| 12 | 저주가 선언됨 | 3:14-19 | 저주가 제거됨 | 21:11 |
| 13 | 고통, 수고, 땀흘림 | 3:10-15 | 고통과 눈물이 없어짐 | 22:3-5 |
| 14 | 수고하여야 열매 얻음 | 3:17 | 은혜로 열매를 얻음 | 21:4 |
| 15 | 사람에게 저주가 임함 | 3:17 | 어린 양으로 저주가 물러감 | 22:2 |
| 16 | 죽음이 모두에게 임함 | 3:17 | 죽음이 물러감 | 22:25-26 |
| 17 | 땅의 백성이 됨 | 3:22-23 | 하늘 백성이 됨 | 21:4 |
| 18 | 에덴동산에서 추방됨 | 3:24 | 들어오라고 청함 | 21:25-26 |
| 19 | 사람에게 당함 | 3:24 | 성도들에게 열림 | 22:17 |
| 20 | 그룹이 막고 있음 | 3:24 | 기록된 자만 들어 옴 | 21:25-27 |

## (2) 법궤(法櫃)

법궤와 시은소

제3장. 성막의 각론

> **출애굽기 25:10-22**
>
> 그들은 조각목으로 궤를 짓되 장이 이 규빗 반, 광이 일 규빗 반, 고가 일 규빗 반이 되게 하고(10) 너는 정금으로 그것을 싸되 그 안팎을 싸고 윗가로 돌아가며 금테를 두르고(11) 금고리 넷을 부어 만들어 그 네 발에 달되 이편에 두 고리요 저편에 두 고리며(12) 조각목으로 채를 만들고 금으로 싸고(13) 그 채를 궤 양편 고리에 꿰어서 궤를 메게 하며(14) 채를 궤의 고리에 꿴대로 두고 빼어내지 말지며(15) 내가 네게 줄 증거판을 궤 속에 둘지며(16) 정금으로 속죄소를 만들되 장이 이 규빗 반, 광이 일 규빗 반이 되게 하고(17) 금으로 그룹 둘을 속죄소 두 끝에 쳐서 만들되(18) 한 그룹은 이 끝에, 한 그룹은 저 끝에 곧 속죄소 두 끝에 속죄소와 한 덩이로 연하게 할지며(19) 그룹들은 그 날개를 높이 펴서 그 날개로 속죄소를 덮으며 그 얼굴을 서로 대하여 속죄소를 향하게 하고(20) 속죄소를 궤 위에 얹고 내가 네게 줄 증거판을 궤 속에 넣으라(21) 거기서 내가 너와 만나고 속죄소 위 곧 증거궤 위에 있는 두 그룹 사이에서 내가 이스라엘 자손을 위하여 네게 명할 모든 일을 네게 이르리라(22)

## 1) 법궤의 다른 명칭들

| 순위 | 명칭 | 성경 근거 | 명칭의 의미 |
|---|---|---|---|
| 1 | 법 궤 | 레 16:2 | 하나님의 약속의 법인 십계명을 넣어둔 궤 |
| 2 | 증거궤 | 출 25:22 | 그리스도를 증거하는 말씀을 넣어둔 궤 |
| 3 | 여호와의 언약궤 | 민 10:33 | 하나님의 언약의 말씀을 넣어둔 궤 |
| 4 | 여호와의 궤 | 수 3:13 | 여호와 하나님께 속한 궤 |
| 5 | 주의 권능의 궤 | 시 132:8 | 하나님의 권능이 나타나는 궤 |
| 6 | 거룩한 궤 | 대하 35:3 | 거룩한 하나님이 임재하고 계신 궤 |

## 2) 법궤의 형태

지성소 안에 궤(櫃)가 있었고, 그 궤 안에 십계명이 쓰여진 두 돌판을 넣어 놓았다. 이 궤가 법궤이다(출 25:21, 신 10:3-5). 법궤의 규격은 길이가 2.5규빗(125cm), 폭이 1.5규빗(75cm), 높이는 1.5규빗(75cm)이었다.

이 법궤는 조각목으로 만들어 안팎을 금으로 입혔다. 상단 밖의 둘레에 돌아가며 금테가 둘러져 있고 금고리 4개가 붙어 있다. 그리고 법궤를 어깨에 메는 채는 조각목을 금으로 싸서 만들었다.

법궤 위에 속죄소가 있고 속죄소 양 끝에 두 그룹(Cherub)을 금으로 쳐서 만들어 세웠으며, 두 그룹의 펼친 날개는 서로 속죄소를 감싸 덮는 듯하고 그 얼굴은 서로 속죄소를 향하도록 하였다.

법궤 안에는 십계명이 적힌 두 돌판과 함께 만나를 담은 금항아리와 아론의 싹난 지팡이가 들어 있었다. 십계명은 영을 위한 양식을, 만나는 육신의 양식을, 싹난 지팡이는 부활의 새 생명을 의미한다.

법궤 안에 처음에는 십계명이 기록된 두 돌판만 들어 있었다. 만나를 담은 금항아리와 아론의 싹난 지팡이는 법궤 앞에 두었다(출 16:34, 신 17:10). 그러나 후에 세가지 성물을 모두 법궤 안에 넣게 되었다. 그러나 솔로몬 성전의 지성소에는 법궤 안에 두 돌판만 들어 있었다(왕상 8:9, 대하 5:10).

제2성전인 스룹바벨 성전에는 지성소에 법궤조차 없었다.

주전 586년 바벨론의 느부갓네살이 예루살렘의 성전을 파괴하기 직전에 당시 신실한 하나님의 종들이 법궤를 어떤 동굴에 감추었다는 전설이 전해지고 있다. 또한 법궤가 다른 곳으로 옮겨졌다는 전설도 전해지고 있다.

## 3) 법궤의 특징(特徵)과 권위(權威)

### ① 법궤가 위치한 곳은 거룩한 곳이다.

성막 안의 가장 거룩한 지성소 안에 법궤가 위치해 있었다. 성막의 초점은 오직 지성소의 법궤에 맞춰지고 있다.

지성소는 제사장도 들어갈 수 없으며, 아무나 들어가면 죽임을 당했다. 오직 대제사장만이 금식하며, 일 년에 한 번 속죄일에 속죄 제물의 피를 가지고 들어갈 수 있었다(히 9:1-3). 지성소 안의 법궤를 조각목으로 만들어 안팎을 금으로 입혔으며, 그 위에 속죄소가 있고 금으로 쳐 만든 두 그룹이 양편에서 날개를 펴고 얼굴을 맞보며, 금빛을 발하고 있어 법궤 전체가 금빛의 광채로 찬란하게 빛났다.

### ② 법궤는 하나님이 임재(臨在)하신 곳이다.

"성막을 세운 날에 구름이 성막 곧 증거막을 덮었고 저녁이 되면 성막 위에 불 모양 같은 것이 나타나서 아침까지 이르렀으되 항상 그러하여 낮에는 구름이 그것을 덮었고 밤이면 불 모양이 있었는데"(민 9:15-16).

성막을 완성하여 세우던 날 구름이 성막을 덮기 시작하였다. 성막에는 구름이 덮이고 여호와의 영광이 성막에 충만하였다. 성막 위에 불은 다음과 같은 여러 가지 의미를 나타낸다. 하나님의 임재(출 3:2), 하나님의 3위-아버지(성부 : 히12:29), 아들(성자 : 계 1:14, 19:12), 성령(행 2:3, 계 4:5) 하나님의 완전하심과 거룩하심(사 6:4-7), 하나님의 보호(출 24,25, 슥 2:5, 계 11:5), 하나님의 권능(렘 5:14, 23:29) 등을 나타낸다. 성막의 불은 하나님의 임재하신 거처를 가시적으로 나타내고 있다.

### ③ 법궤는 예수 그리스도를 예표(豫表)하고 있다.

법궤는 조각목에 정금을 안팎으로 입혀서 만들었다. 이는 예수 그리스도의 죄 없으신 신실한 인성과 거룩한 빛을 발하는 신성을 예표하고 있다. 법궤는 예수 그리스도시며 시은소는 속죄의 능력을 나타내는 장소이다.

대제사장이 송아지의 희생제물의 피를 가지고 지성소에 들어가 법궤의 속죄소(시은소)에 피를 뿌려야만 하나님께 나아갈 수 있었다. 그러나 예수 그리스도의 죽으심으로 생축의 죽음이 사라졌고 희생제사가 소멸되었다. 법궤는 예수 그리스도의 전형적인 예표이며, 시은소의 속죄는 십자가의 능력을 예표한다.

### ④ 법궤는 교회를 예표하고 있다.

성전의 모든 기구들은 십자가 형태로 배열되어 위치하고 있다. 실제로 번제단, 물두멍, 분향단, 법궤가 동서를 향하여 일직선으로 배치되었고, 분향단을 중심으로 좌우에 등대와 떡상이 배치되었다. 이러한 배치는 십자가 형태이며, 법궤는 십자가 상단 맨 위에 위치하고 있다.

성막은 성전으로, 성전은 회당을 거쳐 교회로 변천했다. 예수 그리스도는 교회의 머리가 되신다(엡 5:23, 골 1:18). 그리하여 성막에 배치된 기구의 머리에 법궤가 위치하고 있었다. 성막은 인류 구원의 방주이며, 법궤는 만인 제사장으로 거듭난 성도들이 거룩한 산 제사를 드리는 교회를 예표한다.

### ⑤ 법궤는 보호, 능력, 기적을 행하였다.

이스라엘 백성이 40년 광야생활 동안 행진하여 이동할 때에 법궤는 너무 거룩하기 때문에 오직 고핫 자손(레위의 둘째 아들)이 이동준비 작업을 맡았다. 그들이 칸을 막은 장(휘장)으로 증거궤를 덮고 그 위에 해달 가죽을 씌우고 그 위에 다시 순청색 보자기를 덮은 후에 멜 수 있도록 채를 꿰었다(민 4:6). 이러한 준비 작업이 끝나면 성막 기구는 고핫 자손이, 성막 물품은 게르손(레위 첫째 아들)과 므라리(레위 셋째 아들) 자손이 옮겼으며, 오직 레위인의 제사장이 법궤를 메고 맨 앞의 선봉에 서서 행진하였다.

모든 전쟁을 할 때도 맨 앞에 세우는 것은 법궤였다. 법궤가 가는 곳에 언제나 보호와 기적이 나타났고 머무는 곳에 축복이 있었다. 그러나 만질 수 없는 자들이 만지거나 들여다보면 죽임을 당했다(삼상 6:9, 삼하 6:3-11). 법궤는 시내산에서 발행하여 광야 40년간의 이동 경로를 따라 느보산까지 옮겨졌다.

여호수아가 이끄는 이스라엘 백성이 요단강을 건널 때에 법궤를 멘 제사장들의 발이 강물에 닿자 범람하여 흐르던 강물이 갈라져 육지같이 건넜다(수 3:1-17). 그동안 광야에서 지키지 못한 할례를 길갈에서 행하고 그 곳에 성막을 세우고 법궤를 안치하였다(수 4:19, 5:10). 여리고성을 무너뜨릴 때도 법궤가 앞장서서 6일간 반복적으로 매일 아침마다 돌았고 7일째 날에는 일곱 바퀴를 여리고성을 돌아 함락시켰다. 그리고 여리고성이 함락된 후 다시 길갈로 옮겨졌다가 그곳

제3장. 성막의 각론

에서 벧엘, 세겜(에발산, 그리심산) 다시 길갈을 경유 실로에 옮겨져 200여년 동안 머물러 있었다. 그리고 다윗성으로 옮겨 올 때까지 여러 지역을 경유하여 이동하였다.

### ⑥ 법궤는 이스라엘 백성을 인도하였다.

"제이년 이월 이십일에 구름이 증거막에서 떠오르매 이스라엘 자손이 시내광야에서 출발하여 자기 길을 행하더니 바란광야에 구름이 머무니라"(민 10:11-12)

구름이 증거막(성막) 위에 떠오를 때에 제사장이 부는 두 은나팔의 우렁찬 소리의 종류에 따라 회중을 소집하고 전진했으며 적을 칠 때도 나팔소리에 따라 행동했다. 여러 종류의 우렁찬 나팔 소리는 믿음에 대한 순종을 촉구하는 청각적인 기능을 수행하였다.

시내광야에서 약속의 땅인 가나안까지 진군해 가는 동안 하나님은 구름으로 자신의 임재를 보이시며 이스라엘 백성을 인도해 가셨다. 구름은 하나님께서 이스라엘 백성과 함께 계심을 입증해 주는 가시적인 수단이었다. 그러므로 법궤에서 떠오르는 구름을 따라 백성들은 하나님의 인도와 보호하심에 순종하면서 믿음으로 가기만 하면 되었다.

시내산에서 성막의 지성소에 안치된 법궤는 구름이 떠오르면 이동하고 구름이 멈추면 법궤도 멈추면서 출애굽의 경로를 따라 느보산까지 이르렀고, 제사장들이 법궤를 메고 요단강을 육지같이 건너 길갈을 작전기지로 삼아 여리고, 벧엘, 세겜(에발산, 그리심산)을 경유하여 다시 길갈로 복귀했다가 실로에 이르러 200여 년 간 머물러 있었다.

실로에 있던 법궤는 블레셋과의 전쟁을 위해 에벤에셀로 가져 갔으나 그곳 아벡전투에서 블레셋에 패하여 법궤를 빼앗기자 하나님의 영광이 이스라엘에서 떠났다. 그리하여 엘리 제사장의 두 아들 홉니와 비느하스는 전사를 했고 이 소식을 들은 엘리도 자기의 의자에 앉아 있다가 졸도하여 문 곁에 쓰러져 목이 부러져 죽었다(삼상 4:1-22).

블레셋에 빼앗긴 법궤는 아스돗으로 옮겨 졌으나 다곤신상이 엎드러지고 목과 두 팔목이 끊어지며 독종이 번지자 성읍사람들이 가드로 옮겼다. 그러나 가드에 독종이 더욱 심해지자 다시 에그론으로 옮겨졌다. 블레셋 지역에 7개월간 머물게 되었으나 에글론의 제사장과 복술가들의 말에 따라 멍에 메어보지 못한 송아지 딸린 젖나는 소 둘을 택하여 새 수레에 메워 법궤를 수레에 싣고 유다지역 벧세메스로 돌려 보냈다(삼상 5:1-12). 이곳 벧세메스 사람들이 법궤를 들여다보므로 70인(5만)이 죽게 되자 법궤는 다시 기럇여아림의 아비나답의 집으로 옮겨져 그의 아들 엘리아살이 거룩하게 지켜 20년간 보존되었다(삼상 7:1-4).

다윗 왕은 헤브론에서 예루살렘으로 천도한 후 다윗성으로 법궤를 옮겨 오고자 이스라엘에서 선발한 3만명을 이끌고 가랴여아림의 아비나답의 집에서 새 수레에 싣고 이동하는 도중 소들이 뛰므로 아비나답의 아들 웃사가 법궤를 붙잡자 하나님이 진노하셔서 치시므로 법궤 옆에서 죽었다(삼하 6:7). 그리하여 오벧에돔의 집에 3개월 머물게 한 후 다윗과 온 이스라엘 족속이 노래를 부르고 나팔을 불며 법궤를 메어와서 다윗성의 장막 가운데 두고 번제와 화목제를 드려 하나님의 영광을 회복하였다(삼하 6:16-17).

다윗 왕은 모세가 지은 성막을 두 성막으로 분리하여 세웠다. 다윗성에 법궤를 안치한 성막과 기브온(기브온 산당)에 법궤 없이 성물만 있는 성막을 세웠다. 솔로몬은 기브온 성막에서 일천 번 번제를 드려 지혜와 복을 받았다(대하 1:1-13).

솔로몬은 아브라함이 이삭을 번제로 드리려 했던 예루살렘성의 모리아산에 그의 아버지 다윗이 모아 놓은 금, 은, 기타 수많은 재료를 사용하여 웅장하고 아름다운 성막형 성전을 건축하였다(주전 959년). 이 성전으로 인하여 모리아산을 성전산이라고 부르게 되었다. 솔로몬 성전 안의 법궤 안에는 만나의 금항아리와 아론의 싹난 지팡이는 없어지고 두 돌판만 남아 있었다(대하 5:10).

법궤에 대한 언급은 성경에 200여회 나오지만 솔로몬 이후에는 거의 나오지 않는 점으로 미루어 보아 바벨론에 의해 예루살렘성이 파괴될 때 법궤가 자취를 감춰 행방을 알수 없게 되었다. 그러나 그 행방은 묘연하지만 고고학자들에 의하면 ① 예루살렘의 지하 어딘가에 숨겨져 있을 것이라는 주장, ② 애굽의 수도 타니스의 성전으로 옮겨졌다는 주장, ③ 에티오피아의 수도 악숨의 "시온의 성마리아교회"로 옮겨졌다는 주장, ④ 예루살렘의 가든툼(Garden Tomb)에서 법궤와 예수님의 혈흔을 발견했다(론 와이어트:1933-1999)는 동영상까지 나돌고 있는 등 여러 가지 법궤 행방의 주장과 전설이 나돌고 있지만 신빙성이 희박하다.

< 법궤의 이동 경로 >

## ⑦ 법궤는 하늘나라 성전 안에서 발견할 수 있다.

"이에 하늘에 있는 하나님의 성전이 열리니 성전 안에 하나님의 언약궤가 보이며 또 번개와 음성들과 뇌성과 지진과 큰 우박이 있더라"(계 11:19)라고 기록되어 있다.

밧모섬에 유배되었던 사도 요한에게 하나님의 성전이 열리고 성전 안에 하나님의 언약궤가 있음을 계시해 주셨다. 성막론의 결론을 맺는다면 예수 그리스도를 예표한 성막과 법궤는 지상에서는 행방을 찾을 길이 없으며 하늘나라 성전 안에서 발견할 수 있다.

성전 안에서 언약궤가 보이는 것은 하나님께서 택한 백성에게 약속하신 말씀대로 이제 완전히 실현시키겠다는 암시이다. 그런데 그 실현 방법은 "번개" "음성" "뇌성" "지진" "큰 우박"으로 상징되어 나타났으니 곧 위험스러운 심판을 상징한다.

이제 새 하늘과 새 땅의 거룩한 성 예루살렘(계 21:10-12)에 하나님의 성전인 천상교회를 소망하며 예수 그리스도의 재림의 때를 기다려야 할 것이다.

### (3) 속죄소(贖罪所)

> **출애굽기 25:17-22**
>
> 정금으로 속죄소를 만들되 장이 이 규빗 반, 광이 일 규빗 반이 되게 하고(17) 금으로 그룹 둘을 속죄소 두 끝에 쳐서 만들되(18) 한 그룹은 이 끝에, 한 그룹은 저 끝에 곧 속죄소 두 끝에 속죄소와 한 덩이로 연하게 할지며(19) 그룹들은 그 날개를 높이 펴서 그 날개로 속죄소를 덮으며 그 얼굴을 서로 대하여 속죄소를 향하게 하고(20) 속죄소를 궤 위에 얹고 내가 네게 줄 증거판을 궤 속에 넣으라(21) 거기서 내가 너와 만나고 속죄소 위 곧 증거궤 위에 있는 두 그룹 사이에서 내가 이스라엘 자손을 위하여 네게 명할 모든 일을 네게 이르리라(22)

속죄소는 순금으로 만들어서 증거궤(법궤) 위에 올려 놓았다. 그 양편에는 금으로 만든 두 그룹 천사가 서로 마주보며, 날개로 속죄소를 덮고 있다. 두 천사는 여호와의 임재를 가리킨다. 또한 하나님의 수종을 들며 지성소를 수호한다. 그룹들의 날개로 속죄소를 덮은 것은 하나님의 제단은 천사가 날개를 펴 지키는 것을 의미한다. 또한 이것은 쉬지 않고 봉사하는 모습을 나타낸다. 금으로 만든 것은 믿음으로만 하나님을 봉사할 수 있으며, 금같이 변함이 없는 봉사자가 되어야 함을 의미한다.

속죄소는 하나님의 백성들의 죄악을 속량하는 처소이며, 은혜를 베푸는 시은좌(施恩座)이다. 대제사장은 일 년에 한 차례 속죄일에 흰 예복을 입고 희생제물의 피를 들고 지성소에 들어가서 희생제물의 피를 속죄소 앞에 일곱 번 뿌리므로써 대제사장 자신의 죄와 이스라엘 백성들의 죄를 용서받았다.

속죄소가 증거궤에 있다는 것은 죄를 용서해 주시는 놀라운 은혜를 뜻한다. 증거궤 속에는 사람이 지켜야 할 십계명 두 돌판이 들어 있다. 십계명은 율법과 하나님의 공의를 상징한다. 율법은 그것을 범하는 자들에게 심판과 죽음을 의미한다. 율법은 죄인들에게 생명을 줄 수 있으나 그것을 어기는 자들은 죽음만이 있을뿐이다.

"사람이 의롭게 되는 것은 율법의 행위에서 난 것이 아니요 오직 예수 그리스도를 믿음으로 말미암는 줄 아는고로 우리도 그리스도 예수를 믿나니 이는 우리가 율법의 행위에서가 아니고 그리스도를 믿음으로서 의롭다 함을 얻으려 함이라 율법의 행위로서는 의롭다 함을 얻을 육체가 없느니라"(갈 2:16).

그러므로 증거궤 자체는 죄인을 정죄하는 것이나 하나님께서는 증거궤 안에 있는 율법을 보시지 않고 그 위를 덮고 있는 속죄소에 뿌려진 피를 보신다. 속죄소에 뿌려진 피는 하나님의 어린 양 예수 그리스도의 피를 상징한다. 예수님께서는 세상 죄를 짊어지고 가는 하나님의 어린 양으로서 십자가 위에서 피 흘려 죽으시므로 죄인의 모든 죄를 예수님의 피로 덮어 버렸다. "허물의 사함을 입고 그 죄의 가리움을 받은 자는 복이 있다"(시 32:1)고 했다. 희생제물의 피를 뿌려 죄를 덮어 버린 시은소의 은혜는 예수 그리스도의 피를 상징하는 것이다. 이제 하나님께서 우리를 보실 때 우리의 추악한 죄를 보시는 것이 아니라 그것을 덮고 있는 상징성의 예수 그리스도의 피를 보신다.

율법으로는 우리가 심판을 받고 죽을 수밖에 없지만 예수 그리스도의 은혜를 말미암아 심판이 우리를 넘어가는 것이다. "내가 애굽 땅을 칠 때에 그 피가 너희의 거하는 집에 있어서 너희를 위하여 표적이 될지라 내가 피를 볼 때에 너희를 넘어 가리니 재앙이 너희에게 내려 멸하지 아니하리라"(출 12:13).

유월절이 바로 이것이다. 하나님이 애굽의 장자의 죽음이라는 무서운 심판을 내리셨는데 문설주에 어린 양의 피를 바른 이스라엘의 가정은 그 재앙이 넘어 갔다. 그러므로 증거궤가 하나님의 율법과 공의를 상징한다면 피 묻은 속죄소는 우리의 죄를 덮어주시는 하나님의 은혜와 사랑을 상징하는 것이다. 속죄소에서 베풀어 주시는 하나님의 은혜와 사랑이 성령의 깊은 곳에 풍성히 임하게 된다.

"율법을 좇아 거의 모든 물건이 피로써 정결케 되나니 피 흘림이 없은즉 사함이 없느니라"(히 9:22). 예수 그리스도의 피의 상징인 희생제물의 피가 시은소에 뿌려지므로 죄인들의 죄를 사해 주신다. 하나님은 어떤 사람, 어떤 죄라 할지라도 정죄하지 않고 의롭다 선언하여 주신다.

"모든 사람이 죄를 범하였으매 하나님의 영광에 이르지 못하더니 그리스도 예수 안에 있는 구속으로 말미암아 하나님의 은혜로 값없이 의롭다 하심을 얻은 자 되었느니라"(롬 3:23,24). "너희 죄가 주홍 같을지라도 눈과 같이 희어질 것이요 진홍같이 붉을지라도 양털같이 되리라"(사 1:18).

## 4. 제사장의 자격과 직무

### 가. 제사장의 자격

1) 제사장은 12지파 중 레위지파에게서만 임명할 수 있게 하나님께서 특권을 허락하셨다(레 21:1).
2) 제사장이 될 자격이 있는 레위인 가운데도 육체적 흠(불구자)이 없는 정상인이어야 했다(레 21:18-21).
3) 제사장은 몸을 더럽혀서는 안 된다. 죽은 시체를 가까이 해서도 안 된다. 심지어 부모의 시체까지도 가까이 하지 말라고 하나님께서 명하셨다(레 21:11).
4) 제사장은 자기 민족의 처녀와만 결혼을 해야 했다. 과부나 이혼한 여인이나 더러운 여인이나 기생은 하나님께서 취하지 말라고 하셨다(레 21:13,14)

제 사 장

## 제3장. 성막의 각론

### 레위기 21:1-24

여호와께서 모세에게 이르시되 아론의 자손 제사장들에게 고하여 이르라 백성 중의 죽은 자로 인하여 스스로 더럽히지 말려니와(1) 골육지친인 부모나 자녀나 형제나(2) 출가하지 아니한 처녀인 친 자매로 인하여는 몸을 더럽힐 수 있느니라(3) 제사장은 백성의 어른인즉 스스로 더럽혀 욕되게 하지 말지니라(4) 제사장들은 머리털을 깎아 대머리 같게 하지 말며 그 수염 양편을 깎지 말며 살을 베지 말고(5) 그 하나님께 대하여 거룩하고 그 하나님의 이름을 욕되게 하지 말것이며 그들은 여호와의 화제 곧 그 하나님의 식물을 드리는 자인즉 거룩할 것이라(6) 그들은 기생이나 부정한 여인을 취하지 말것이며 이혼 당한 여인을 취하지 말지니 이는 그가 여호와께 거룩함이니라(7) 너는 그를 거룩하게 하라 그는 네 하나님의 식물을 드림이니라 너는 그를 거룩히 여기라 나 여호와 너희를 거룩하게 하는 자는 거룩함이니라(8) 아무 제사장의 딸이든지 행음하여 스스로 더럽히면 그 아비를 욕되게 함이니 그를 불사를지니라(9) 자기 형제중 관유로 부음을 받고 위임되어 예복을 입은 대제사장은 그 머리를 풀지 말며 그 옷을 찢지 말며(10) 어떤 시체에든지 가까이 말지니 부모로 인하여도 더러워지게 말며(11) 성소에서 나오지 말며 그 하나님의 성소를 더럽히지 말라 이는 하나님의 위임한 관유가 그 위에 있음이니라 나는 여호와니라(12) 그는 처녀를 취하여 아내를 삼을지니(13) 과부나 이혼된 여인이나 더러운 여인이나 기생을 취하지 말고 자기 백성중 처녀를 취하여 아내를 삼아(14) 그 자손으로 백성 중에서 더럽히지 말지니 나는 그를 거룩하게 하는 여호와임이니라(15) 여호와께서 모세에게 일러 가라사대(16) 아론에게 고하여 이르라 무릇 너의 대대 자손중 육체에 흠이 있는 자는 그 하나님의 식물을 드리려고 가까이 오지 못할 것이라(17) 무릇 흠이 있는 자는 가까이 못할지니 곧 소경이나 절뚝발이나 코가 불완전한 자나 지체가 더한 자나(18) 발 부러진 자나 손 부러진 자나(19) 곱사등이나 난장이나 눈에 백막이 있는 자나 괴혈병이나 버짐이 있는 자나 불알 상한 자나(20) 제사장 아론의 자손 중에 흠이 있는 자는 나아와 여호와의 화제를 드리지 못할지니 그는 흠이 있은즉 나아와 하나님의 식물을 드리지 못하느니라(21) 그는 하나님의 식물의 지성물이든지 성물이든지 먹을 것이나(22) 장 안에 들어가지 못할 것이요 단에 가까이 못할지니 이는 그가 흠이 있음이라 이와 같이 그가 나의 성소를 더럽히지 못할 것은 나는 그들을 거룩하게 하는 여호와임이니라(23) 모세가 이대로 아론과 그 아들들과 온 이스라엘 자손에게 고하였더라(24)

## 나. 제사장의 직무

### (1) 제사장은 제사의 기본적인 직무를 수행했다.

제사장의 직무는 레위지파 중에서도 아론의 자손에게 부여한 특권이었다. 제사장은 성소(성전)에서 봉사했으며, 백성과 하나님 사이에서 중보자로서 직무를 수행했다.

아론의 자손에게 제사장의 직무를 수행토록 했으나 아론의 자손이 번성함에 따라 제사장을 24반열로 나누어 제비 뽑은 후 성소에 들어가 봉사토록 했다. 제사장이 성소에 들어가 봉사할 수 있는 기회는 1년에 한두 번 밖에 돌아오지 않았다.

### (2) 제사장은 백성을 위하여 복을 빌고 여호와의 이름으로 그들에 축복했다.

하나님은 제사장들로 하여금 백성들을 위하여 복을 빌도록 했다. "그들은 이같이 내 이름으로 이스라엘 자손에게 축복할지니 내가 그들에게 복을 주리라"(민 6:27)고 약속해 주셨다.

### (3) 제사장은 백성에게 율법을 가르치는 일을 했다.

제사장은 성소에서 봉사하는 임무를 마치면 각자 집으로 돌아가서 백성들에게 율법을 가르치는 일을 했다. 제사장은 백성을 가르치는 직무에 대한 책임감을 가졌다. 그리하여 백성이 죄를 짓고 망하게 되면 제사장은 가슴을 치고 울었다. "가르침을 받는 자는 말씀을 가르치는 자와 모든 좋은 것을 함께하라"(갈 6:6)고 강조하고 있다.

제사장은 백성들에게 율법을 가르치는 일에 전무(專務)하여 "무엇으로 심든지 그대로 거두리라"(갈 6:7)는 율법의 결과론적 말씀의 성취를 위한 가르치는 직무를 수행했다.

### (4) 제사장은 성막에서 다섯 가지 봉사하는 일을 한다.

**① 번제단에서 피 뿌림의 봉사(속죄하는 일)**

"그는 여호와 앞 단으로 나와서 그것을 위하여 속죄할지니 곧 그 수송아지의 피와 염소의 피를 취하여 단 귀퉁이 뿔들에 바르고 또 손가락으로 그 피를 그 위에 일곱 번 뿌려 이스라엘 자손의 부정에서 단을 성결케 할 것이요"(레 16:18,19).

"피를 가지고 회막에 들어가 성소에서 속하게 한 속죄제 희생의 고기는 먹지 못할지니 불사를지니라"(레 6:30).

"기름 부음을 받은 제사장은 그 수송아지의 피를 가지고 회막에 들어가서 그 제사장이 손가락에 그 피를 찍어 여호와 앞 곧 성소 장 앞에 일곱 번 뿌릴 것이며"(레 4:5,6).

**② 물두멍 봉사(수족을 닦는 일)**

제사장(대)은 반드시 수족을 물두멍에서 닦아야 했다. 이것은 의무이며, 규칙이다. 만일 물두멍에 수족을 닦지 않으면 죽었다.

> **출애굽기 30:19-21**
>
> 아론과 그 아들들이 그 두멍에서 수족을 씻되(19) 그들이 회막에 들어갈 때에 물로 씻어 죽기를 면할 것이요 단에 가까이 가서 그 직분을 행하여 화제를 여호와 앞에 사를 때에도 그리 할지니라(20) 이와 같이 그들이 그 수족을 씻어 죽기를 면할지니 이는 그와 그 자손이 대대로 영원히 지킬 규례니라(21)

**③ 떡상 봉사(떡을 진설하는 일)**

"상 위에 진설병을 두어 항상 내 앞에 있게 할지니라"(출 25:30). 제사장은 진설병을 구어서 떡상에 두고 매 안식일마다 새로운 떡으로 교체하는 일을 했다. 그리고 묵은 떡은 제사장들이 먹었으나 일반인은 그 떡을 먹을 수 없었다.

> **레위기 24:8,9**
>
> 항상 매안식일에 이 떡을 여호와 앞에 진설할지니 이는 이스라엘 자손을 위한 것이요 영원한 언약이니라(8) 이 떡은 아론과 그 자손에게 돌리고 그들은 그것을 거룩한 곳에서 먹을지니 이는 여호와의 화제중 그에게 돌리는 것으로서 지극히 거룩함이니라 이는 영원한 규례니라(9)

**④ 촛대 봉사(등불을 밝히는 일)**

제사장은 일곱 등잔을 밝힐 수 있도록 불을 켜고 불똥을 제거하며, 기름이 마르지 않도록 간검을 해야 한다. 그래서 성소 안에 불이 꺼지지 않도록 항상 기름을 공급하며 심지를 갈아끼우는 일을 해야 한다.

"또 우리에게 더 확실한 예언이 있어 어두운데 비취는 등불과 같으니 날이 새어 샛별이 너희 마음에 떠오르기까지 너희가 이것을 주의하는 것이 가하니라"(벧후 1:19).

> **레위기 24:2-4**
>
> 이스라엘 자손에게 명하여 감람을 찧어 낸 순결한 기름을 켜기 위하여 네게로 가져오게 하고 끊이지 말고 등잔불을 켤지며(2) 아론은 회막안 증거궤 장 밖에서 저녁부터 아침까지 여호와 앞에 항상 등잔불을 정리할지니 너희 대대로 지킬 영원한 규례라(3) 그가 여호와 앞에서 순결한 등대 위의 등잔들을 끊이지 않고 정리할지니라(4)

**⑤ 분향단 봉사(향을 사르는 일)**

성소 안에 들어 가면 우선 눈에 뜨이는 것이 등대이다. 그 밝은 불빛에서 떡상이 오른편에 보이고 정면 앞쪽으로 향연이 모락모락 피어나는 분향단이 보인다.

제사장은 등대의 감람유가 아침 저녁으로 계속 공급되는 시간에 맞춰 분향단에 향 피우기를 시작한다.

분향단에서 기도할 때 왼쪽에 있는 촛대(등대, 등잔)가 없으면 기도가 불가능하다. 등대가 없으면 깜깜하여 분향이 어렵고, 향을 피울 수가 없다. 등대의 빛은 기도하는데 절대적인 요소이다. 말할것도 없이 등대의 빛은 그리스도이기에 그리스도 예수 아래서 향내나는 기도가 이루어져야 한다. 분향단 봉사는 대제사장이 수행했다.

> **출애굽기 30:7-10**
>
> 아론이 아침마다 그 위에 향기로운 향을 사르되 등불을 정리할 때에 사를지며(7) 또 저녁때 등불을 켤 때에 사를지니 이 향은 너희가 대대로 여호와 앞에 끊지 못할지며(8) 너희는 그 위에 다른 향을 사르지 말며 번제나 소제를 드리지 말며 전제의 술을 붓지 말며(9) 아론이 일년 일차씩 이 향단 뿔을 위하여 속죄하되 속죄제의 피로 일 년 일차씩 대대로 속죄할지니라 이 단은 여호와께 지극히 거룩하니라(10)

## 5. 대제사장의 직무

### (1) 성막의 설치, 철거, 이동을 총괄했다.

대제사장은 제사장 중에서 선택되었으며, 레위인 총 22,000명(민 3:39) 중 30세-50세까지의 남자 8,580(69%)명 (민 4:48)을 관장하여 성막의 봉사를 총괄하여 지휘했다.

| 레위지파 | 봉사업무담당 | 성물봉사자 (30-50세) | 총인구수 (1개월이상) | 근거 |
|---|---|---|---|---|
| 게르손 자손 | 성막과 장막, 덮개와 회막분장, 뜰의 휘장, 뜰의 문장, 모든 것에 쓰는 줄 등을 담당 | 2,630명 | 7,500명 | 민 3:21-26 4:38-39 |
| 고핫 자손 | 증거궤, 떡상, 등대, 단들, 성소 봉사 기구 휘장 등을 담당 | 2,750명 | 8,600명 | 민 3:27-32 4:35-36 |
| 므라리 자손 | 널판, 띠, 기둥과 받침, 말뚝, 줄 등을 담당 | 7,500명 | 3,200명 | 민 4:42-45 |

### (2) 지성소에서 속죄의 사역을 했다.

지성소에는 오직 1년에 한 번 대제사장이 들어갈 수 있다. 1년에 한 번 7월 10

일 온 민족이 1년 동안 지은 죄를 속죄하는 날이다. 이 날을 대속죄일이라 한다.

"오직 둘째 장막(지성소)은 대제사장이 홀로 일 년에 일차씩 들어가되 피 없이는 아니하나니 이 피는 자기와 백성의 허물을 위하여 드리는 것이라"(히 9:7).

### 레위기 16:3-31

아론이 성소에 들어오려면 수송아지로 속죄 제물을 삼고 숫양으로 번제물을 삼고 (3) 거룩한 세마포 속옷을 입으며 세마포 고의를 살에 입고 세마포 띠를 띠며 세마포 관을 쓸지니 이것들은 거룩한 옷이라 물로 몸을 씻고 입을 것이며(4) 이스라엘 자손의 회중에게서 속죄 제물을 위하여 수염소 둘과 번제물을 위하여 숫양 하나를 취할지니라(5) 아론은 자기를 위한 속죄제의 수송아지를 드리되 자기와 권속을 위하여 속죄하고(6) 또 그 두 염소를 취하여 회막문 여호와 앞에 두고(7) 두 염소를 위하여 제비뽑되 한 제비는 여호와를 위하고 한 제비는 아사셀을 위하여 할지며(8) 아론은 여호와를 위하여 제비 뽑은 염소를 속죄제로 드리고(9) 아사셀을 위하여 제비 뽑은 염소는 산대로 여호와 앞에 두었다가 그것으로 속죄하고 아사셀을 위하여 광야로 보낼지니라(10) 아론은 자기를 위한 속죄제의 수송아지를 드리되 자기와 권속을 위하여 속죄하고 자기를 위한 그 속죄제 수송아지를 잡고(11) 향로를 취하여 여호와 앞 단 위에서 피운 불을 그것에 채우고 또 두 손에 곱게 간 향기로운 향을 채워 가지고 장 안에 들어가서(12) 여호와 앞에서 분향하여 향연으로 증거궤 위 속죄소를 가리우게 할지니 그리하면 그가 죽음을 면할 것이며 (13) 그는 또 수송아지의 피를 취하여 손가락으로 속죄소 동편에 뿌리고 또 손가락으로 그 피를 속죄소 앞에 일곱 번 뿌릴 것이며(14) 또 백성을 위한 속죄제 염소를 잡아 그 피를 가지고 장 안에 들어가서 그 수송아지 피로 행함같이 그 피로 행하여 속죄소 위와 속죄소 앞에 뿌릴지니(15) 곧 이스라엘 자손의 부정과 그 범한 모든 죄를 인하여 지성소를 위하여 속죄하고 또 그들의 부정한 중에 있는 회막을 위하여 그같이 할 것이요(16) 그가 지성소에 속죄하러 들어가서 자기와 그 권속과 이스라엘 온 회중을 위하여 속죄하고 나오기까지는 누구든지 회막에 있지 못할 것이며(17) 그는 여호와 앞 단으로 나와서 그것을 위하여 속죄할지니 곧 그 수송아지의 피와 염소의 피를 취하여 단 귀퉁이 뿔들에 바르고(18) 또 손가락으로 그 피를 그 위에 일곱 번 뿌려 이스라엘 자손의 부정에서 단을 성결케 할 것이요(19) 그 지성소와 회막과 단을 위하여 속죄하기를 마친 후에 산 염소를 드리되(20) 아론은 두 손으로 산 염소의 머리에 안수하여 이스라엘 자손의 모든 불의와

> 그 범한 모든 죄를 고하고 그 죄를 염소의 머리에 두어 미리 정한 사람에게 맡겨 광야로 보낼지니(21) 염소가 그들의 모든 불의를 지고 무인지경에 이르거든 그는 그 염소를 광야에 놓을지니라(22) 아론은 회막에 들어가서 지성소에 들어갈 때에 입었던 세마포 옷을 벗어 거기 두고(23) 거룩한 곳에서 물로 몸을 씻고 자기 옷을 입고 나와서 자기의 번제와 백성의 번제를 드려 자기와 백성을 위하여 속죄하고(24) 속죄제 희생의 기름을 단에 불사를 것이요(25) 염소를 아사셀에게 보낸 자는 옷을 빨고 물로 몸을 씻은 후에 진에 들어올 것이며(26) 속죄제 수송아지와 속죄제 염소의 피를 성소로 들여다가 속죄하였은즉 그 가죽과 고기와 똥을 밖으로 내어다가 불사를 것이요(27) 불사른 자는 옷을 빨고 물로 몸을 씻은 후에 진에 들어올지니라(28) 너희는 영원히 이 규례를 지킬지니라 칠월 곧 그 달 십일에 너희는 스스로 괴롭게 하고 아무 일도 하지 말되 본토인이든지 너희 중에 우거하는 객이든지 그리하라(29) 이 날에 너희를 위하여 속죄하여 너희로 정결케 하리니 너희 모든 죄에서 너희가 여호와 앞에 정결하리라(30) 이는 너희에게 큰 안식일인즉 너희는 스스로 괴롭게 할지니 영원히 지킬 규례라(31)

1) 대제사장이 지성소에 들어갈 때는 물로 몸을 씻고 예복을 갈아입은 후 세마포의 관을 쓰고 들어가야 한다(레 16:4).
2) 향연으로 속죄소가 보이지 않도록 반드시 가려야 한다. 만일 가리지 않으면 죽임을 당했다(레 16:3).
3) 짐승의 피를 가지고 지성소 안으로 들어가야 한다(레 16:11).
4) 수송아지 피를 손가락으로 속죄소 동쪽에 뿌린다. 그리고 속죄소 앞에 7번 뿌리고 속죄소 위에도 뿌리며 앞에도 뿌린다(레 16:14,15).
5) 단으로 나와서 피를 제단 뿔에 바르고 손가락으로 번제단 위에 7번 뿌린다(레 16:18,19).
6) 산 염소에 안수하여 이스라엘 백성의 죄를 전가시킨다.

"아론은 두 손으로 산 염소의 머리에 안수하여 이스라엘 자손의 불의와 그 범한 모든 죄를 고하고 그 죄를 염소의 머리에 두어 미리 정한 사람에게 맡겨 광야로 보낼지니 염소가 그들의 불의를 지고 무인지경에 이르거든 그는 그 염소를 광야에 놓을지니라"(레 16:21,22).

이 염소를 아세셀 염소라고 말하는데 이 염소는 물과 풀이 없는 광야에서 반드시 죽게 된다. 이스라엘 백성들이 지은 모든 죄를 다 전가 받고서 죽는 것이다. 그리하여 이스라엘 백성들의 죄를 염소에 전가시켜 하나님으로부터 의를 전가 받게 된다. 그래서 아사셀 염소는 매년 한 번씩 광야에서 죽어야 했다.

### (3) 판결하는 일을 했다.

대세사장은 백성 중에 일어나는 모든 일을 판결하는 의무와 권한이 있다. "모든 소송과 모든 투쟁이 그들의 말대로 판결될 것이니라"(신 21:5).

대제사장은 "우림과 둠밈"을 차고 백성들 사이에 일어난 일을 판결해야 했다. 흉패는 두겹으로 되어 있고 그 안에 우림과 둠밈이 감춰져 있다. 그것은 보석이다. 그 이름은 "빛과 완전함"이라는 뜻을 가지고 있다. 이스라엘 백성이 중대한 결정을 내려야 할 때 하나님의 뜻을 잘 모르는 경우에는 대제사장에게 찾아갔다.

대제사장은 우림과 둠밈으로 하나님의 원하심과 하나님의 방법이 무엇인가를 정확히 말해 주었다. 하나님은 그것으로 질문에 응답하셨고 어떻게 행할 것인가에 대한 확신을 주셨다.

우리는 문제가 있을 때마다 우리의 대제사장에게 나갈 수 있다. 주님은 우리를 결코 막연한 상태로 내버려 두시지 않는다.

"그러므로 우리에게 큰 대제사장이 있으니 승천하신 자 곧 하나님의 아들 예수시라 우리가 믿는 도리를 굳게 잡을지어다. 우리에게 있는 대제사장은 우리 연약함을 체휼하지 아니하는 자가 아니요 모든 일에 우리와 한결같이 시험을 받은 자로되 죄는 없으시니라 그러므로 우리가 긍휼하심을 받고 때를 따라 돕는 은혜를 얻기 위하여 은혜의 보좌 앞에 담대히 나아갈 것이니라"(히 4:14-16).

### (4) 백성들에게 축복을 기원했다.

대제사장은 온 백성들이 축복 받을 수 있도록 인도했다.

"아론이 백성을 향하여 손을 들어 축복함으로 속죄제와 번제와 화목제를 필하고 내려오니라 모세와 아론이 회막에 들어갔다가 나와서 백성에게 축복하매 여호와의 영광이 온 백성에게 나타나며 불이 여호와 앞에서 나와 단 위의 번제물과 기름을 사른지라 온 백성이 이를 보고 소리지르며 엎드렸더라"(레 9:22-24).

## 6. 제사장과 대제사장의 예복

### 가. 제사장 예복

제사장들은 보통 4가지 옷을 입었다.
즉 ① 소매가 짧은 겉옷 ② 속옷 ③ 관 ④ 띠 등이다.

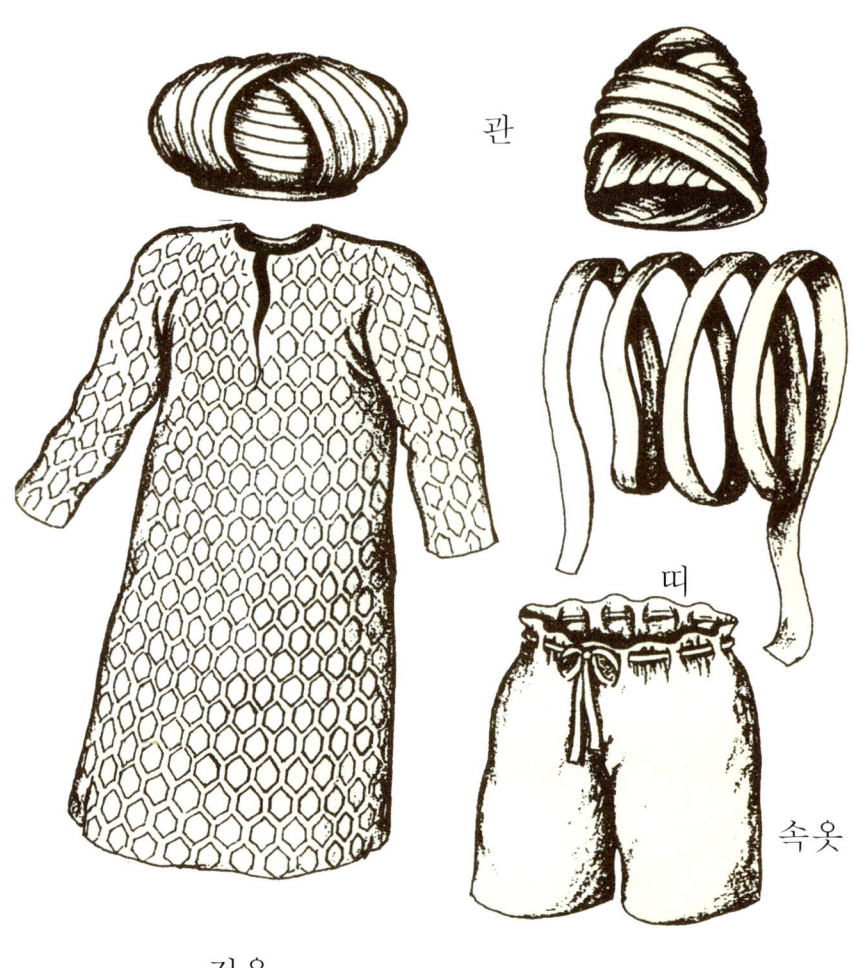

제사장의 예복

## 나. 대제사장 예복

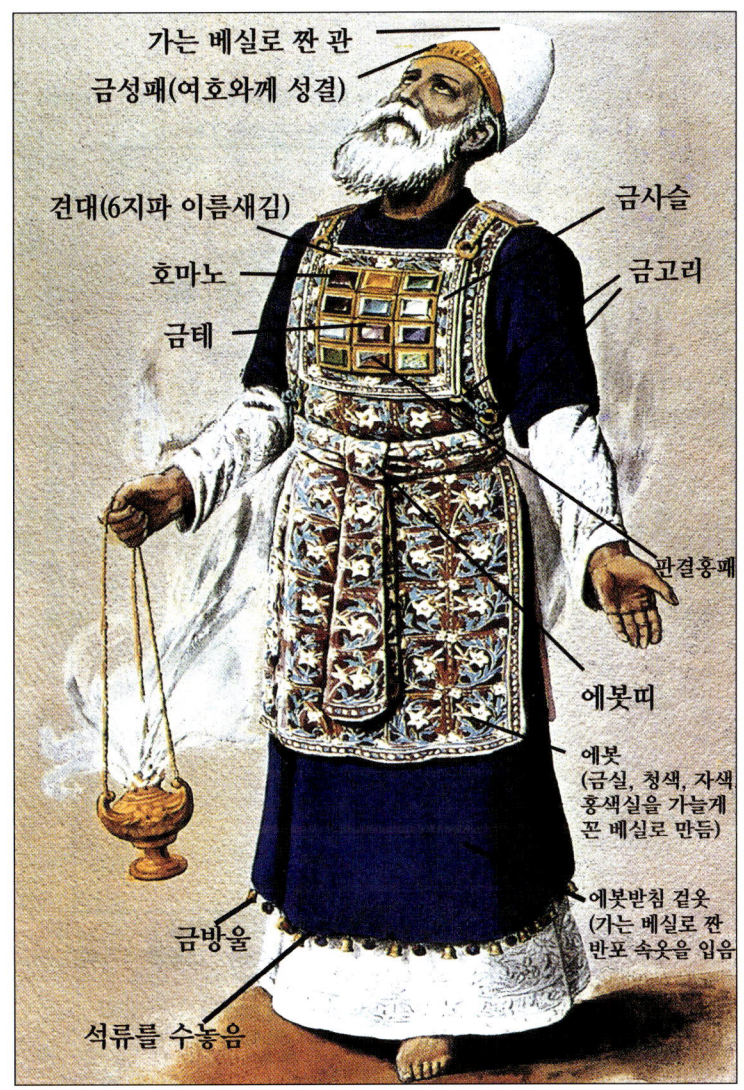

**대제사장의 예복**

위 사진은 여러 가지 장식이 달린 옷을 입고 있는 대제사장이다. 맨 위에 입고 있는 옷이 예복인데 4가지 색으로 되어 있으며, 금을 섞어 만들었다. 에봇 받침 겉옷은 순 하늘색으로 만들어졌다. 그 옷자락에 3가지 색으로 된 석류가 달려 있으며, 사이 사이에 금방울이 달려 있다. 이 옷을 통해 우리의 대제사장이 되신 예수 그리스도의 아름다운 모습을 생각하게 된다.

대제사장은 제사장이 입는 옷에 4가지를 추가해서 입었다. 대제사장의 옷은 특별히 일곱 가지(흉패, 에봇, 겉옷, 반포속옷, 관, 띠, 성패 등)로 구성되어 있어 각기 특별한 상징적 의미를 가지고 있다.

아론과 그의 아들들은 특별한 옷을 입어야 했는데 이것은 그들이 하나님을 섬기도록 사명을 받았기 때문이다. 대제사장인 그들은 특히 사역면에서 예수 그리스도의 중보사역을 예표하는 자들로서 그들이 입는 옷 또한 예수 그리스도의 인격과 성품 그리고 사역을 예표하였다.

① 에봇

에봇은 대제사장의 받침 겉옷 위에 입는 겉옷이다. 에봇은 흉패를 가슴 앞에 붙이고 양어깨 위로 멜빵처럼 넘겨 등을 덮는 일종의 조끼처럼 입는 것으로서 어깨부분의 이음새와 허리부분의 띠로서 연결하게 되어 있다.

이 옷은 금실과 청색, 자색, 홍색실, 가늘게 꼰 베실로 만들어졌다. 자색, 홍색의 실과 가늘게 꼰 베실로 에봇에 공교히 붙여 달았다. 금실은 믿음의 의미, 청실은 생명을 의미, 자색은 만왕의 왕을 의미, 홍색은 고난의 예수 그리스도를 의미한다. 그러므로 대제사장은 믿음을 가지고 생명을 전하며, 고난을 위로하고 왕권을 가진 대제사장의 사명을 수행하게 된다. 이 에봇은 예수 그리스도의 영광과 아름다움을 상징한다.

② 에봇 받침 겉옷

에봇 받침 겉옷은 순하늘색의 청색 겉옷이다. 그 옷자락 끝에 세 가지 색으로 된 석류가 달려 있는데 그 사이마다 금방울이 하나씩 달려 있다. 이것은 참으로 아름다운 것인데 방울소리가 나기 때문이다. 이 금방울을 상징하는 여러 설이 있으나 제사의 집전시 대제사장이 어떠한 행동을 취할 때마다 방울소리가 울리게 되므로 경건한 행동과 엄숙한 자세를 갖도록 하기 위한 것이다. 대제사장이 지성소 안에서 하나님께서 말씀하신 규칙을 지키지 않으면 죽임을 당했다. 따라서 지성소에 들어갈 때나 나올 때에 금방울 소리가 들려야만 죽지 않고 사명을 다한 것이다.

> **출애굽기 28:31-35**
>
> 너는 에봇 받침 겉옷을 전부 청색으로 하되(31) 두 어깨 사이에 머리 들어갈 구멍을 내고 그 주위에 갑옷 깃같이 깃을 짜서 찢어지지 않게 하고(32) 그 옷 가장자리로 돌아가며 청색 자색 홍색실로 석류를 수놓고 금방울을 간격하여 달되(33) 그 옷 가장자리로 돌아가며 한 금방울, 한 석류, 한 금방울, 한 석류가 있게 하라(34) 아론이 입고 여호와를 섬기러 성소에 들어갈 때와 성소에서 나갈 때에 그 소리가 들릴 것이라 그리하면 그가 죽지 아니하리라(35)

③ 흉패

흉패는 세로 4줄, 가로 3줄, 도합 12줄 사각형으로 보석이 질서정연하게 배열되어 각기 다른 보석에는 이스라엘의 12지파의 이름이 나이 순서대로 한 사람씩 각각 새겨져 있다. 이 보석은 지상에서 가장 아름다운 것이다. 최고의 가치를 지니고 있다. 여기의 보석들은 견대의 두 보석과는 다른 점이 있다. 각기 상이한 12개의 보석에 이름이 새겨져 있다. 이것은 이스라엘의 12지파가 하나님의 사람 가운데 통일성과 일체성을 이루고 있음을 상징한다.

흉패가 두 겹으로 되어 있고 그 안에 우림과 둠밈이 들어 있다. 그것 역시 보석이다. 우림과 둠밈은 "우림은 빛이고" "둠밈은 완전함"이란 뜻을 가지고 있다.
우림과 둠밈은 하나님의 뜻을 묻기 위한 것으로 제비를 뽑아 판결하는 도구였다. 그래서 하나님의 뜻에 따라 가부를 묻는 도구였다. 이것은 12개의 보석을 박은 판결의 흉패라는 이름으로 사랑을 상징하여 가슴에 붙인다. 이는 이스라엘 및 12지파에 대한 하나님의 구체적인 사랑을 나타내기 위해서였다.

# 제3장. 성막의 각론

> **출애굽기 28:15-30**
>
> 너는 판결 흉패를 에봇 짜는 법으로 금실과 청색 자색 홍색실과 가늘게 꼰 베실로 공교히 짜서 만들되(15) 장광이 한뼘씩 두 겹으로 네모 반듯하게 하고(16) 그것에 네 줄로 보석을 물리되 첫 줄은 홍보석 황옥 녹주옥이요(17) 둘째 줄은 석류석 남보석 홍마노요(18) 셋째 줄은 호박 백마노 자수정이요(19) 넷째 줄은 녹보석 호마노 벽옥으로 다 금테에 물릴지니(20) 이 보석들은 이스라엘 아들들의 이름대로 열 둘이라 매 보석에 열 두 지파의 한 이름씩 인을 새기는 법으로 새기고(21) 정금으로 노끈처럼 땋은 사슬을 흉패 위에 붙이고(22) 또 금고리 둘을 만들어 흉패 위 곧 흉패 두 끝에 그 두 고리를 달고(23) 땋은 두 금사슬로 흉패 두 끝 두 고리에 꿰어 매고(24) 두 땋은 사슬의 다른 두 끝을 에봇 앞 두 견대의 금테에 매고(25) 또 금고리 둘을 만들어 흉패 아래 양편 가 안쪽 곧 에봇에 닿은 곳에 달고(26) 또 금고리 둘을 만들어 에봇 앞 두 견대 아래 매는 자리 가까운 편 곧 공교히 짠 띠 윗편에 달고(27) 청색 끈으로 흉패 고리와 에봇 고리에 꿰어 흉패로 공교히 짠 에봇 띠 위에 붙여 떠나지 않게 하라(28) 아론이 성소에 들어갈 때에는 이스라엘 아들들의 이름을 기록한 이 판결 흉패를 가슴에 붙여 여호와 앞에 영원한 기념을 삼을 것이니라(29) 너는 우림과 둠밈을 판결 흉패 안에 넣어 아론으로 여호와 앞에 들어갈 때에 그 가슴 위에 있게 하라 아론이 여호와 앞에서 이스라엘 자손의 판결을 항상 그 가슴 위에 둘지니라(30)

| | | | |
|---|---|---|---|
| **첫째줄** | 홍보석<br>(Sardius) | 청 옥<br>(Topaz) | 녹주옥<br>(Carbuncle) |
| **둘째줄** | 석류석<br>(Emerald) | 남보석<br>(Sapphire) | 홍노마<br>(Diamond) |
| **셋째줄** | 호 박<br>(Liqure) | 백마노<br>(Agate) | 자수정<br>(Amethyst) |
| **넷째줄** | 녹보석<br>(Beryl) | 호마노<br>(Onyx) | 벽 옥<br>(Jasper) |

**흉패에 달린 보석들을 배열 순서대로 정리하면 위와 같다.**

④ 두 견대(肩帶)

대제사장의 어깨에는 두 견대가 있다. 호마노(縞瑪瑙) 보석 위에 이스라엘 12지파 이름을 새겨 두 견대로 나누어 좌우 어깨에 달았다. 우편 견대에는 르우벤, 레위, 단, 시므온, 유다, 납달리 등 여섯 지파 이름이 새겨져 있고 좌편 견대에는 아셀, 스불론, 베냐민, 갓, 잇사갈, 요셉 등 여섯 지파의 이름이 새겨져 있다.

12지파의 이름이 새겨진 의미는 ① 대제사장은 12지파를 어깨에 메듯이 책임을 져야 했다. ② 12지파의 이름을 어깨에 기록하여 메고 다니는 것은 보호를 사명으로 해야 했다. ③ 12지파의 이름을 주머니에 넣고 다니지 않고 어깨에 메고 다니는 것은 하나님을 만나게 할 중보의 역할을 해야 했기 때문이다.

다시 요약하면 두 견대에 12지파의 이름을 새긴 것은 책임, 보호, 중보의 세 가지의 사명을 함축하고 있다.

> **출애굽기 28:9-14**
>
> 호마노 두 개를 취하여 그 위에 이스라엘 아들들의 이름을 새기되(9) 그들의 연치대로 여섯 이름을 한 보석에, 나머지 여섯 이름은 다른 보석에(10) 보석을 새기는 자가 인에 새김 같이 너는 이스라엘 아들들의 이름을 그 두 보석에 새겨 금테에 물리고(11) 그 두 보석을 에봇 두 견대에 붙여 이스라엘 아들들의 기념 보석을 삼되 아론이 여호와 앞에서 그들의 이름을 그 두 어깨에 메어서 기념이 되게 할지며(12) 너는 금으로 테를 만들고(13) 정금으로 노끈처럼 두 사슬을 땋고 그 땋은 사슬을 그 테에 달지니라(14)

⑤ 띠(帶)

에봇 위에 매는 띠는 에봇 짜는 법으로 금실과 청색, 자색, 홍색 실과 가늘게 꼰 베실로 에봇에 공교히 붙여 짰다(출 28:8).

이들의 성결을 근거로 믿음의 띠, 생명의 띠, 왕권의 띠, 고난의 띠를 의미한다.

그래서 바울도 "그런즉 서서 진리로 너희 허리 띠를 띠고 의의 흉배를 붙이고 평안의 복음의 예비한 것으로 신을 신고 모든 것 위에 믿음의 방패를 가지고 이로써 능히 악한 자의 모든 화전을 소멸하고 구원의 투구와 성령의 검 곧 하나님의 말씀을 가지라"(엡 6:14-17)고 했다.

⑥ 관(冠)

대제사장은 머리에 가늘게 꼰 베실로 된 관(모자)를 썼다. 이 관의 이마 부분의 겉에는 "여호와께 성결"이라고 새겨진 얇은 금판이 달려 있다. 대제사장에게 가장 우선시 되는 것은 성결이다. 그래서 머리에 쓰는 관에까지 "여호와께 성결"이라고 써 놓았다. 이것을 성패(聖牌)라고 한다. 성패는 하나님께 대제사장의 성결을 보증하신다는 의미이다.

> **출애굽기 28:36-39**
>
> 너는 또 정금으로 패를 만들어 인을 새기는 법으로 그 위에 새기되「여호와께 성결」이라 하고(36) 그 패를 청색 끈으로 관 위에 매되 곧 관 전면에 있게 하라(37) 이 패가 아론의 이마에 있어서 그로 이스라엘 자손의 거룩하게 드리는 성물의 죄건을 담당하게 하라 그 패가 아론의 이마에 늘 있으므로 그 성물을 여호와께서 받으시게 되리라(38) 너는 가는 베실로 반포 속옷을 짜고 가는 베실로 관을 만들고 띠를 수놓아 만들지니라(39)

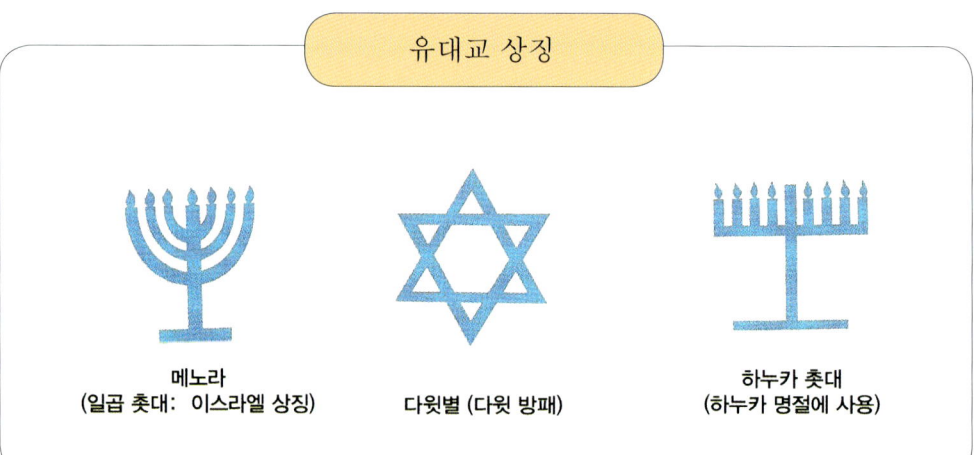

유대교 상징

메노라
(일곱 촛대: 이스라엘 상징)

다윗별 (다윗 방패)

하누카 촛대
(하누카 명절에 사용)

요단강

아몬드

성경에는 살구꽃으로 번역되어 있으며 아론의 싹난 지팡이에 핀 꽃이다.
예루살렘 주변에서도 늦은 비(봄)가 내릴 무렵에 이 아름다운 꽃을 볼 수 있다.

# 제4장
# 희생제사

종말론적인 아마겟돈 전쟁터인
므깃도의 유적

# 제4장 희생제사(犧牲祭祀)

## 1. 성막에서 드려진 제사

성막은 예수 그리스도를 예표했고, 그 모든 성물들은 예수 그리스도의 성품과 인격 그리고 사역을 예언하고 있음 같이 구약시대의 제사와 제사법에서 예수 그리스도의 사역과 그 피로 구원받은 자들의 본분을 교훈하고 있다. 당시 제사와 제사법에는 정결한 예식을 통하여 장차 새 언약의 중보자로서 친히 희생제물이 되실 예수 그리스도께서 그림자로 나타나셨다.

구약시대에 있어서 하나님과 만날 수 있는 유일한 장소는 성소이며, 하나님과 만나기 위하여 반드시 필요한 것이 있는데 제사드릴 때에 하나님께 드릴 예물을 모세에게 명하셨다.

"너희 중에 누구든지 여호와께 예물을 드리려 하거든 생축 중에 소나 양으로 예물을 드릴지니라"(레 1:1,2)라고 분명히 말씀하고 있다.

## 2. 구약시대의 5대 희생제사

하나님께 드렸던 제사는 번제(燔祭), 소제(素祭), 속죄제(贖罪祭), 화목제(和睦祭), 속건제(贖愆祭) 등 5대 희생제사가 있다.

하나님께서는 이스라엘 백성에게 번제와 소제 그리고 화목제는 자원하는 제사로 명했으며, 속죄제와 속건제는 하나님의 백성들에게 의무와 도리로써 요구하셨다. 또한 위임제는 백성들이 제사의 일을 협력하고 그들이 대행하여 하나님께 나아가 제사드리는 것이다. 또한 제사의 종류에 따라 제사드리는 방법은 아래와 같이 화제, 거제, 요제, 전제가 있다.

제4장. 희생제사

### 제사드리는 방법

| 구분 | 방법 | 적용제사 | 영적의미 |
|---|---|---|---|
| 화제<br>(火祭) | 제물을 불에 태우는 제사이다. | 번제, 소제, 화목제, 속죄제, 속건제 | 희생제물의 연기가 하늘로 올라감을 통하여 하나님께 바쳐짐을 의미한다(출 29:18). |
| 거제<br>(擧祭) | 제물을 높이 들었다가 아래로 내려놓는 제사이다. | 화목제의 제물 중 뒷다리, 땅의 처음 익은 소산물 | 하나님께 바쳐진 것을 제사장이 다시 하나님께 받음을 의미한다(출.29:27-29, 레.7:14, 32). |
| 요제<br>(搖祭) | 제물을 위, 아래로 또는 앞, 뒤로 흔들어 드리는 제사이다. | 화목제의 제물 중 가슴, 땅의 처음 익은 소산물 | 하나님께 바쳐진 것을 제사장이 다시 하나님께로부터 받는 것을 의미한다(출 29:24). |
| 전제<br>(奠祭) | 포도주를 붓거나 쏟는 제사이다. | 단독으로 드릴 수 없으며, 번제, 소제와 함께 드린다. | 하나님을 섬기는 자들의 헌신적인 봉사를 의미한다(출 29:40). |

\* 관제(灌祭)는 사도 바울이 자신의 임박한 죽음을 예견하고 남은 생명을 산제사로 순교의 제단에 바치겠다는 결연한 의지가 표현된 것이다(빌 2:17, 딤후 4:6). 즉 구약의 전제(奠祭)와 신약의 관제(灌祭)는 같은 의미의 제사로 해석될 수 있다(딤후 4:6, 빌 2:17, 롬 12:1).

## (1) 번제(燔祭)

### 레위기 1:3-9

그 예물이 소의 번제이면 흠 없는 수컷으로 회막 문에서 여호와 앞에 열납하시도록 드릴지니라(3) 그가 번제물의 머리에 안수할지니 그리하면 열납되어 그를 위하여 속죄가 될 것이라(4) 그는 여호와 앞에서 그 수송아지를 잡을 것이요 아론의 자손 제사장들은 그 피를 가져다가 회막 문앞 단 사면에 뿌릴 것이며(5) 그는 또 그 번제 희생의 가죽을 벗기고 각을 뜰 것이요(6) 제사장 아론의 자손들은 단 위에 불을 두고 불 위에 나무를 벌여 놓고(7) 아론의 자손 제사장들은 그 뜬 각과 머리와 기름을 단 윗 불 위에 있는 나무에 벌여 놓을 것이며(8) 그 내장과 정갱이를 물로 씻을 것이요 제사장은 그 전부를 단 위에 불살라 번제를 삼을지니 이는 화제라 여호와께 향기로운 냄새니라(9)

## 번제의 개요(槪要)

| 구분 | 번제(자원제) 레 1:3-17, 6:8-13, 9:12-16 |
|---|---|
| 목 적 | 1) 하나님과 정상적인 관계를 회복하기 위함이다.<br>2) 하나님께 자신을 온전히 헌신하기 위함이다. |
| 제 물 | 흠 없는 수소, 흠없는 숫양, 산비둘기나 집비둘기 새끼를 생활의 형편에 따라 제물로 선택했다. |
| 방 법 | 생축을 제주가 죽여 각을 떴다.<br>가죽을 제외한 모든 부분을 제단에서 화제로 드렸다. |
| 예 표 | 그리스도가 죄인을 위하여 온전히 화목제물이 되어 주심을 의미한다(마 26:39-44, 막 14:36) |
| 헌 신 | 그리스도를 본받아 하나님께 영과 육을 드려 온전히 산 제사로 드리며 전적인 헌신을 다짐한다. |

번제는 모든 제사 중에 가장 기본적이고 중심이 되는 제사이다. 다른 어떤 제사를 드리기 전에 반드시 먼저 번제의 제사를 드리고 그 후에 자신이 원하는 제사를 드리게 된다. 번제는 언제나 자원하는 마음으로 하나님의 명령에 따라 피흘리는 제사로 드려졌다. 비록 형편에 따라 제물은 달랐지만 희생제물은 언제나 번제단에서 화제로 여호와 하나님께 드려졌다. 하나님께서 드려진 제물의 연기와 냄새를 흠향하시고 향기로운 예물로 받으셨다.

번제(올라)는 "올라간다"와 "일어난다"는 종교적 의미를 포함하고 있다.

제사시 올라가는 것은 불이 올라가고 연기가 올라가고 냄새가 올라가고 제물로 드리는 자의 정성이 올라가게 된다. 오직 번제는 하나님께서 열납하셔야 한다. 따라서 하나님께서 기쁘게 받으실 수 있도록 드려지는 제물만이 하나님께서 흠향(歆饗)하셨다. 그러므로 하나님께 번제를 드리려는 제사장들과 이스라엘 백성들은 하나님의 뜻에 합당하게 드려야만 했다.

번제는 "피 있는 제사"이다. 인간이 하나님께 이르기 위하여는 제사에는 반드시 생축(生祝)을 통한 희생제사가 있어야 했으며 이 제사는 단순한 형식의 제사가 되어서는 안 된다. 왜냐하면 "육체의 생명은 피에 있음이라 내가 이 피를 너희에게 주어 단에 뿌려 너희 생명을 위하여 속하게 하였나니 생명이 피에 있으므로 피가 죄를 속하느니라"(레 17:11).

"그리스도께서 너희를 사랑한 것 같이 너희도 사랑 가운데서 행하라 그는 우리를 위하여 자신을 버리사 향기로운 제물과 생축으로 하나님께 드리셨느니라"(엡5:2).

제물은 흠없는 수소, 숫염소 그리고 숫양으로 드렸다. 그러나 형편과 처지에 따라 산비둘기, 집비둘기 새끼 등으로 드렸다. 하나님은 빈부귀천을 구별하지 않으셨고, 예물보다는 피뿌림의 제사의 화제를 통하여 "여호와의 향기로운 냄새"로 상달될 때에 백성들이 하나님의 명령에 순종하는 분명한 표식으로 알고 기쁘게 받아 주셨다.

## 번제의 규례

① 매일 아침 제사장은 번제단 위에 태울 나무를 준비한다.

② 제물을 드리기 원하는 자는 동물의 흠없는 수컷의 소나 양이나 염소를 선택하여 성막으로 끌고 간다.

③ 번제단 북쪽에 서있는 제사드릴 사람은 동물의 머리를 법궤 쪽인 서쪽을 향하게 한다. 그리고 동물의 뒤에 서서 동물의 두 뿔 사이에 두 손으로 힘껏 안수한다. 그리고 죄를 고백한다 "번제물의 머리에 안수할지니 그리하면 열납되어 그를 위하여 속죄가 될 것이라"(레 1:4).

④ 동물의 오른쪽 앞다리와 오른쪽 뒷다리를 끈으로 같이 동여 매고, 왼쪽 앞다리와 왼쪽 뒷다리를 끈으로 같이 동여 매어 쓰러뜨린다. 그리고 제물을 드리려는 죄인은 동물의 목을 찌르고 제사장은 피를 그릇에 받는다.

"그는 여호와 앞에서 그 수송아지를 잡을 것이요 아론의 자손 제사장들은 그 피를 가져다가 회막 문 앞 단 사면에 뿌릴 것이며 그는 또 번제 희생의 가죽을 벗기고 각을 뜰 것이요"(레 1:5,6).

⑤ 제사장은 그릇에 담은 피를 번제단의 동북쪽 모서리로 가지고 가서 제단 사면에 뿌린다.

⑥ 동물의 껍질은 벗겨야 한다. 가죽을 벗길 때는 뒷다리 부분부터 머리까지 벗긴다. 가죽을 다 벗길 때까지는 머리를 자르지 않는다. 가죽은 불태우지 않으며 제사장의 몫이다.

⑦ 제주는 동물을 부분 부분으로 잘라 각을 떠서 제사장에게 준다. 각을 뜨는 절차는 다음과 같다.

> 먼저: 머리 -〉 가슴 -〉 오른쪽 옆구리 -〉 엉덩이 순으로 자른다.
> 다음: 두 앞다리의 윗부분 -〉 오른쪽 뒷다리 윗 부분을 자른다.
> 이어: 목 -〉 기관지 -〉 심장 -〉 왼편 뒷다리 윗부분을 떼어낸다.
> 최종: 내장을 물에 씻어 그릇에 담는다.

⑧ 제물의 모든 각을 뜬 부분들을 번제단으로 옮긴 후에 소금을 친다. 그리고 번제단에 던져 불에 태운다. 이렇게 함으로 인하여 죄 사함을 받는다.

## 비둘기 번제의 규례

비둘기 번제는 짐승을 드릴 여유가 없을 경우에 드리는 것이다. 그러나 소를 드린 사람과 비둘기를 드린 사람을 차별하는 일은 결코 없다. 하나님은 누구나 동일하게 보신다.

짐승을 드리는 번제는 죄인이 짐승을 잡지만 비둘기는 제사장이 잡는다. 짐승은 가죽을 벗기지만 비둘기는 가죽을 벗기지 않는다. 짐승은 그릇에 피를 받아 번제단에 뿌리지만 비둘기는 직접 번제단에 피를 뿌린다.

짐승의 제물은 가죽을 제외한 전부를 불태우지만 비둘기는 더러운 것은 번제단 동편에 있는 재 있는 곳에 버리고 비둘기 전체를 불태운다. 비둘기 번제의 절차를 살펴 보면 먼저 번제를 드리고자 하는 죄인은 비둘기를 제사장에 가져간다. 제사장은 비둘기를 받아 가지고 번제단으로 올라간다. 그리고 남동쪽 모서리에 비둘기를 가지고 선다. 제사장은 번제단의 옆에 서서 비둘기를 손에 쥔다. 오른 손 등에 비둘기를 놓고 넷째 손가락과 다섯째 손가락 사이에 비둘기 다리를 끼운다. 그리고 둘째와 셋째 손가락에 날개를 끼우고 오른손 엄지손가락의 손톱을 사용하여 비둘기 목의 뒷 부분을 자른다. 제사장은 비둘기 몸을 빨래를 짜듯이 눌러 피를 빼서 번제단 벽에 뿌린다. 비둘기의 멱통과 더러운 것은 동편 재를 버리는 곳에 버리고 몸통을 단 위의 불에 불태워 살라 번제를 드린다.

제4장. 희생제사

> **레위기 1:14-17**
>
> 만일 여호와께 드리는 예물이 새의 번제이면 산비둘기나 집비둘기 새끼로 예물을 삼을 것이요(14) 제사장은 그것을 단으로 가져다가 그 머리를 비틀어 끊고 단 위에 불사르고 피는 단 곁에 흘릴 것이며(15) 멱통과 그 더러운 것은 제하여 단 동편 재 버리는 곳에 던지고(16) 또 그 날개 자리에서 그 몸을 찢되 아주 찢지 말고 제사장이 그것을 단 윗불 위의 나무 위에 살라 번제를 삼을지니 이는 화제라 여호와께 향기로운 냄새니라(17)

육신적이며, 형식적인 행위보다는 예물에 담긴 참 뜻을 깨달아 하나님께 헌신하고 순종하는 일이 더욱 중요하다. 제사는 그림자요 순종은 실체이며, 살아있는 예배이다. 순종은 자신을 드린다는 고백이다. 순종이야말로 이상적이고 영적인 제사이다. "나는 인애를 원하고 제사를 원치 아니하며, 번제보다 하나님을 아는 것을 원하노라"(호 6:6)라는 진의를 깨닫게 된다.

주님께서도 "너희는 가서 긍휼을 원하고 제사를 원치 아니하노라 하신 뜻이 무엇인지 배우라"(마 9:13)고 말씀하셨다. 긍휼과 제사는 둘 다 필요하지만 형식과 외식의 제사보다는 삶의 예배를 통하여 긍휼과 자비 그리고 사랑을 실천하는 행동하는 신앙의 모습을 먼저 받으신다는 것이다. 참된 진실한 믿음의 역사가 결여된 제사와 제물은 하나님께서 결코 받으시지 않았다.

살아있는 것은 온전한 제물이 될 수 없으며 온전한 제물은 내가 죽고 내 안에 그리스도가 사는 역사가 있을 때에 우리는 주 안에서 죽도록 충성하고 헌신하는 신령한 사람으로 살아갈 수 있다. 번제는 철저한 희생과 헌신 그리고 섬김의 다짐이며, 고백이다.

### (2) 소제(素祭)

소제(민하 : 곡물의 헌물)는 평상시 식물(食物)로서 높은 사람에게 호의를 얻기 위하여 드리는 예물이다. 소제물은 여호와께서 사람에게 식물과 생명을 주신 것에 감사해서 자원해서 드리는 예물이다.

## 레위기 2:1-16

누구든지 소제의 예물을 여호와께 드리려거든 고운 가루로 예물을 삼아 그 위에 기름을 붓고 또 그 위에 유향을 놓아(1) 아론의 자손 제사장들에게로 가져 올 것이요 제사장은 그 고운 기름 가루 한 줌과 그 모든 유향을 취하여 기념물로 단 위에 불사를지니 이는 화제라 여호와께 향기로운 냄새니라(2) 그 소제물의 남은 것은 아론과 그 자손에게 돌릴지니 이는 여호와의 화제 중에 지극히 거룩한 것이니라(3) 네가 화덕에 구운 것으로 소제의 예물을 드리려거든 고운 가루에 기름을 섞어 만든 무교병이나 기름을 바른 무교전병을 드릴 것이요(4) 번철에 부친 것으로 소제의 예물을 드리려거든 고운 가루에 누룩을 넣지 말고 기름을 섞어(5) 조각으로 나누고 그 위에 기름을 부을지니 이는 소제니라(6) 네가 솥에 삶은 것으로 소제를 드리려거든 고운 가루와 기름을 섞어 만들지니라(7) 너는 이것들로 만든 소제물을 여호와께로 가져다가 제사장에게 줄 것이요 제사장은 그것을 단으로 가져다가(8) 그 소제물 중에서 기념할 것을 취하여 단 위에 불사를지니 이는 화제라 여호와께 향기로운 냄새니라(9) 소제물의 남은 것은 아론과 그 자손에게 돌릴지니 이는 여호와의 화제 중에 지극히 거룩한 것이니라(10) 무릇 너희가 여호와께 드리는 소제물에는 모두 누룩을 넣지 말지니 너희가 누룩이나 꿀을 여호와께 화제로 드려 사르지 못할지니라(11) 처음 익은 것으로는 그것을 여호와께 드릴지나 향기로운 냄새를 위하여는 단에 올리지 말지며(12) 네 모든 소제물에 소금을 치라 네 하나님의 언약의 소금을 네 소제에 빼지 못할지니 네 모든 예물에 소금을 드릴지니라(13) 너는 첫 이삭의 소제를 여호와께 드리거든 첫 이삭을 볶아 찧은 것으로 너의 소제를 삼되(14) 그 위에 기름을 붓고 그 위에 유향을 더할지니 이는 소제니라(15) 제사장은 찧은 곡식 얼마와 기름의 얼마와 모든 유향을 기념물로 불사를지니 이는 여호와께 드리는 화제니라(16)

구약시대의 제사는 하나님과 인간의 만남의 장소에서 행해지는 방법이다. 특히 소제는 번제나 화목제물을 바친 후에 함께 드려지는 것으로 하나님을 기쁘게 해드리는 신앙의 고백이며, 감사의 표현으로 드리는 선물이다.

제사에는 피가 있는 제물이 반드시 있어야 하고, 예물은 피가 없는 제물이다. 번제는 하나님의 명령과 요구에 의하여 피가 있는 제사로 드려진 반면에 소제는 인간이 하나님께서 주신 은혜에 감사하여 드리는 선물이다. 그러므로 피없는 소제는 반드시 번제를 드린 후에 드려야 한다.

제4장. 희생제사

## 소제의 개요(概要)

| 구 분 | 소제(민하) (자원제) 레 2:1-16, 6:14-23, 7:12-13, 8:26, 9:17 |
|---|---|
| 목 적 | ① 하나님께 감사와 충성을 표시한다.<br>② 하나님의 뜻을 따라 스스로 구별된 삶을 살기 위함이다. |
| 제물(예물) | ① 피 없는 곡식으로 제사 드린다.<br>② 고운 가루, 기름, 유향, 소금, 무교병과 무교전병, 볶아 찧은 첫 이삭을 드린다. |
| 방 법 | ① 번제와 화목제와 함께 드려진다.<br>② 고운가루, 기름, 유향, 소금과 함께 단에 불사른다.<br>③ 화덕, 번철, 솥에 삶아 단에 불사른다.<br>④ 첫 이삭을 볶아 유향과 함께 단에 불사른다. |
| 예 표 | ① 그리스도가 죄인을 위하여 화목제물이 되어 주심을 의미한다. |
| 헌 신 | ① 그리스도를 본받아 하나님께 감사와 충성을 다짐한다. |

## 소제의 구분

① 부속 소제

다른 제사를 드려서 제사를 받으신 하나님께 감사함으로 드리는 제사이다. 특히 번제나 화목제를 드리고 소제를 많이 드렸다. 그래서 이런 소제를 "부속 제사"라고 부르기도 했다.

② 독립 소제

다른 제사를 드린 후 부속으로 드리지 않고 단독으로 드리는 경우이다. 예를 들면 동물을 드리기 어려운 가난한 사람이 짐승 대신 곡식으로 드리는 제사이다. 간음한 여인이 단독으로 소제를 드리기도 했다.

## 소제의 가루를 드리는 유형

① 고운 가루를 드리는 방법

고운 가루와 기름을 반죽하여 익히지 않고 하나님께 드린다(레 2:1-3).

② 화덕에 구은 것을 드리는 방법

화덕에 구워서 소제로 사용하는 방법이다(레 2:4).

③ 번철에 구워서 드리는 방법

　　소제에 쓸 떡을 기름으로 반죽하지 않고 물로 반죽하여 번철에 구워서 드리는 방법이다(레 2:4).

④ 솥에 삶은 것으로 드리는 방법

　　고운 가루와 기름으로 섞어 만들어 솥에 삶아서 드리는 방법이다(레 2:7).

⑤ 첫 이삭을 볶아 찧은 것으로 만들어 그 위에 기름을 붓고 그 위에 유향을 더해서 드리는 방법이다(레 2:14-16).

### 소제에 들어가서는 안 되는 것들

소제에는 고운가루, 기름, 유향, 물, 소금 등이 들어갔다. 그러나 하나님께서 넣지 말라는 두 가지가 누룩과 꿀이다.

① 누룩

누룩은 소금과 정반대이다. 소금은 부패를 방지하는데 누룩은 부패하게 만든다. 소금은 변질시키지 않는데 누룩은 부풀려서 변질시킨다. 누룩은 위장, 허풍, 위선, 부패 등을 의미한다. 그래서 주님은 바리새인들의 누룩(눅 21:10), 사두개인들의 누룩(마 16:6) 그리고 헤롯의 누룩(막 8:15)을 조심하라고 말씀하셨다.

② 꿀

꿀도 소제에 금지한 품목이다.

꿀은 달콤함으로 유혹과 죄를 상징한다. 죄를 한번 맛보면 달콤하여 또 먹고 싶어진다. 죄를 한번 지으면 거절이 힘들고 버리기 어렵다. "대저 음녀의 입술은 꿀을 떨어뜨리며 그 입은 기름보다 미끄럽다"(잠 5:3)고 했다. 그래서 하나님께서는 소제물에 누룩과 꿀을 넣지 말라고 하셨다.

소제는 이 땅에 소산을 허락하시고 축복하신 하나님의 역사하심에 대한 인정이며, 주신 축복에 대한 감사 표현이다. 우리 육신에 필요한 식물을 하나님이 주

제4장. 희생제사

　신 것으로 깨닫고 은혜와 은총을 베풀어 주신 하나님께 제사드리는 것이다. 날마다 신령한 양식을 허락하심에 대한 감사의 고백이 되어야 한다.
　번제는 물로 씻어야 하고 소제는 기름을 발라야 하는데 물과 기름은 신약에서 말씀과 성령을 의미한다. 성령께서 은혜와 능력으로 역사하셔서 인간과의 관계 즉 우리 이웃에 대한 섬김과 나눔 그리고 더불어 삶을 살 수 있게 하신다.

순한 양들의 모습(번제물)

### (3) 화목제(和睦祭)

화목제는 하나님과 인간의 화목을 위하여 드리는 제사로서 구원의 은혜에 대한 감사의 제사이다. 하나님의 구속의 은혜에 감사, 감격하여 하나님께 더욱 가까이 나아가고자 헌신을 맹세하는 제사이며, 성소에서 희생제물을 통해 하나님과 인간이 함께하는 잔치의 제사이다.

> **레위기 3:1-5**
>
> 사람이 만일 화목제의 희생을 예물로 드리되 소로 드리려거든 수컷이나 암컷이나 흠 없는 것으로 여호와 앞에 드릴지니(1) 그 예물의 머리에 안수하고 회막 문에서 잡을 것이요 아론의 자손 제사장들은 그 피를 제단 사면에 뿌릴 것이며(2) 그는 또 그 화목제의 희생 중에서 여호와께 화제를 드릴지니 곧 내장에 덮인 기름과 내장에 붙은 모든 기름과(3) 두 콩팥과 그 위의 기름 곧 허리 근방에 있는 것과 간에 덮인 꺼풀을 콩팥과 함께 취할 것이요(4) 아론의 자손은 그것을 단 윗 불 위에 있는 나무 위 번제물 위에 사를지니 이는 화제라 여호와께 향기로운 냄새니라(5)

**화목제의 개요(概要)**

| 구분 | 소제(민하) (자원제) 레 2:1-16, 6:14-23, 7:12-13, 8:26, 9:17 |
|---|---|
| 목 적 | 1) 구원과 구속하여 주심에 감사하여 하나님께 헌신을 맹세하는 제사이다.<br>2) 하나님과 인간 또한 인간과 인간 사이에 화평을 원하는 제사이다. |
| 제 물 | 생활 형편에 따라 |
| 방 법 | 1) 내장의 기름과 두 콩팥과 그 위의 기름, 간에 덮인 꺼풀을 제단에 불사른다.<br>2) 가슴은 요제로 우편 뒷다리는 거제로 드린다. |
| 영적사역 | 1) 하나님께서 그리스도를 통해 사람과 화평토록 하신다.<br>2) 사람들은 그리스도를 인하여 하나님과 그리고 이웃 상호간에 친교를 통한 허물이 없는 평화를 누리도록 한다(엡 2:13-18). |
| 제물분깃 | 1) 기름을 제외하고 제단에 불살라진 부분은 하나님의 몫이다.<br>2) 요제로 드려진 가슴과 거제로 드려진 뒷다리는 제사장의 몫이다.<br>3) 나머지 부분을 성막에서 먹되 감사제는 당일, 그러나 서원, 자원제는 이튿날까지 먹는다. |

화목제사는 두 가지 목적을 가지고 있다. 첫째, 수직적으로는 하나님과 인간의 사이에 가로막고 있는 죄의 담을 허물어 화해시키는 은총의 사역이며, 둘째, 수평적으로는 인간 상호간에 가로막혀 있는 불신과 미움의 벽을 허물어 진정한 사랑을 회복시키는 은혜의 역사이다.

특별히 서원제를 드리기 앞서 세 가지 의미를 포함하여 드려졌다. 첫째, 구원과 샬롬의 은혜 즉 온전함과 번영의 축복이며, 하나님과 화평한 상태의 표현이며 둘째, 희생제물은 하나님과 함께 나누어 먹음으로 인한 친교의 희생제물이며 셋째, 그리스도께서 우리를 위한 마지막 제물이 되어 주신 것같이 종국적인 제사이다.

화목제는 주로 개인적으로 매일 드려지기도 했지만 오순절과 같은 절기나 국가적인 경사가 있을 때에 집단적으로 드려졌으며, 위로는 하나님께 감사와 찬양을 하고 아래로는 이웃 간에 용서하고 화해하며 함께 기쁨을 나누었다.

번제단에 대속의 속죄를 상징하는 피가 뿌려짐으로 인하여 하나님과 막혀진 죄와 진노 그리고 인간의 허물로 인한 분노의 담벽이 허물어지게 되는 것이다.

화목제사의 희생은 전쟁의 종결, 기근 내지 온역의 중단 그리고 국가의 영적 부흥이 있을 때 온 가족을 위해 첫 열매의 수확이 있을 때에 이 같은 화목제물을 여호와 하나님께 드렸다.

화목제의 희생제물을 제단에 얹어 놓는 부위는 번제와 거의 일치한다. 그러나 번제와 속건제 등 대부분 제사의 예물들은 수컷만 요구하고, 지명되어졌지만 화목제의 모든 제물에는 암, 수를 전연 구별하지 않았다. 누구든지 형편과 처지에 따라 자원하는 마음과 기쁘고 즐거운 마음으로 하나님께 드릴 수 있었다.

하나님께서는 화목제물을 소와 양 그리고 염소 중에서 암컷과 수컷을 자유로이 선택하여 자기의 신앙을 고백토록 하셨지만 그러나 화목을 위하여 반드시 피 있는 제물을 요구하셨다.

또한 각자가 하나님께 바쳐진 제물만 하나님 앞에서 먹을 수 있었다. 소나 양 그리고 염소를 가지고 온 사람은 가지고 온 제물만 먹을 수 있었다. 염소를 가지고 온 사람이 소의 제물을 먹을 수 없었다. 또한 암컷을 가지고 온 사람이 수컷의 제물을 먹을 수 없었다. 오직 가지고 온 것만을 먹을 수 있었다.

화목제에는 화제, 거제, 요제가 있다.

화제는 반드시 여호와 하나님의 몫으로 불살라 드려야 하는 부분인데 하나님께서는 속 부분의 중요 기관에 붙어 있는 기름을 요구하셨다. 기름은 화제의 제물 중에 가장 잘 타며 탈 때에 냄새가 많이 나기 때문에 기름의 냄새를 하나님께서 열납하셨다.

### (4) 속죄제(贖罪祭)

속죄제(하타트 : 과녁을 잘못 맞추다)는 하나님의 율법과 계명에서 벗어난 모든 죄에 대하여 용서받기 위하여 드리는 제사이다. 성경에서 말하는 죄란 도덕과 윤리적인 것이라기 보다는 하나님의 목적과 뜻에 부합되지 아니하는 인간의 빗나간 모든 행위를 의미한다.

> **레위기 3:1-5**
>
> 여호와께서 모세에게 일러 가라사대(1) 이스라엘 자손에게 고하여 이르라 누구든지 여호와의 금령중 하나라도 그릇 범하였으되(2) 만일 기름 부음을 받은 제사장이 범죄하여 백성으로 죄얼을 입게 하였으면 그 범한 죄를 인하여 흠 없는 수송아지로 속죄 제물을 삼아 여호와께 드릴지니(3) 곧 그 수송아지를 회막문 여호와 앞으로 끌어다가 그 수송아지 머리에 안수하고 그것을 여호와 앞에서 잡을 것이요(4)

속죄제는 첫째, 어떤 것을 잃음으로 고통을 당하는 것이며, 둘째, 속죄제의 제사를 드리는 것으로 죄에서 정결케 함과 자유하는 것을 의미한다. 그러므로 속죄제는 하나님이 주신 명령과 법의 과녁에서 벗어난 죄에서 정결과 자유를 얻기 위하여 드리는 제사이다.

속죄제는 이스라엘 백성 중 하나님께서 지켜 행하도록 세우신 계명 규례 제도 등을 실수나 잘못으로 인하여 죄인 줄 모르고 행한 죄, 육신의 연약함이나 환경으로 인하여 어쩔 수 없이 지은 죄, 서두르다가 실수하여 지은 모든 죄 등을 깨달았다면 누구든지 반드시 드려야 하는 의무의 제사이다.

속죄제의 희생제물은 우리 구주 예수 그리스도를 의미한다. "하나님이 죄를 알

제4장. 희생제사

지도 못하신 자로 우리를 대신하여 죄를 삼으신 것은 우리로 하여금 저의 안에서 하나님의 의가 되게 하려 하심이라"(고후 5:21)라고 했다.

속죄제의 제물로 상징되는 그리스도는 처참한 죽음의 모습을 보여 주고 있다. "인자가 온 것은 섬김을 받으려 함이 아니라 도리어 섬기려 하고 자기 목숨을 많은 사람의 대속물로 주려 함이라"(마 20:28). "보라 세상 죄를 지고 가는 하나님의 어린 양이로다"(요 1:20).

<속죄제의 개요(概要)>

| 구 분 | 속죄제(하타트)(의무제) 레 4:1-5, 13, 6:24-30, 8:14-17, 9:8-11 |
|---|---|
| 목 적 | 1) 율법과 계명에서 벗어난 모든 죄에서 용서받기 위해서<br>2) 부비 중에 지은 모든 죄를 사함 받기 위하여<br>3) 죄를 깨닫고 자복하는 마음이 생길 때 |
| 제 물 | 신분 처지에 따라<br>1) 제사장 : 수송아지 2) 회중 전체 : 수송아지 3) 족장 : 숫염소<br>4) 평민 : 암송아지 또는 어린 암양<br>5) 가난한 자 : 산비둘기 또는 집비둘기 새끼 6) 극빈자 : 고운가루 십분의 일 |
| 방 법 | 1) 내장의 기름과 두 콩팥과 그 위의 기름, 간에 덮힌 꺼풀을 단에 불사름<br>2) 제사장과 회중 전체의 속죄제물은 가죽과 모든 고기를 단에서 불사름<br>3) 머리, 다리, 내장 등은 진 밖에서 불사름 |
| 영적사역 | 1) 그리스도께서 속죄 사역을 하신다(마 20:28, 요 1:29, 고후 5:21, 엡 1:7, 골 12:13-15, 히 9:12-14, 요일 2:2).<br>2) 우리는 그리스도 안에서 그의 풍성하심에 따라 그의 피로 죄 사함을 받는다(롬 3:23-24,6:14, 11:6, 고후 6:2, 엡 1:7, 2:8, 골 1:13-14, 딤후 2:11-14). |
| 제물분깃 | 1) 기름과 그 외에 단에서 불살라진 부분은 하나님의 몫이다.<br>2) 불사르지 않은 부분은 제사장의 몫이다(레 6:26-30). 3) 제주의 몫은 없다. |

부지중에 죄를 범한 후 그 죄를 깨닫지 못하는 자는 여전히 죄 가운데 있고 그 죄에 대한 속죄제물을 하나님께 드릴 수 없다. 뿐만 아니라 죄를 깨닫고 그 속죄제물을 하나님께 드렸다 하더라도 그 죄를 속하시는 이는 하나님이시기 때문에 죄인으로서는 어찌할 수 없다.

죄를 깨닫고 제물을 드리는 일은 자신이 해야 하고 죄를 속하고 속죄의 선언은 제사장이 했다. "제사장이 그것으로 회중을 위하여 속죄한즉 그들이 사함을 얻으리라"(레 4:20, 26, 31). 이 제사장은 우리를 위한 영원한 대제사장이신 예수님을 상징한다. 그러므로 그리스도는 하나님과 죄인 사이에 중보이시며, 사람과 사람 사이에 막힌 담을 허시고 화목케 하시는 중보자가 되어 주셨다. 속죄제는 하나님의 무한하신 사랑과 예수 그리스도의 측량할 수 없는 은혜와 성령의 능력에 감사해서 드려야 한다. 예수 그리스도를 본받아 하나님께 영광을 돌리고 또 주를 위하여 순교의 제물이 될 때까지 주의 일에 힘쓰고 거룩한 생활과 그리스도의 십자가를 사랑하는 참된 제자가 되어야 한다.

## (5) 속건제(贖愆祭)

속건제는 계율을 범함으로 사회생활의 질서를 깨뜨리거나 타인에 대하여 물질적, 정신적인 손해를 입히는 행위로서 성경적으로는 반사회적, 반율법적 행위를 용서받기 위하여 드리는 제사이다.

또한 하나님의 계명과 율례를 떠나 하나님의 성물인 십일조와 첫 열매 또는 바쳐야 하는 하나님의 요구를 믿음으로 행하지 못했을때 드리는 것이다. 형편과 처지 또는 환경이나 인간의 연약함으로 인한 잘못을 인정하고 다시는 이 같은 잘못을 범하지 않겠다는 다짐이며, 결심의 고백이며, 또한 이웃에 대하여 범한 도덕적, 윤리적 범죄를 용서받기 위하여 드리는 제사이다.

### 레위기 5:14-19

여호와께서 모세에게 일러 가라사대(14) 누구든지 여호와의 성물에 대하여 그릇 범과하였거든 여호와께 속건제를 드리되 너의 지정한 가치를 따라 성소의 세겔로 몇 세겔 은에 상당한 흠 없는 숫양을 떼 중에서 끌어다가 속건제로 드려서(15) 성물에 대한 범과를 갚되 그것에 오분 일을 더하여 제사장에게 줄 것이요 제사장은 그 속건제의 숫양으로 그를 위하여 속한즉 그가 사함을 얻으리라(16) 만일 누구든지 여호와의 금령중 하나를 부지중에 범하여도 허물이라 벌을 당할 것이니(17) 그는 너의 지정한 가치대로 떼 중 흠 없는 숫양을 속건 제물로 제사장에게로 가져올 것이요 제사장은 그의 부지중에 그릇 범한 허물을 위하여 속한즉 그가 사함을 얻으리라(18) 이는 속건제니 그가 실로 여호와 앞에 범과함이니라(19)

## 제4장. 희생제사

　우리가 알지 못하고 부지중에 죄로 고통당하는 자의 아픔을 함께할 뿐 아니라 치료 및 배상하는 제사이다. 속건제는 개인적으로든 단체나 사회적 또는 종교적으로 실질적으로 범했던지 규례에 따라 보상함으로 성결케 하는 제사이다.
　속건제는 다른 제사와 달리 배상의 성격을 강하게 띠고 있는 제사인데 이것은 용서의 원리와 통한다. 왜냐하면 배상이 지니는 근본원리는 화해에 있으며, 진정한 화해는 가해자 측의 최대한의 배상과 피해자 측의 용서 정신이 상호 부합할 때에 이루어질 수 있다.

### 속건제의 개요(槪要)

| 구 분 | 속건제(아삼)(의무제) 레 5:14-19, 6:7, 1:1-7 |
|---|---|
| 목 적 | 1) 하나님의 성물에 해를 가한 경우 그 죄를 용서받기 위하여<br>2) 이웃에게 해를 끼친 경우 그 죄를 사함받기 위하여 |
| 제 물 | 범죄한 대상에 따라<br>1) 여호와의 성물 또는 금령을 범한 자 : 흠 없는 숫양<br>2) 이웃에게 대하여 범죄한 자 : 흠 없는 숫양 |
| 방 법 | 1) 내장의 기름과 두 콩팥과 그 위의 기름, 간에 덮힌 꺼풀을 단에 불사름<br>2) 범죄한 물건의 보상으로 오분의 일을 더하여 바침 |
| 영적사역 | 1) 그리스도의 속죄 사역을 의미한다(사 53:4-6, 히 9:28, 벧전 2:22-24).<br>2) 우리는 그리스도 안에서 그의 풍성하심에 따라 그의 피로 죄사함을 받았다. |
| 제물분깃 | 1) 기름과 그 외에 단에서 불살라진 부분은 하나님의 몫이다(레 7:2-5).<br>2) 불사르지 않은 부분은 제사장의 몫이다.<br>3) 제주의 몫은 없다. |

　속건제의 대상은 두 가지이다. 첫째, 주의 성물을 범하는 신앙생활의 죄이다. 십일조나 하나님께 드려야 하는 첫 소산물 또는 하나님과의 약속이나 서원한 것에 대하여 남용하거나 갚지 않거나 늦추거나 탈취한 죄이다.
　둘째, 율례와 규례를 지키지 못한 사회생활의 죄이다. 주의 법에 따라 행하여야 할 행동을 남용 또는 악용함으로 인하여 이웃에게 정신적 또는 물질적인 손해를 입힌 범죄이다.

 속건제는 제물과 함께 오분의 일을 더하여 갚음으로 죄를 인정하고, 고백하고, 용서받고, 회개하고, 거룩하여질 수 있도록 사유(赦宥)함을 받는 제사이다.

## 3. 정결한 동물과 부정한 동물

| 종류 | 정결한 동물<br>(먹을 수 있는 것) | 부정한 동물<br>(먹지 못하는 것) |
|---|---|---|
| 포유동물 | 1. 갈라진 발굽이 쪽발인 동물<br>2. 새김질 하는 동물<br>(소, 양, 사슴, 노루, 염소)<br>레11:3, 신14:4-8 | 1. 새김질해도 굽이 갈라지지 않은 동물<br>(약대, 사반, 토끼)<br>2. 발굽이 갈라졌어도 새김질 못하는 동물(돼지)<br>레11:4-8, 신14:7-8 |
| 새 | 무릇 정한 새<br>(새 종류 언급 없음) | 1. 맹금류<br>2. 썩은 고기먹는 새<br>3. 날기도 하고 기기도 하는 새<br>(독수리, 솔개, 어응, 매종류, 까마귀 종류, 타조, 다호마스, 갈매기, 올빼미, 부엉이, 따 오기, 당아, 올응, 학, 황새, 박쥐 등)<br>레11:13-19, 신14:11-29 |
| 기는동물 | 언급 없음 | 1. 기는 것은 모두 부정한 동물임<br>(쪽제비, 쥐, 도마뱀 종류, 합개, 악어, 수궁, 칠면석척)<br>레11:29-38 |
| 물고기 | 1. 지느러미 있는 물고기<br>2. 비늘이 있는 물고기<br>레11:9, 신14:9-10 | 1. 지느러미 없는 물고기<br>2. 비늘이 없는 물고기<br>레14:10, 신14:10 |
| 곤충 | 1. 날개가 있고 네 발로 기어 다니되 발로 땅에서 뛰는 곤충(메뚜기 종류, 베짱이 종류, 귀뚜라미 종류, 팟종이 종류)<br>레11:21-22 | 1. 날개가 있고 네 발로 기어다니는 곤충<br>레11:20 |

1. 정결한 음식과 부정한 음식의 구별은 유대인과 이방인의 구별이었다.
2. 금지된 대부분은 병에 대한 위생적 배려 때문이었다.
3. 금지된 일부 동물은 이교적 제물과 관련된 부정한 것이었다.
※ 신약시대는 그리스도 안에서 영적, 도덕적으로 순결을 지킴으로 이루어진다.

## 4. 신약시대의 거룩한 산 제사

구약시대의 5대 제사는 신약시대 교회의 산 제사와 상관 관계가 있으며, 밀접하게 일맥상통하고 있다. 구약시대의 제사는 신약시대의 산 제사에 완전히 투영되고 있다.

구약시대의 유형, 무형의 하나님의 성막 및 성전은 신약시대에 유형, 무형의 유기체적인 교회(당)로 승화, 변천, 계승되었다. 신약의 존재는 구약의 성취를 통해서 이루어졌고, 교회는 성막 및 성전을 통해서 내재적으로 전이(轉移)되고 승화(昇華)되었다.

우리의 삶에서 구약시대의 십계명과 율법은 절대적이고 물리적인 구속력은 없지만 완전히 소멸된 것이 아니다. 신약의 복음시대에도 구약시대의 계명과 율례는 내재적 그림자로 존재하여 신앙적, 정신적, 육신적인 실천의지와 행위로 계승되고 있다.

"믿음이 오기 전에 우리가 율법 아래 매인 바 되고 계시될 믿음의 때까지 갇혔느니라 이와 같이 율법이 우리를 그리스도에게로 인도하는 몽학선생이 되어 우리로 하여금 믿음으로 말미암아 의롭다 함을 얻게 하시려 함이라 믿음이 온 후로는 우리가 몽학선생 아래 있지 아니하도다"(갈 3:23-25)라고 밝혀주고 있다.

구약의 율법은 물리적 강제력으로 어둠(악, 죄)을 몰아내어 빛을 밝히는 엄격한 율례이지만, 신약의 복음은 용서와 사랑의 빛을 발하여 어둠(악, 죄)을 소멸시키고 영화(靈化)에 이르기까지 구원성취를 위한 길이요 진리요 생명의 말씀이나. 즉 "예수께서 가라사대 내가 곧 길이요 진리요 생명이니 나로 말미암지 않고는 아버지께로 올 자가 없느니라"(요 14:6)라고 말씀하셨다. 그리하여 예수 그리스도의 십자가 희생은 십자가의 능력, 십자가의 은혜, 십자가의 사랑의 삼박자로 인하여 구약이 성취되어 우리는 부활의 소망과 재림하실 주님을 기다리며 흰 예복을 준비하는 시대에 살고 있다(계 4:4, 7:9, 7:13).

제4장. 희생제사

　예수 그리스도의 구속 사역은 많은 생축희생의 제사를 마감하게 되었다. 예수 그리스도께서 십자가에 달리심으로, 그 보혈의 피로 인류구원의 사역을 담당하시고 부활 승천하셨다.

　예수 그리스도는 성막과 성전의 실체인 교회의 몸이요(고전 12:27, 엡 1:23, 골 1:18) 머리이시다(고전 1:3, 엡 4:15, 골 1:18). 또한 모든 그리스도인들은 교회의 지체이다(고전 6:15, 12:12,17). 그러므로 그리스도인들은 교회에 성회로 모여 하나님 나라의 권속으로서 하나님께 몸과 마음을 바쳐 충성하고 항상 찬미의 제사를 드려야 한다(히 13:15).

　"하나님은 영이시니 예배하는 자가 신령과 진정으로 예배할지니라"(요 4:24). "그러므로 형제들아 내가 하나님의 모든 자비하심으로 너희를 권하노니 너희 몸을 하나님이 기뻐하시는 거룩한 산 제사로 드리라 이는 너희의 드릴 영적 예배니라"(롬 12:1)라고 천명하고 있다. 모든 구약시대의 각종 희생제사가 신약시대에서는 영적 예배를 통해서 하나님이 기뻐하시는 산 제사로 승화되었다.

**다윗과 솔로몬 시대의 예루살렘과 성전모형(정도 3000년 기념으로 제작됨)**

# 제5장
# 이스라엘의 절기

예루살렘 기 (旗)

> 내가 너희를 만민 가운데서 모으며 너희를 흩은 열방 가운데서 모아내고 이스라엘 땅으로 너희에게 주리라 하셨다 하라.
> (에스겔 11장 7절)

# 제5장 이스라엘의 절기

## 1. 절기의 성경적 개념

하나님은 이스라엘의 통치자에게 명절과 새 달과 안식일과 이스라엘에 정한 모든 절기와 명절을 지켜 번제물과 속죄제물과 화목제물과 소제제물과 각종 제물을 하나님께 드릴 것을 명하셨다. 인간들도 큰 사건을 기념하여 매년 기념일을 지키듯이 하나님은 인류에 대한 창조와 구원사역에 관한 중요한 일들에 대한 절기를 이스라엘 민족이 지키게 하심으로 그 의미를 기억하게 하셨다.

이스라엘의 절기는 이스라엘 민족의 출애굽과 구원을 상징할 뿐만 아니라 신약시대 그리스도인의 구원을 상징하며 인류에 대한 하나님의 역사의 흐름을 나타냈다. 이스라엘 절기는 구약시대 이스라엘 민족에게만 해당하며, 신약시대 그리스도인이 이를 지키는 것은 다시 초등학문으로 돌아가 율법에 종노릇하는 것과 같다. 그러나 이스라엘 절기는 구원의 모형으로 예수님의 고난과 죽음과 부활과 승천을 통해 모두 성취되었다. 신약시대에는 형식적인 절기를 지키는 것이 아니라 율법의 목적인 하나님의 공의와 사랑을 이루는 것이 중요하다.

이스라엘의 대표적인 절기로는 유월절, 무교절, 초실절(맥추절), 오순절(칠칠절), 나팔절, 속죄일, 초막절(수장절, 추수절)이 있으며, 이를 이스라엘의 7대 절기라 한다. 이 중 가장 중요한 절기는 무교절과 오순절(칠칠절)과 초막절(수장절)로 이스라엘의 3대 절기라고 한다. 후대에 생긴 부림절과 수전절 그리고 7년마다 돌아오는 안식년과 50년마다 돌아오는 희년(禧年, jubilee)이 있다. 오늘날 이스라엘에서는 성전 파괴일과 독립기념일을 그들의 기념일로 지키고 있다.

| 구분 | 유월절 | 무교절 | 초실절 | 칠칠절 | 나팔절 | 속죄일 | 초막절 |
|---|---|---|---|---|---|---|---|
| 구약일자 | 1월 14일 | 1월 15일 | 1월 16일 | (오순절)<br>-50일째 | 7월 1일 | 7월 10일 | 7월 15일 |
| 신약성취 | 예수님의<br>십자가<br>1/14성취 | 예수님의<br>무덤<br>1/15성취 | 예수님의<br>부활<br>1/16성취 | 예수님의<br>부활/<br>50일째성령<br>강림 성취 | 미래/재림<br>성취 | 미래/<br>완전구원<br>성취 | 미래/<br>천년왕국<br>성취 |

일곱 절기 일자 및 신약성취 과정

## 2. 안식일, 안식년, 희년(禧年)

### (1) 안식일(安息日)

안식일은 히브리어로 쇠바트(shabat)이고 헬라어로는 삽바톤(sabaton)이다. 그 뜻은 "휴식하다", "쉬다", "그만두다", "그치다", "중지하다" 등의 의미이다.

안식일의 기원은 하나님이 우주만물과 모든 생물 그리고 인간을 엿새 동안 창조하시고 일곱째 날에 쉬신 것에 기초를 둔다(창 2: 2,3). 즉 하나님께서 창조사역을 끝마치시고 쉬신 날이 하나님의 안식일이다. 그러나 하나님의 안식일이 이스라엘 백성이 지켜야 할 안식일로 전승(傳承)되었다.

이스라엘 백성은 430년 동안 애굽에서 종살이로 학대와 고통을 받았다. 그들의 삶은 애굽에서 노예취급을 당하며 노역과 학대의 연속이었다. 하나님께서 그들이 고통을 당하며 부르짖는 소리를 들으시고 모세를 그들 백성의 지도자로 보내어 애굽의 노예생활에서 구원하셨다. 안식일은 출애굽한 이스라엘 백성에게 주신 십계명 중 하나이다. 이스라엘 백성이 애굽을 떠나 홍해를 건너 시내산에 도착하여 장막을 치게 되었을 때 하나님은 이스라엘 백성과 언약을 맺으시고 그들의 지킬 율법을 주시기 위하여 모세를 시내산으로 부르셨다. 모세는 시내산에서 하나님의 율법인 십계명을 받았다. 십계명은 하나님의 법인 동시에 하나님과 이스라엘 백성 사이에 영원한 언약이다. 그 십계명 중 첫째 계명에서 넷째 계명까지는 인간이 하나님께 지킬 계명이며 다섯째 계명부터 열째 계명까지는 인간과 인간 상호간에 서로 지켜야 할 계명이다. 그 십계명 중에 안식일을 기억하며 지키라는 명령은 넷째 계명이다. 그런데 안식일을 지키지 않고 안식일을 범했을 때 죽음의 형벌이 따랐다.

하나님께서 안식일을 제정한 목적은 인간을 안식하도록 하는 데 있다. 그러나 비단 인간의 육신에 국한된 것이 아니라 인간의 노동을 돕는 모든 가축과 도구들도 마찬가지였다. 이스라엘 백성은 하나님의 창조사역을 마치신 안식일을 기억하고 기념하며 십계명의 안식일을 거룩하게 지켰다. 엿새 동안은 먹고 살기 위해 열심히 일하고 일곱째 날은 하나님의 안식일이므로 모든 가족 구성원과 종들과 가축들은 아무일도 하지 않고 안식을 해야 했다(출 20: 8-11).

이스라엘 백성이 가나안 땅에 이르기까지 40년 동안 매일 만나를 먹였는데 제칠일에는 만나를 내려 주시지 않아 거두지 못했다. 그래서 여섯째 날에 안식일에 먹을 분량까지 이틀분의 만나를 내려 주셨다. 따라서 안식일에 만나를 거두는 일을 하지 않아도 만나를 먹을 수 있었다(출 16:29-35). 이스라엘 백성은 하나님의 안식일을 지키므로서 육신의 안식을 누리고 신령한 은혜와 복을 받을 수 있었다. 즉 안식일은 육신의 세계에서 신령한 세계로 전환되는 축복의 날이었다.

**창세기 2:1-3**

천지와 만물이 다 이루니라(1) 하나님의 지으시던 일이 일곱째 날이 이를 때에 마치니 그 지으시던 일이 다하므로 일곱째 날에 안식하시니라(2) 하나님이 일곱째 날을 복 주사 거룩하게 하셨으니 이는 하나님이 그 창조하시며 만드시던 모든 일을 마치시고 이 날에 안식하셨음이더라(3)

## 제5장. 이스라엘의 절기

### 출애굽기 20:8-11

안식일을 기억하여 거룩히 지키라(8) 엿새 동안은 힘써 네 모든 일을 행할 것이나(9) 제 칠일은 너의 하나님 여호와의 안식일인즉 너나 네 아들이나 네 딸이나 네 남종이나 네 여종이나 네 육축이나 네 문안에 유하는 객이라도 아무 일도 하지 말라(10) 이는 엿새 동안에 나 여호와가 하늘과 땅과 바다와 그 가운데 모든 것을 만들고 제 칠일에 쉬었음이라 그러므로 나 여호와가 안식일을 복되게 하여 그 날을 거룩하게 하였느니라(11)

### 출애굽기 31:12-17

여호와께서 모세에게 일러 가라사대(12) 너는 이스라엘 자손에게 고하여 이르기를 너희는 나의 안식일을 지키라 이는 나와 너희 사이에 너희 대대의 표징이니 나는 너희를 거룩하게 하는 여호와인 줄 너희로 알게 함이라(13) 너희는 안식일을 지킬지니 이는 너희에게 성일이 됨이라 무릇 그 날을 더럽히는 자는 죽일지며 무릇 그 날에 일하는 자는 그 백성 중에서 그 생명이 끊쳐지리라(14) 엿새 동안은 일할 것이나 제칠일은 큰 안식일이니 여호와께 거룩한 것이라 무릇 안식일에 일하는 자를 반드시 죽일지니라(15) 이같이 이스라엘 자손이 안식일을 지켜서 그것으로 대대로 영원한 언약을 삼을 것이니(16) 이는 나와 이스라엘 자손 사이에 영원한 표징이며 나 여호와가 엿새 동안에 천지를 창조하고 제칠일에 쉬어 평안하였음이니라 하라(17)

### 이사야 58:13,14

만일 안식일에 네 발을 금하여 내 성일에 오락을 행치 아니하고 안식일을 일컬어 즐거운 날이라, 여호와의 성일을 존귀한 날이라 하여 이를 존귀히 여기고 네 길로 행치 아니하며 네 오락을 구치 아니하며 사사로운 말을 하지 아니하면(13) 네가 여호와의 안에서 즐거움을 얻을 것이라 내가 너를 땅의 높은 곳에 올리고 네 조상 야곱의 업으로 기르리라 여호와의 입의 말이니라(14)

> 출애굽기 16:29-35
>
> 볼지어다 여호와가 너희에게 안식일을 줌으로 제육일에는 이틀 양식을 너희에게 주는 것이니 너희는 각기 처소에 있고 제칠일에는 아무도 그 처소에서 나오지 말지니라(29) 그러므로 백성이 제칠일에 안식하니라(30) 이스라엘 족속이 그 이름을 만나라 하였으며 깟씨 같고도 희고 맛은 꿀 섞은 과자 같았더라(31) 모세가 가로되 여호와께서 이같이 명하시기를 이것을 오멜에 채워서 너희 대대 후손을 위하여 간수하라 이는 내가 너희를 애굽 땅에서 인도하여 낼 때에 광야에서 너희에게 먹인 양식을 그들에게 보이기 위함이니라 하셨다 하고(32) 또 아론에게 이르되 항아리를 가져다가 그 속에 만나 한 오멜을 담아 여호와 앞에 두어 너희 대대로 간수하라(33) 아론이 여호와께서 모세에게 명하신 대로 그것을 증거판 앞에 두어 간수하게 하였고(34) 이스라엘 자손이 사람 사는 땅에 이르기까지 사십 년 동안 만나를 먹되 곧 가나안 지경에 이르기까지 그들이 만나를 먹었더라(35)

## 구약의 "안식일"은 신약의 "주일"의 그림자이다.

이스라엘 백성에게 노동으로부터 휴식을 주는 것을 의미하는 문자적 안식일은 장차 오게 될 것들의 그림자이고 그 실체는 그리스도께 속한 것이다. "그러므로 먹고 마시는 것과 절기나 월삭이나 안식일을 인하여 누구든지 너희를 폄론(貶論)하지 못하게 하라 이것들은 장래 일의 그림자이나 몸은 그리스도의 것이라"(골 2:16,17)고 말씀하고 있다.

### ① 예수님은 안식일의 주인이시다.

"예수님께서 안식일에 밀밭 사이로 가실새 제자들이 시장하여 이삭을 잘라 먹으니 바리새인들이 예수께 고하되 보시오 당신의 제자들이 안식일에 하지 못할 일을 하나이다 예수께서 가라사대 다윗이 자기와 함께한 자들이 시장할 때에 한 일을 읽지 못하였느냐 그가 하나님의 전에 들어가서 제사장 외에는 자기나 그 함께한 자들이 먹지 못하는 진설병을 먹지 아니하였느냐 또 안식일에 제사장들이 성전 안에서 안식을 범하여도 죄가 없음을 너희가 율법에서 읽지 못하였느냐 내가 너희에게 이르노니 성전보다 더 큰 이가 여기 있느니라 나는 자비를 원하고 제사를 원치 아니하노라 하신 뜻을 너희가 알았더면 무죄한 자를 죄로 정치 아니하였으리라 인자는 안식일의 주인이니라 하시니라"(마 12:1-8). 또한 예수님이 말씀하시기를 "안식일은 사람을 위하여 있는 것이요 사람이 안식일을 위하여 있는 것이 아니니 이러므로 인자는 안식일에도 주인이니라"(막 2:24-28, 눅 6:1-5)고 말씀했다.

### ② 예수님은 안식일에도 선한 일을 하셨다.

"거기를 떠나 저희 회당에 들어가시니 한편 손 마른 사람이 있는지라 사람들이 예수를 송사하려 하여 물어 가로되 안식일에 병 고치는 것이 옳으니이까 예수께서 가라사대 너희 중에 어느 사람이 양 한 마리가 있어 안식일에 구덩이에 빠졌으면 붙잡아 내지 않겠느냐 사람이 양보다 얼마나 더 귀하냐 그러므로 안식일에 선을 행하는 것이 옳으니라 하시고 이에 그 사람에게 이르시되 손을 내밀라 하시니 저가 내밀매 다른 손과 같이 회복되어 성하더라"(마 12:9-13).

"또 다른 안식일에 예수께서 회당에 들어가사 가르치실새 거기 오른손 마른 사람이 있는지라 서기관과 바리새인들이 예수를 송사할 빙거를 찾으려 하여 안식일에 병 고치시는가 엿보니 예수께서 저희 생각을 아시고 손 마른 사람에게 이르시되 일어나 한가운데 서라 하시니 저가 일어나 서거늘 예수께서 저희에게 이르시되 내가 너희에게 묻노니 안식일에 선을 행하는 것과 악을 행하는 것 생명을 구하는 것과 멸하는 것 어느 것이 옳으냐 하시며 무리를 둘러보시고 그 사람에게 이르시되 네 손을 내밀라 하시니 저가 그리하매 그 손이 회복된지라"(눅 6:6-10).

### ③ 안식일의 실체는 예수 그리스도이시다.

안식일의 주인이신 예수님께서 금요일에 죽으셨다가, 부활하신 날이 현재 주님의 날이라 하여 그리스도인들이 주일(主日)을 지키는 것이다. 구약의 모든 내용은 예수 그리스도를 향해 예언을 하셨고, 십자가 사건으로 성취되었다. 그러므로 예수님이 십자가에 달려 금요일에 죽으셨다가 3일만에 부활하신 주님의 날이

더 큰 의미가 있는 날이 되는 것이다. 그러므로 일주일(一週日)의 토요일인 안식일(安息日)이 초대교회 때부터 일주일의 첫날인 주일(主日)로 전승(傳承)되었다. 오늘날 기독교인들은 주일날에 예수님이 성육신(成肉身, Incarnation)하여 이 땅에 오셔서 구속사역을 마친 후 부활승천하신 주님의 날을 더 거룩하게 기념한다. 다시 오실 주님을 간절히 기다리는 성별된 성도들이 주일성수(主日聖守)하며 성회(聖會)로 모여 찬양과 기도와 말씀을 통해 경건한 예배를 드린다.

※ 로마 콘스탄티누스(1세) 황제는 313년 2월 이태리 밀라노에서 칙령을 내려 기독교를 공인했다. 기독교의 탄압에 종지부를 찍었고, 밀라노 칙령을 내린 이후 기독교인들은 일요일을 주일로 지키는 계기가 되었다.

**팔복기념교회**
**(갈릴리 바다가 내려다 보인다)**

## (2) 안식년(安息年)

> **레위기 25:1-7**
>
> 여호와께서 시내산에서 모세에게 일러 가라사대(1) 이스라엘 자손에게 고하여 이르라 너희는 내가 너희에게 주는 땅에 들어간 후에 그 땅으로 여호와 앞에 안식하게 하라(2) 너는 육 년 동안 그 밭에 파종하며 육 년 동안 그 포도원을 다스려 그 열매를 거둘 것이나(3) 제칠년에는 땅으로 쉬어 안식하게 할지니 여호와께 대한 안식이라 너는 그 밭에 파종하거나 포도원을 다스리지 말며(4) 너의 곡물의 스스로 난 것을 거두지 말고 다스리지 아니한 포도나무의 맺은 열매를 거두지 말라 이는 땅의 안식년임이니라(5) 안식년의 소출은 너희의 먹을 것이니 너와 네 남종과 네 여종과 네 품꾼과 너와 함께 거하는 객과(6) 네 육축과 네 땅에 있는 들짐승들이 다 그 소산으로 식물을 삼을지니라(7)

> **신명기 15:1-18**
>
> 매 칠년 끝에 면제하라(1) 면제의 규례는 이러하니라 무릇 그 이웃에게 꾸어준 채주는 그것을 면제하고 그 이웃에게나 그 형제에게 독촉하지 말지니 이 해는 여호와의 면제년이라 칭함이니라(2) 이방인에게는 네가 독촉하려니와 네 형제에게 꾸인 것은 네 손에서 면제하라(3) 네가 만일 네 하나님 여호와의 말씀만 듣고 내가 오늘날 네게 명하는 그 명령을 다 지켜 행하면 네 하나님 여호와께서 네게 유업으로 주신 땅에서 네가 정녕 복을 받으리니 너희 중에 가난한 자가 없으리라(4) 4절에 포함되어 있음(5) 네 하나님 여호와께서 네게 허락하신 대로 네게 복을 주시리니 네가 여러 나라에 꾸어 줄지라도 너

> 는 꾸지 아니하겠고 네가 여러 나라를 치리할지라도 너는 치리함을 받지 아니하리라(6) 네 하나님 여호와께서 네게 주신 땅 어느 성읍에서든지 가난한 형제가 너와 함께 거하거든 그 가난한 형제에게 네 마음을 강퍅히 하지 말며 네 손을 움켜 쥐지 말고(7) 반드시 네 손을 그에게 펴서 그 요구하는 대로 쓸 것을 넉넉히 꾸어주라(8) 삼가 너는 마음에 악념을 품지 말라 곧 이르기를 제칠년 면제년이 가까웠다 하고 네 궁핍한 형제에게 악한 눈을 들고 아무것도 주지 아니하면 그가 너를 여호와께 호소하리니 네가 죄를 얻을 것이라(9) 너는 반드시 그에게 구제할 것이요, 구제할 때에는 아끼는 마음을 품지 말 것이니라 이로 인하여 네 하나님 여호와께서 네 범사와 네 손으로 하는 바에 네게 복을 주시리라(10) 땅에는 언제든지 가난한 자가 그치지 아니하겠으므로 내가 네게 명하여 이르노니 너는 반드시 네 경내 네 형제의 곤란한 자와 궁핍한 자에게 네 손을 펼지니라(11) 네 동족 히브리 남자나 히브리 여자가 네게 팔렸다 하자 만일 육 년을 너를 섬겼거든 제 칠년에 너는 그를 놓아 자유하게 할 것이요(12) 그를 놓아 자유하게 할 때에는 공수로 가게 하지 말고(13) 네 양 무리 중에서와 타작 마당에서와 포도주 틀에서 그에게 후히 줄지니 곧 네 하나님 여호와께서 네게 복을 주신 대로 그에게 줄지니라(14) 너는 애굽 땅에서 종 되었던 것과 네 하나님 여호와께서 너를 속하셨음을 기억하라 그를 인하여 내가 오늘날 이같이 네게 명하노라(15) 종이 만일 너와 네 집을 사랑하므로 너와 동거하기를 좋게 여겨 네게 향하여 내가 주인을 떠나지 아니하겠노라 하거든(16) 송곳을 취하여 그의 귀를 문에 대고 뚫으라 그리하면 그가 영영히 네 종이 되리라 네 여종에게도 일례로 할지니라(17) 그가 육 년 동안에 품꾼의 삯의 배나 받을 만큼 너를 섬겼은즉 너는 그를 놓아 자유하게 하기를 어렵게 여기지 말라 그리하면 네 하나님 여호와께서 너의 범사에 네게 복을 주시리라(18)

이스라엘 민족은 7일마다 돌아오는 안식일을 지키듯 7년마다 돌아오는 안식년을 지켰다. 6년 동안 농사를 짓고 열매를 거두었으나 7년째에는 땅에게 쉼을 주고 씨를 뿌리지도 않고 포도원을 가꾸지도 않으며 스스로 자라난 것도 거두지 않는다. 그간 돈을 빌려준 채권자는 안식년에 채무자의 빚을 면제하고 독촉하지 않는다.

이렇게 해서 가난한 자가 없게 하고 하나님의 명령을 지켜 행하면 하나님께서 크게 복을 주셨다.

안식년에 성문 안에 가난한 사람이 있으면 마음을 완악하게 하지 말고 그가 원하는 만큼 필요를 충족시켜 주었다. 만약 면제의 해인 안식년이 가까이 와서 형제에게 아무 것도 빌려주지 않으면 죄가 되었다. 모든 남자나 여자가 팔려와 육년 동안 종으로 부렸으며 안식년에는 그들을 자유롭게 하여 보내준다. 그들을 자유롭게 할 때에 빈손으로 보내지 말고 양과 포도주를 풍짐하게 주라고 했다. 이는 하나님이 복 주신 것으로 주는 것이며, 애굽 땅에서 자신의 조상도 노예였던 것과 하나님께서 은혜로 구속하신 것을 기억하는 것이다.

축애굽의 첫 발행지 라암셋의 유적(현 타니스)

## (3) 희년(禧年)

**레위기 25:8-55**

너는 일곱 안식년을 계수할지니 이는 칠 년이 일곱 번인즉 안식년 일곱 번 동안 곧 사십 구 년이라(8) 칠월 십일은 속죄일이니 너는 나팔 소리를 내되 전국에서 나팔을 크게 불지며(9) 제오십 년을 거룩하게 하여 전국 거민에게 자유를 공포하라 이 해는 너희에게 희년이니 너희는 각각 그 기업으로 돌아가며 각각 그 가족에게로 돌아갈지며(10) 그 오십 년은 너희의 희년이니 너희는 파종하지 말며 스스로 난 것을 거두지 말며 다스리지 아니한 포도를 거두지 말라(11) 이는 희년이니 너희에게 거룩함이니라 너희가 밭의 소산을 먹으리라(12) 이 희년에는 너희가 각기 기업으로 돌아갈지라(13) 네 이웃에게 팔든지 네 이웃의 손에서 사거든 너희는 서로 속이지 말라(14) 희년 후의 년수를 따라서 너는 이웃에게 살 것이요 그도 그 열매를 얻을 년수를 따라서 네게 팔 것인즉(15) 년수가 많으면 너는 그 값을 많게 하고 년수가 적으면 너는 그 값을 적게 할지니 곧 그가 그 열매의 다소를 따라서 네게 팔 것이라(16) 너희는 서로 속이지 말고 너희의 하나님을 경외하라 나는 너희 하나님 여호와니라(17) 너희는 내 법도를 행하며 내 규례를 지켜 행하라 그리하면 너희가 그 땅에 안전히 거할 것이라(18) 땅은 그 산물을 내리니 너희가 배불리 먹고 거기 안전히 거하리라(19) 혹 너희 말이 우리가 만일 제칠 년에 심지도 못하고 그 산물을 거두지도 못하면 무엇을 먹으리요 하겠으나(20) 내가 명하여 제육 년에 내 복을 너희에게 내려 그 소출이 삼 년 쓰기에 족하게 할지라(21) 너희가 제팔 년에는 파종하려니와 묵은 곡식을 먹을 것이며 제구 년 곧 추수하기까지 묵은 곡식을 먹으리라(22) 토지를 영영히 팔지 말 것은 토지는 다 내 것임이라 너희는 나그네요 우거하는 자로서 나와 함께 있느니라(23) 너희 기업의 온 땅에서 그 토지 무르기를 허락할지니(24) 만일 너희 형제가 가난하여 그 기업 얼마를 팔았으면 그 근족이 와서 동족의 판 것을 무를 것이요(25) 만일 그것을 무를 사람이 없고 자기가 부요하게 되어 무를 힘이 있거든(26) 계수하여 그 남은 값을 산 자에게 주고 그 기업으로 돌아갈 것이니라(27) 그러나 자기가 무를 힘이 없으면 그 판것이 희년이 이르기까지 산 자의 손에 있다가 희년에 미쳐 돌아올지니 그가 곧 그 기업으로 돌아갈 것이니라(28) 성벽 있는 성내의 가옥을 팔았으면 판 지 만 일 년 안에는 무를 수 있나니 곧 그 기한 안에 무르려니와(29) 주년 내에 무르지 못하면 그 성내 가옥은 산 자의 소유로 확정되어 대대로 영영히 그에게 속하고 희년에라도 돌려 보내지 아니할 것이니라(30) 그러나 성벽이 둘리지 아니한 촌락의 가옥은 나라의 전토 일례로 물러주기도 할 것이요 희년에 돌려 보내기도 할것이니라(31) 레위 족속의 성읍 곧 그 기업의 성읍의 가옥은 레위 사람이 언제든지 무를 수 있으나(32) 레위 사람이 만일 무르지 아니하면 그 기업된 성읍의 판 가옥은 희년에 돌려 보낼지니 대저 레위 사람의 성읍의 가옥은 이스라엘 자손 중에서 얻은 기업이 됨이니라(33) 그러나 그 성읍의 들의 사면 밭은 그의 영원한 기업이니 팔지 못할지니라(34) 네 동족이 빈한하게 되어 빈손으로 네 곁에 있거든 너는 그를 도와 객이나 우거하는 자처럼 너와 함께 생활하게 하되(35) 너는 그에게 이식을 취하지 말고 네 하나님을 경외하여 네 형제로 너와 함께 생활하게 할 것인즉(36) 너는 그에게 이식을 위하여 돈을 꾸이지 말고 이익을 위하여 식물을 꾸이지 말라(37) 나는 너희 하나님이 되려고 또는 가나안 땅으로 너희에게 주려고 애굽 땅에서 너희를 인도하여 낸 너희 하나님 여호와니라(38) 네 동족이 빈한하게 되어 네게 몸이 팔리거든 너는 그를 종으로 부리지 말고(39) 품꾼이나 우거하는 자 같이 너와 함께 있게 하여 희년까지 너를 섬기게 하라(40) 그 때에는 그와 그 자녀가 함께 네게서 떠나 그 본족에게로 돌아가서 조상의 기업을 회복하리라(41) 그들은 내가 애굽 땅에서 인도하여 낸 바 나의 품꾼인즉 종으로 팔리 말 것이라(42) 너는 그를 엄하게 부리지 말고 너의 하나님을 경외하라(43) 너의 종은 남녀를 무론하고 너의 사면 이방인 중에서 취할지니 남녀 종은 이런 자 중에서 살 것이며(44) 또 너희 중에 우거한 이방인의 자녀 중에서도 너희가 살 수 있고 또 그들이 너희 중에서 살아서 너희 땅에서 가정을 이룬 그 중에서도 그리 할 수 있은즉 그들이 너희 소유가 될지니(45) 너희는 그들을 너희 후손에게 기업으로 주어 소유가 되게 할 것이라 이방인 중에서는 너희가 영원한 종을 삼으려니와 너희 동족 이스라엘 자손은 너희 피차 엄하게 부리지 말지니라(46) 너희 중에 우거하는 이방인은 부요하게 되고 그 곁에 사는 너희 동족은 빈한하게 됨으로 너희 중에 우거하는 그 이방인에게나 그 족속에게 몸이 팔렸으면(47) 팔린 후에 그를 속량할 수 있나니 그 형제 중 하나가 속하거나(48) 삼촌이나 사촌이 속하거나 그 근족 중 누구든지 속할 것이요 그가 부요하게 되면 스스로 속하되(49) 자기 몸이 팔린 해로부터 희년까지를 그 산 자와 계산하여 그 년수를 따라서 그 몸의 값을 정할 때에 그 사람을 섬긴 날을 그 사람에게 고용된 날로 여길 것이라(50) 만일 남은 해가 많으면 그 년수대로 팔린 값에서 속하는 값을 그 사람에게 도로 주고(51) 만일 희년까지 남은 해가 적으면 그 사람과 계산하여 그 년수대로 속하는 그 값을 그에게 도로 줄지며(52) 주인은 그를 매년의 삯꾼과 같이 여기고 너의 목전에서 엄하게 부리지 못하리라(53) 그가 이같이 속하지 못하면 희년에 이르러 그와 그 자녀가 자유하리니(54) 이스라엘 자손은 나의 품꾼이 됨이라 그들은 내가 애굽 땅에서 인도하여 낸 나의 품꾼이요 나는 너희 하나님 여호와니라(55).

일곱 안식년을 일곱 번 지나 49년이 되면 50번째 해를 희년(jubilee)으로 삼아 거룩하게 하고, 일곱째 달 십일째 되는 속죄의 날에 나팔을 불어 거주민에게 자유를 선포한다. 희년에 모든 사람은 자기 소유를 찾고 자유를 찾아 가족의 품으로 돌아가며, 씨를 뿌리거나 열매를 거두지 않는다. 이스라엘 민족은 서로 압제하지 말고 하나님을 두려워하여 하나님이 주신 규례와 명령을 지켜야 한다. 일곱째 해에 농사를 짓지 않고도 먹고 살 수 있도록 하나님께서는 여섯째 해에 복을 내려 삼 년 동안 먹을 수 있는 양식을 주신다. 땅은 원래 하나님의 소유이고 이스라엘 민족은 이 땅의 나그네이므로 매매한 토지는 희년에 원래 소유주에게 다시 매매하거나 돌려준다. 가난한 형제에게 고리로 돈이나 양식을 빌려주지 말고 도와주며 함께 살게 한다. 형제가 가난하게 되어 자신에게 종으로 팔리거든 억지로 부리지 말고 품꾼처럼 함께 있게 하다가 희년에 다시 가족 품으로 돌려 보낸다. 만약 이스라엘에 거주하는 타국인이 부유하게 되어 가난한 이스라엘인을 종으로 샀다면 그의 친족이나 본인이 연수에 따라 값을 치루고 자유롭게 될 수 있다. 숫자 50은 모든 것의 절반을 의미하며, 밤이 지나고 낮이 오듯이 희년은 어두운 시대에서 빛의 시대로 인도되는 것을 의미한다. 희년은 말세에 세상의 억압과 사단의 권세에서 해방돼 하나님의 품 안에서 자유롭게 되는 것을 상징한다. 이 세상은 점점 부익부 빈익빈과 무한경쟁이 심해져서 소수의 부자만 잘 살고 중산층은 무너져 대부분이 빈민층으로 추락하고 있다. 희년의 사상은 모든 소유는 하나님의 것이므로 자신이 과도하게 소유하지 말고 나누어주며, 형제를 억압하거나 착취하지 말며, 자비와 사랑을 베풀어야 온전한 천국이 이루어진다는 것이다.

## 제5장. 이스라엘의 절기

### 안식일, 안식년, 희년의 구분

| 안식일 | 안식년 | 희 년 |
|---|---|---|
| 1. 하나님이 우주만물을 창조하시고 쉬신 날이다.<br><br>2. 이스라엘 백성을 출애굽시켜 주신 후 십계명의 넷째 계명으로 안식일을 지키라 명하셨다.<br><br>3. 안식일 전 엿새 동안은 열심히 일하고 일곱째 날인 안식일에 노동(오락)을 멈추고 쉬어야 했다. (노예, 식객, 동물 포함)<br><br>4. 안식일을 지키지 않으면 죽임을 당했다.<br><br>5. 부활하신 예수 그리스도는 안식일의 주인이시므로 안식일이 주일(主日)로 전승되었다.<br><br>6. 주님은 주일에 선한 일을 행하였다. 창 2:1-3<br><br>출 20:8-11, 31:12-17<br>사 58:13-14<br>마 12:9-13 | 1. 육 년 동안 밭에 파종하여 곡물의 열매를 거두지만 칠 년째 해는 파종하지 않고 땅을 쉬게 한다.<br><br>2. 이웃과 형제에게 꾸어 준 것을 면제해 준다.<br><br>3. 이웃과 형제에게 강퍅하게 하지 말고 궁핍한 자에게 손을 펴서 구제한다.<br><br>4. 종들을 놓아 주어 자유케 한다.<br><br>5. 규례를 지키면 범사에 복을 받는다.<br><br>레 25:1-7<br>신 15:1-18 | 1. 전국 거민에게 자유를 선포한다.<br><br>2. 거민은 기업으로 돌아가고, 가족에게로 돌아간다.<br><br>3. 땅에 파종하지 않으며 스스로 난 것도 거두지 않고 다스리지도 않는다.<br><br>4. 이웃에게 팔고 살 때 속이지 말고 열매를 얻은 연수에 따라 값을 먹여 팔고 산다.<br><br>5. 제6년에 소출을 3년 쓰기에 족하게 하여 제8년에 추수할 때까지 묵은 곡식을 먹게 한다.<br><br>6. 동족이나 객이나 가난한 자와 형제처럼 생활한다.<br><br>레 25:8-55<br>신 15:1-18 |

통상 "하시딤"(Hasidim)이라고 부르는 정통파 유대교인

## 3. 여호와의 절기

### (1) 유월절(逾越節)

> **출애굽기 12:1-14**
>
> 여호와께서 애굽 땅에서 모세와 아론에게 일러 가라사대(1) 이 달로 너희에게 달의 시작 곧 해의 첫 달이 되게 하고(2) 너희는 이스라엘 회중에게 고하여 이르라 이 달 열흘에 너희 매인이 어린 양을 취할지니 각 가족대로 그 식구를 위하여 어린 양을 취하되(3) 그 어린 양에 대하여 식구가 너무 적으면 그 집의 이웃과 함께 인수를 따라서 하나를 취하며 각 사람의 식량을 따라서 너희 어린 양을 계산할 것이며(4) 너희 어린 양은 흠 없고 일 년 된 수컷으로 하되 양이나 염소 중에서 취하고(5) 이 달 십 사일까지 간직하였다가 해질 때에 이스라엘 회중이 그 양을 잡고(6) 그 피로 양을 먹을 집 문 좌우 설주와 인방에 바르고(7) 그 밤에 그 고기를 불에 구워 무교병과 쓴 나물과 아울러 먹되(8) 날로나 물에 삶아서나 먹지 말고 그 머리와 정강이와 내장을 다 불에 구워 먹고(9) 아침까지 남겨 두지 말며 아침까지 남은 것은 곧 소화하라(10) 너희는 그것을 이렇게 먹을지니 허리에 띠를 띠고 발에 신을 신고 손에 지팡이를 잡고 급히 먹으라 이것이 여호와의 유월절이니라(11) 내가 그 밤에 애굽 땅에 두루 다니며 사람과 짐승을 무론하고 애굽 나라 가운데 처음 난 것을 다 치고 애굽의 모든 신에게 벌을 내리리라 나는 여호와로라(12) 내가 애굽 땅을 칠 때에 그 피가 너희의 거하는 집에 있어서 너희를 위하여 표적이 될지라 내가 피를 볼 때에 너희를 넘어가리니 재앙이 너희에게 내려 멸하지 아니하리라(13) 너희는 이 날을 기념하여 여호와의 절기를 삼아 영원한 규례로 대대에 지킬지니라(14)

유월절은 히브리어로 페사크(Pesach), 영어로 패스오버(Passover)이며, "지나간다", "넘어간다", "넘어뛰다" 등의 뜻이 있다. 유월절(逾越節)을 과월절(過越節)이라 부르기도 한다.

하나님이 애굽에서 첫 태생을 전부 죽이실 때 이스라엘 백성의 집을 "지나가심"으로 죽임을 당하지 않도록 지켜 주셨다가 출애굽의 해방을 주셨다. 이스라엘 백성이 장자 죽임의 재앙을 모면한 것을 감사하며, 기념하는 절기가 유월절이다.

유월절을 지키는 시기는 매년 봄이 시작되는 유대력으로 아빕월(1월)의 14일 저녁에 시작하여 7일간 거행된다. 유월절은 유대인뿐만 아니라 이스라엘에 거주하는 타국인도 원하면 할례를 받은 후 지킬 수 있다. 타국인이 유월절을 지키면 그는 이스라엘에서 태어난 자와 같게 된다. 이는 유월절이 이스라엘 백성뿐만 아니라 모든 사람에게 베푸시는 하나님의 은혜를 상징하기 때문이다.

유월절은 이스라엘 백성이 문설주(문짝의 양편 기둥)와 인방(문설주의 아래와 위로 가로 놓인 나무)에 우슬초로 양의 피를 바름으로써 하나님으로부터 애굽에 내려진 10번째 대결(모세:바로)에서 장자 죽임의 재앙을 면하게 한 것을 기념하는 절기이다. 그날 밤에 양의 피를 양 문설주와 인방에 뿌리지 않은 애굽사람 집의 장자와 짐승의 첫 태생은 하나님이 재앙을 내려 전부 죽게 하였다. 하나님이 애굽을 칠 때에 이스라엘 집의 문설주와 인방에 뿌린 피가 이스라엘 백성의 집이라는 사실을 식별하여 그 피를 보고 그 집을 건너 뛰어(逾越, Passover) 이스라엘 집은 재앙을 면하게 했다. 그리하여 애굽에 재앙이 내려질 때 이스라엘 백성을 멸하지 않고 구원의 은총을 베풀어 흑암의 노예생활에서 해방의 길을 열어주고 가나안 복지를 향해 출애굽이 이루어지도록 했다.

매년 첫째 달 10일에 각 가정은 인수대로 흠없는 일 년 된 수컷 양 한 마리를 취하고, 14일까지 간수하였다가 저녁 때에 그 양을 잡는다. 양의 피를 취하여 집 문설주와 인방에 뿌리고, 밤에 고기를 불에 구워 누룩 없는 빵과 쓴 나물과 함께 먹으며, 아침까지 남기지 말고 먹어야 한다. 그리고 먹다가 혹시 남은 것은 불에 태워야 한다. 음식을 먹을 때는 허리에 띠를 두르고, 발에 신을 신고, 손에 지팡이를 잡고서 급히 먹는다.

유월절 음식의 빵에 누룩을 넣지 말아야 하고, 어떤 음식도 아침까지 남기지 말아야 하며, 어떤 뼈도 꺾지 말아야 한다. 누룩은 빵을 발효시키는 효모(곰팡이)인데 빵을 부풀게 하고 부드럽게 한다. 그런데 누룩은 성경에서 오염과 죄악을 상징하므로 죄에서 벗어나는 유월절에는 빵에 누룩을 넣지 않는다. 또한 모든 음식을 아침까지 남기지 말고 먹어야 하는 것은 하나님께서 은혜로 주신 음식을 모두 소화시키는 것으로 어린 양 되신 예수님의 최후의 성만찬시의 살과 피를 먹는 것을 상징한다.

무교병을 먹을 때 쓴 나물과 같이 먹는 것은 쓴 나물로 그들이 애굽에서 430년간 겪은 고통을 상기하기 위한 것이다. 또 죄의 고통은 쓴 것을 의미하기도 한다.

이 무교병은 7일 동안 먹는다. 그들이 먹을 때의 허리에 띠를 띠고 발에 신을 신고 손에 지팡이를 잡고 급히 먹었다(출 12:11)는 것은 그들이 애굽을 출발할 때의 급한 상황으로 시간적인 여유를 가지고 대처할 수 없기 때문이었다. 그리고 그날 아침까지는 한 사람도 자기 집 문 밖에 나가지 않아야 했다(출 12:23).

유월절의 양은 예수 그리스도가 하나님의 어린 양의 실체로서 희생된 것이다. 세례 요한이 "예수께서 자기에게 나아오심을 보고 가로되 보라 세상 죄를 지고 가는 어린양이로다"(요 1:29)라고 말씀했다. 그리고 "우리의 유월절 양 곧 그리스도께서 희생되었느니라"(고전 5:7)고 했다.

유월절 어린 양을 선택할 때는 하나님의 명령에 따라 반드시 첫 태생의 새끼 양 중 수컷으로 골라서 잡아야 한다. 이것은 하나님의 독생자인 예수 그리스도께서 장자되시고 맏아들로 이 땅에 오실 것을 보여준 것이다. 즉 "하나님이 미리 아신 자들로 또한 그 아들의 형상을 본받게 하기 위하여 미리 정하셨으니 이는 그대로 많은 형제 중에서 맏아들이 되게 하려 하심이라"(롬 8:29)고 말씀하고 있다. 유월절 양을 첫 새끼로 드렸듯이 예수님은 이 땅에 육적 장자, 영적 장자로 오셨다. 모든 그리스도인들은 예수 그리스도 안에서 영적 이스라엘 백성이요 영적 장자로서 하나님의 후사가 되어 그리스도와 함께 영광에 동참해야 한다. 그리하여 "너의 어린 양은 흠 없고 일 년 된 수컷으로 하되 양이나 염소 중에서 취하고"(출 12:5)라고 했다.

유월절 양은 상처가 있거나 점이 있고 털이 뽑힌 등 흠이 있다면 절대로 희생 제물이 될 수 없다. 그래서 가장 아름답고 깨끗하며 온전한 초태생의 수컷으로 흠 없는 양이 유월절 양으로 선택되어졌다. "오직 흠 없고 점 없는 어린 양 같은 그리스도의 보배로운 피로 한 것이니라"(벧전 1:1) 라고 말씀하고 있다(벧전 1:19). 죄 없고 흠 없으신 예수 그리스도께서 우리의 죄를 대신하여 십자가를 짊어지시고 피를 흘리심으로 유월절 흠 없는 양의 실체가 되셨다. 그러므로 그리스도인들은 우리 주님이 흠 없으셨던 것처럼 흠이 없어야 한다.

유월절 어린 양은 14일 저녁 해질 때 잡아 문설주와 인방에 뿌리기 위해 4일 전인 10일에 미리 취하여 간직했다가 잡도록 했다. 그 양을 잡기 전 4일 동안 집에서 기르면서 그 양이 아무 흠이 없고 점도 없고 상처도 없으며, 배탈이 나지 않은 상태로서 합격해야만 유월절의 속죄양이 될 수 있다.

예수님은 공생애 30년의 기간에 유월절의 절기 때에 예루살렘에 올라가셨다. 예수께서 잡히시기 4일 전인 유월절에 예루살렘에 입성하셨다. 그 후 4일 동안 죄 없으신 분이 갖은 핍박과 고통을 당하시고 십자가에 달리셨다. 즉 유월절 어린양이 되셔서 4일 동안 아무 흠 없이 계시다가 4일 후에 잡히시고 1월 14일 오후 9시(태양력 오후 3시)에 십자가에 못박혀 돌아가셨다(요 19:30). "율법을 좇아 거의 모든 물건이 피로써 정결케 되나니 피 흘림이 없은즉 사함이 없느니라"(히9:22). "이것은 죄 사함을 얻게 하려고 많은 사람을 위하여 흘리는 바 나의 피 곧 언약의 피니라"(마 26:28). 유월절 어린 양의 피는 곧 예수 그리스도의 십자가 언약의 피이다.

"군병들이 가서 예수와 함께 못 박힌 첫째 사람과 또 다른 사람의 다리를 꺾고 예수께 이르러는 이미 죽은 것을 보고 다리를 꺾지 아니하고 그 중 한 군병이 창으로 옆구리를 찌르니 곧 피와 물이 나오더라"(요 19:32)라고 했고, "이 일이 이룬 것은 그 뼈가 하나도 꺾이우지 아니하리라 한 성경을 응하게 하려 함이라(요 19:36)고 말씀했다. 이는 곧 유월절 양의 뼈를 꺾지 않은 것은 십자가에서 예수 그리스도께서 뼈가 꺾이지 않은 것을 예표한 것이다.

유월절 어린 양의 고기는 바로 예수 그리스도의 몸을 상징하는 것이다. 그 실체이신 예수 그리스도께서 성만찬을 통해 살을 상징하는 떡을 떼며, 피를 상징하는 포도주를 마시므로 그 예언이 그대로 성취되었다.

유월절 절기는 하나님의 택한 백성의 사랑과 영원한 구원의 해방을 기념하기 위하여 지속적으로 지켜지는 "여호와의 절기"이다. 지금도 유대인들은 유월절과 무교절을 하나의 절기로 지키고 있다. 유월절의 밤에는 기쁨으로 온 가족이 만찬을 가지며, 함께 예배를 드린다.

## (2) 무교절(無酵節)

> **출애굽기 12:15-20**
>
> 너희는 칠일 동안 무교병을 먹을찌니 그 첫날에 누룩을 너희 집에서 제하라 무릇 첫 날부터 칠일까지 유교병을 먹는 자는 이스라엘에서 끊쳐지리라(15) 너희에게 첫날에도 성회요 제칠일에도 성회가 되니 이 두 날에는 아무 일도 하지 말고 각인의 식물만 너희가 갖출 것이니라(16) 너희는 무교절을 지키라 이 날에 너희 군대를 애굽 땅에서 인도하여 내었음이니라 그러므로 너희가 영원한 규례를 삼아 이 날을 대대로 지킬지니라(17) 정월에 그 달 십사일 저녁부터 이십일일 저녁까지 너희는 무교병을 먹을 것이요(18) 칠일 동안은 누룩을 너희 집에 있지 않게 하라 무릇 유교물을 먹는 자는 타국인이든지 본국에서 난 자든지 무론하고 이스라엘 회중에서 끊쳐지리니(19) 너희는 아무 유교물이든지 먹지 말고 너희 모든 유하는 곳에서 무교병을 먹을지니라(20)

> **역대하 30:21-23**
>
> 예루살렘에 모인 이스라엘 자손이 크게 즐거워하며 칠일 동안 무교절을 지켰고 레위 사람들과 제사장들은 날마다 여호와를 칭송하며 큰 소리나는 악기를 울려 여호와를 찬양하였으며(21) 히스기야는 여호와를 섬기는 일에 통달한 모든 레위 사람에게 위로하였더라 이와 같이 절기 칠일 동안에 무리가 먹으며 화목제를 드리고 그 열조의 하나님 여호와께 감사하였더라(22) 온 회가 다시 칠일을 지키기로 결의하고 이에 또 칠일을 즐거이 지켰더라(23)

무교절은 히브리어로 칵 하마촛으로 "누룩 없는 떡의 축제일"이라는 뜻이다. 무교절은 하나님이 이스라엘 백성을 애굽 땅에서 인도하신 그 크신 은혜에 감사드리는 절기로 영원한 규례를 삼아 대대로 지킬 것을 하나님께서 명하셨다(출 12:17).

무교절은 유월절을 배경으로 시작되어 유월절과 관련해 연속된 절기이다. 유월절은 아빕월(1월) 14일 저녁에 시작되어 7일간 지켰으며, 무교절은 유월절 시작의 다음날인 15일부터 시작되어 7일 동안 지켰다. 이스라엘 백성들이 신속하게 출애굽할 때 발효되지 못한 반죽 담은 그릇을 옷에 싸서 어깨에 메고 나왔다(출12:34). 이것은 누룩을 넣어 반죽을 해야 하지만 누룩을 넣어 부풀게 할 시간이 없었던 출애굽의 급박했던 상황을 나타내고 있다. 무교절은 유월절을 포함하여 7일동안 무교병을 먹고 매일 화제를 드렸다(레 23:8). 무교병이 아닌 유교병을 먹는 자는 타국인이든지 본국에서 난 자든지를 막론하고 이스라엘 회중에서 끊쳐지리라 하셨다. 그리고 부활절 첫날과 마지막 날에 성회로 모이고 7일 동안 아무도 노동을 하지 말아야 했다(레 23:7,8).

유월절이 다가오면 무교병을 굽는 법칙에 따라 구워야 한다. 생수로 반죽해야 하고 이방인이 보면 부정하기 때문에 몰래 구워야 했다. 또 다른 것이 섞이면 안 된다. 불은 반드시 나무로 피워야 한다. 무교병을 먹을 때는 쓴 나물과 같이 먹는 것은 그들이 애굽에서 겪은 고통을 상기하기 위한 것으로 죄의 고통은 쓴 것을 의미하기도 한다. 무교병과 쓴 나물은 유월절이 시작되는 14일 저녁부터 21일 무교절이 끝날 때까지 먹는다.

예수님이 최후의 만찬을 하신 날은 무교절 첫날인데 유월절이 포함되므로 실제로 유월절인 것이다. 예수님은 무교절 기간 동안 십자가에서 고난을 받으사 죽으셨고, 장사되었다가 무덤에서 부활하셨다. 무교절은 예수님이 우리 죄를 대신하여 죽으셨고 부활하셨음을 기억하며, 하나님의 크신 은혜에 감격하여 찬양하고 영적으로 한량없이 기뻐하며, 영원한 사망과 심판에서 건져주신 주님께 대대로 감사드리는 절기이다.

## (3) 초실절(初實節)

> **레위기 23:9-14**
>
> 여호와께서 모세에게 일러 가라사대(9) 이스라엘 자손에게 고하여 이르라 너희는 내가 너희에게 주는 땅에 들어가서 너희의 곡물을 거둘 때에 위선 너희의 곡물의 첫 이삭 한 단을 제사장에게로 가져갈 것이요(10) 제사장은 너희를 위하여 그 단을 여호와 앞에 열납되도록 흔들되 안식일 이튿날에 흔들 것이며(11) 너희가 그 단을 흔드는 날에 일년 되고 흠 없는 숫양을 번제로 여호와께 드리고(12) 그 소제로는 기름 섞은 고운 가루 에바 십분 이를 여호와께 드려 화제를 삼아 향기로운 냄새가 되게 하고 전제로는 포도주 힌 사분 일을 쓸 것이며(13) 너희는 너희 하나님께 예물을 가져오는 그날까지 떡이든지 볶은 곡식이든지 생 이삭이든지 먹지 말지니 이는 너희가 그 거하는 각처에서 대대로 지킬 영원한 규례니라(14)

초실절(初實節)은 니산월(1월) (양력, 3-4월) 16일에 지키는 절기로 유월절과 무교절 바로 다음날에 지켰으며, 초실절은 안식일 다음날(오늘날 주일)에 지켰다. 초실절은 약속의 땅 가나안에 들어가서 농사를 지은 후 첫 곡식을 추수하면서 하나님께 감사드리는 절기이다.

초실절은 첫 이삭의 단을 드리는 절기이다(레 23:9-14). 첫 이삭단을 드린다는 것은 추수가 시작되었다는 것을 상징한다. 올라온 첫 이삭의 단을 먼저 하나님께 드리는 것은 모든 것이 하나님의 것이라는 신앙고백이다. 첫 것을 여호와께 드리라고 하는 이유가 그 때문이다(출 34:1-20). 첫 것은 나머지 것을 대표하기 때문이다. 첫 것을 드릴 때 나머지 모두를 드린 것이 되기 때문이다. 첫 이삭의 단을 드린 것은 그것이 잘 익어 추수하게 되도록 해달라는 기원이자 예언적 선포이다. 이삭을 올라오게 하신 이가 여호와이시므로 그것이 잘 익어 추수하게 하실 분도 여호와이시라는 믿음의 고백이다.

초실절에 봄 보리농사 후 그 첫 열매를 하나님께 봉헌하면서 한 단을 흔들어서 드린다. 하나님께 드리기 전에는 떡이나 볶은 곡식 또는 이삭을 절대로 먹어서는 안 된다. 이것은 대대로 지켜야 할 영원한 규례이다.

초실절의 규례는 곡물의 첫 열매 한 단을 제사장에게 가져가 하나님 앞에 흔들어 드렸다. 흔들어 드리는 제사를 요제(窯製)라고 한다. 요제는 안식일 다음날에 드렸다. 요제를 드리는 날에 일 년 된 흠 없는 숫양을 번제(燔祭)로 드리는 동시에 소제(素祭)로 기름섞은 고운가루 에바(22리터) 십분 이를 하나님께 드려 화제(火祭)로 삼아 향기로운 냄새가 되게 하고 전제(奠祭, 포도주를 붓는 제사)로 포도주 힌(hin, 3.8리터) 사분의 일을 드렸다.

그래서 초실절에는 네 가지 제사를 병행하여 드렸다. 요제인 단을 흔들어 여호와께 드릴 때 번제(흠 없는 어린 숫양), 소제(기름 섞은 고운가루 에바 2/10), 화제(불태운 향기로운 냄새), 전제(포도주 힌 1/4)를 같이 드렸다.

초실절은 이스라엘 5대 제사 중 속죄제, 속건제, 화목제를 드리지 않는다. 그 이유는 그리스도께서 십자가에 달려 죽으시므로 우리의 모든 죄를 담당했으며, 부활 승천하여 하나님과의 화목이 성취되었기 때문이다.

"그러나 이제 그리스도께서 죽은 자 가운데서 다시 살아 잠자는 자들의 첫 열매가 되셨도다"(고전 15:20)라고 말씀하고 있다. 초실절에 하나님께 드리는 첫 열매는 예수 그리스도를 상징한다. 모든 곡식은 씨앗이 죽어 새로 맺은 결실 즉 새 생명과 같은 것이다. 그것은 곧 예수 그리스도께서 죽으셨다가 삼일 만에 부활하심으로 새 생명이 되신 것을 의미한다. 구약에서 첫 열매의 곡식을 반드시 하나님께 드리도록 했던 것처럼 예수님께서 친히 초실질의 첫 얼매가 뇌셨다.

초실절에 요제를 드릴 때 흔들어 드렸다는 의미는 "살아난다"는 영적인 의미를 담고 있다. 사람이나 짐승이나 죽었을 때 죽었는지 살아 있는지 흔들어 확인하게 된다. 초실절의 흔들어 드리는 제사의 방법 속에 생사확인의 뜻이 담겨져 있다. 그러므로 구약시대에 요제로 곡식을 드렸는데 이것이 곧 예수 그리스도의 부활을 예표하고 있으며, 그 예언대로 예수 그리스도께서 죽은 지 삼일만에 부활하신 것이다.

초대교인들이 안식 후 첫날 곧 예수님이 부활하신 그날에 모여서 예배를 드렸고 사도들이 그 날에 말씀을 선포했다. 예수님이 부활하신 날을 기념하여 오늘날의 주일이 된 것이다. 초대교회가 안식 후 첫날 곧 주일에 모였음을 여러 곳에서 증거하고 있다.

**예루살렘성의 이슬람 황금사원**
**(황금사원이 무너지면 종말이 올 것이다)**

### (4) 오순절(五旬節)

**레위기 23:15-21**

안식일 이튿날 곧 너희가 요제로 단을 가져온 날부터 세어서 칠 안식일의 수효를 채우고(15) 제칠 안식일 이튿날까지 합 오십일을 계수하여 새 소제를 여호와께 드리되(16) 너희 처소에서 에바 십분 이로 만든 떡 두개를 가져다가 흔들지니 이는 고운 가루에 누룩을 넣어서 구운 것이요 이는 첫 요제로 여호와께 드리는 것이며(17) 너희는 또 이 떡과 함께 일 년 되고 흠 없는 어린 양 일곱과 젊은 수소 하나와 숫양 둘을 드리되 이들을 그 소제와 그 전제와 함께 여호와께 드려서 번제를 삼을지니 이는 화제라 여호와께 향기로운 냄새며 (18) 또 숫염소 하나로 속죄제를 드리며 일 년 된 어린 숫양 둘을 화목제 희생으로 드릴 것이요(19) 제사장은 그 첫이삭의 떡과 함께 그 두 어린 양을 여호와 앞에 흔들어 요제를 삼을 것이요 이것들은 여호와께 드리는 성물인즉 제사장에게 돌릴 것이며(20) 이 날에 너희는 너희 중에 성회를 공포하고 아무 노동도 하지 말찌니 이는 너희가 그 거하는 각처에서 대대로 지킬 영원한 규례니라 (21)

**신명기 16:9,10**

칠주를 계수할지니 곡식에 낫을 대는 첫날부터 칠주를 계수하여(9) 네 하나님 여호와 앞에 칠칠절을 지키되 네 하나님 여호와께서 네게 복을 주신 대로 네 힘을 헤아려 자원하는 예물을 드리고(10)

**사도행선 2:1-4**

오순절날이 이미 이르매 저희가 다 같이 한곳에 모였더니(1) 홀연히 하늘로부터 급하고 강한 바람 같은 소리가 있어 저희 앉은 온 집에 가득하며(2) 불의 혀같이 갈라지는 것이 저희에게 보여 각 사람 위에 임하여 있더니(3) 저희가 다 성령의 충만함을 받고 성령이 말하게 하심을 따라 다른 방언으로 말하기를 시작하니라(4)

오순절은 첫 곡식을 거두는 수확의 절기인 초실절 후 일곱 주간이 지난 다음날인 50일째되는 날이다(1旬은 10日x5旬 = 50日:五旬節).

오순절은 유월절의 안식일 후 이틀날 곧 요제로 단을 가져온 날인 초실절부터 7주간이 지난 그 이튿날이 되는 50일째 되는 날에 지키는 절기이다. 그래서 오순절은 칠칠절 또는 맥추절이라고 부르기도 한다.

칠칠절은 무교절이 지난 후 일곱 안식일을 마친 다음날이다. 유월절 이후 첫 안식일 다음날인 무교절에 밀의 첫 이삭을 드리는 날이라 해서 초실절이라 한다(레 23:9-14, 출 34:22). 하나님이 첫 곡식을 추수할 때 칠 주 안식을 계수하여 제칠안식일 이튿날까지 합 50일을 계수하여 드리라고 했기에 이 날을 칠칠절이라고 한다(레 23:15-23). 그리고 밭에서 거둔 보리의 첫 열매를 드린다고 해서 맥추절이라고도 한다. 오순절은 초실절과 맥추절과 밀접하게 연관성이 있어 밭에서 거둔 첫 열매를 드리는 절기이다.

이러한 절기에 첫 열매를 두 번 드렸는데 첫 보리 이삭 한 단을 유월절 이후 안식일 다음날(주일)에 드렸고 첫 보리 이삭을 칠칠절 다음날(49일 +1일)인 50일째 되는 오순절에 드렸다(출 23:16).

오순절은 예수님의 구속사역의 그림자이다. 초실절과 칠칠절에 하나님께 드린 첫 열매는 예수 그리스도를 예표하고 있다.

그래서 구약시대의 오순절과 신약시대 이후의 오순절은 밀접한 상호 관련성이 있으며 구약시대의 오순절과 신약시대의 오순절은 상호 오버렙(Overlap)되어 있다. 신약에 오순절의 절기는 예수 그리스도의 부활, 승천 후 성령강림이 실제적으로 적용되었다. 예수님은 부활하신 후 40일 동안 예루살렘 및 갈릴리에 10여 차례에 걸쳐 다음과 같이 나타나셨다.

1)막달라 마리아에게(막 16:10,11; 요 20:18), 2)무덤에서 돌아가던 여인에게(마 28:8-10), 3)베드로에게(눅 24:34; 고전 15:5), 4)엠마오 도상의 두 제자에게(막 16:12, 13; 눅 24:13-35), 5)열 제자에게 (도마가 제외됨)(눅 24:36-

43; 요 20:19-23), 6)열한 제자에게(도마가 참석함)(요 20:26-29), 7)갈릴리 바다에서 일곱 제자에게(요 21:1-23), 8)500여 형제에게(고전 15:6), 9)주의 형제 야고보에게(고전 15:7), 10)열한 제자에게 (마 28:16-20; 막 16:14-20, 행 1:6-11). 그리고 예수님은 감람산에서 승천하셨다(눅 24:50-53; 행 1:6-12). 사순절(4旬節)은 예수님이 부활하신 후 승천하기까지의 40일간인 사순(4旬)을 기념하여 지키는 절기이다.

예수님은 부활하신 후 이 땅에 40일간 계시다가 승천하셨다. 승천 10일 후 약속하신 성령이 예루살렘의 마가 다락에 모여 기도하던 120명의 무리에게 강림하였다. 오순절이 이르매 저희가 다 한 곳(다락방)에 모였더니 홀연히 하늘로부터 급하고 강한 바람 같은 소리가 있어 저희 앉은 온 집에 가득하여 불의 혀같이 갈라지는 것이 저희에게 보여 각 사람에게 임하여 있더니 저희가 다 성령의 충만함을 받고 성령이 말하게 하심을 따라 다른 방언으로 말하기를 시작했다(행 2:1-4). 그후 예수 그리스도의 이름으로 담대히 전도하자 3~5천명이 일시에 회개하였다. 이와같이 하나님의 능력이 놀랍게 나타남으로써 교회가 시작되었다. 따라서 교회는 이 오순절을 교회의 효시(嚆矢)로 기념하고 있다. 영국 교회의 예배 모범에는 오순절에 흰 옷을 입는 관례에 따라 오순절 날을 화이트 썬데이(Whitesunday)라 부르기도 한다.

감람나무

## (5) 나팔절(喇叭節)

**레위기 23:23-25**

여와께서 모세에게 일러 가라사대(23) 이스라엘 자손에게 고하여 이르라 칠월 곧 그 달 일일로 안식일을 삼을지니 이는 나팔을 불어 기념할 날이요 성회라(24) 아무 노동도 하지 말고 여호와께 화제를 드릴지니라 (25)

**민수기 29:1-6**

칠월에 이르러는 그 달 초일일에 성회로 모이고 아무 노동도 하지 말라 이는 너희가 나팔을 불 날이니라(1) 너희는 수송아지 하나와 숫양 하나와 일 년 되고 흠 없는 숫양 일곱을 여호와께 향기로운 번제로 드릴 것이며(2) 그 소제로는 고운 가루에 기름을 섞어서 쓰되 수송아지에는 에바 십분지 삼이요 숫양에는 에바 십분지 이요 (3) 어린 양 일곱에는 매 어린 양에 에바 십분지 일을 드릴 것이며(4) 또 너희를 속하기 위하여 숫염소 하나로 속죄제를 드리되(5) 월삭의 번제와 그 소제와 상번제와 그 소제와 그 전제 외에 그 규례를 따라 향기로운 화제로 여호와께 드릴 것이니라(6)

**출애굽기 19:16-21**

제삼일 아침에 우레와 번개와 빽빽한 구름이 산 위에 있고 나팔소리가 심히 크니 진 중 모든 백성이 다 떨더라 (16) 모세가 하나님을 맞으려고 백성을 거느리고 진에서 나오매 그들이 산 기슭에 섰더니(17) 시내산에 연기가 자욱하니 여호와께서 불 가운데서 거기 강림하심이라 그 연기가 옹기점 연기같이 떠오르고 온 산이 크게 진동하며 (18) 나팔소리가 점점 커질 때에 모세가 말한즉 하나님이 음성으로 대답하시더라(19) 여호와께서 시내산 곧 그 산꼭대기에 강림하시고 그리로 모세를 부르시니 모세가 올라 가매 (20) 여호와께서 모세에게 이르시되 내려가서 백성을 신칙하라 백성이 돌파하고 나 여호와께로 와서 보려고 하다가 많이 죽을까 하노라 (21)

## 여호수아 6:4-9

제사장 일곱은 일곱 양각나팔을 잡고 언약궤 앞에서 행할 것이요 제칠일에는 성을 일곱 번 돌며 제사장들은 나팔을 불 것이며(4) 제사장들이 양각나팔을 길게 울려 불어서 그 나팔 소리가 너희에게 들릴 때에는 백성은 다 큰 소리로 외쳐 부를 것이라 그리하면 그 성벽이 무너져 내리리니 백성은 각기 앞으로 올라갈지니라 하시매(5) 눈의 아들 여호수아가 제사장들을 불러서 그들에게 이르되 너희는 언약궤를 메고 일곱 제사장은 일곱 양각나팔을 잡고 여호와의 궤 앞에서 행하라 하고(6) 또 백성에게 이르되 나아가서 성을 돌되 무장한 자들이 여호와의 궤 앞에 행할지니라(7) 여호수아가 백성에게 이르기를 마치매 제사장 일곱이 일곱 양각나팔을 잡고 여호와 앞에서 진행하며 나팔을 불고 여호와의 언약궤는 그 뒤를 따르며(8) 무장한 자들은 나팔 부는 제사장들 앞에서 진행하며 후군은 궤 뒤에 행하고 제사장들은 나팔을 불며 행하더라(9)

## 요한계시록 10:7

일곱째 천사가 소리 내는 날 그 나팔을 불게 될 때에 하나님의 비밀이 그 종 선지자들에게 전하신 복음과 같이 이루리라(10:7)

## 요한계시록 11:15-18

일곱째 천사가 나팔을 불매 하늘에 큰 음성들이 나서 가로되 세상 나라가 우리 주와 그 그리스도의 나라가 되어 그가 세세토록 왕노릇 하시리로다 하니(15) 하나님 앞에 자기 보좌에 앉은 이십사 장로들이 엎드려 얼굴을 대고 하나님께 경배하여(16) 가로되 감사하옵나니 옛적에도 계셨고 시방도 계신 주 하나님 곧 전능하신 이여 친히 큰 권능을 잡으시고 왕노릇 하시도다(17) 이방들이 분노하매 주의 진노가 임하여 죽은 자를 심판하시며 종 선지자들과 성도들과 또 무론대소하고 주의 이름을 경외하는 자들에게 상 주시며 또 땅을 망하게 하는 자들을 멸망시키실 때로소이다 하더라 (18)

제5장. 이스라엘의 절기

**양각 나팔**(羊角喇叭)**을 불고 있다.**

나팔절은 오순절 다음에 오는 절기로 오늘날 유대교 월력으로 7월 1일이며 민력으로는 새해 정월 초하루이다. 이 날에는 아침부터 해질 때까지 일정한 간격을 두고 계속 나팔을 불어 신년 축제의 기쁨을 알렸다.

성경에는 나팔절이라고 기록된 구절이 없다. 그런데도 나팔절이라고 부르는 이유는 유대 백성들이 바벨론의 포로생활에서 다시 그들의 땅으로 귀환한 날이 일곱째 달의 첫날이었다(주전 485년). 총독 느헤미야와 제사장 에스라가 백성들을 수문 앞 광장에 모아 그들에게 율법(Torah)을 낭독했다. 율법을 들은 백성들은 지금까지 율법을 떠나 살아 온 것을 깊이 깨닫고 통회하며 소리 높여 울었다. 그 때 에스라와 율법을 가르치는 레위인들이 백성들을 향하여 울지 말고 즐거워 하라고 했다. 그날은 여호와의 성일이었으며 그들이 잊고 살았던 율법을 다시 찾은 기쁨의 날이었기 때문이었다. 그 날은 말씀을 깨닫고 그들 삶의 방향을 하나님을 향해 바꾼 날이었다. 그러므로 지난날 삶의 모습을 슬퍼만 하는 날이 아니라 새로운 삶을 시작하는 날이 된 것이다.

나팔절은 일곱째 달(Tishri)의 월삭을 안식일로 지켰으며 그날에는 아무 노동도 하지 않고 성회로 모였으며 여호와께 화제(번제, 속죄제)와 소제를 드렸다. 다른 절기에는 볼 수 없는 나팔을 사용한 독특한 절기이다. 특히 제물을 드릴 때도 제물 위에 나팔을 크게 불면서 나팔절을 기념했다.

좀더 구체적으로 나팔의 사용에 대해 알아보기로 한다.

나팔(Trumpet)은 히브리어로 "하초체라", "쇼파르( Shofar)" 헬라어로는 "살핀크스"이다. 양각 나팔(쇼파르)은 구약성경에서부터 등장한다. 숫양의 뿔로 만든 나팔로 주로 신호용, 전쟁용, 찬양과 경배용으로 사용되었다. 시편에 "나팔소리로 찬양"할하라고 기록되어 있다(시 150:3).

한글 개역성경에는 금속 나팔(하초체라)과 양각 나팔(쇼파르) 모두를 나팔로 번역하였다. 헬라어 역시 이 두 종류 모두를 "살핀크스"라고 칭하였다. 금속 나팔과 양각 나팔은 주로 신호용으로 사용되었다. 곧 전투시 군사를 소집할 때(삿 3:27;7:19; 대하 13:12; 고전 14:8), 백성을 소집하고 진을 진행시킬 때(민 10:2), 위험이 닥치는 것을 경고할 때(느 4:18,20; 렘 6:1; 겔 33:3-6) 나팔을 불었다. 종말론적인 성경 본문에서도 나팔은 재림을 알리는 도구로 언급되었다(마 24:31; 고전 15:52; 살전 4:16). 제사 의식과 일반의식 때에도 금속 나팔과 양각 나팔이 사용되었는데, 이때에도 역시 신호를 알리는 도구로 사용되었다. 나팔은 희년의 시작을 알릴 때(레 25:9), 나팔절 때(레 23:23-25), 통치자들의 즉위식 때(삼하 15:10), 매월 첫날을 비롯한(시 81:3) 특별 예배의 경우에도(대상 15:28; 대하 15:15  시 47:5; 95:6; 150:3) 불었다.

양각 나팔이 이와 같이 제사의식에서 중요하게 사용되었는데, 이러한 나팔을 불었던 유대교의 종교의식이 그대로 오늘날에도 남아 있다. 또한 양각 나팔은 구약 시대에 악기로도 사용되었지만 예수께서는 구제한 후 사람들에게 칭찬을 받으려고 떠벌이는 자를 나팔을 부는 자라고 지탄하셨다(마 6:2).

## 나팔소리의 영적 의미

### 1. 하나님의 복음 선포를 의미한다.

나팔절은 큰 절기로 앞으로 다가올 속죄일을 준비하는 절기이다. 그러므로 나팔절의 영적 의미는 속죄 속에 들어 있다. 즉 화해, 조화, 화평을 선포하는 나팔

소리이다.

### 2. 회중의 소집과 행동의 신호를 의미한다.

나팔소리가 들리면 흩어져 있던 온 이스라엘 백성들이 회막의 문 앞에 모여 하나님께 경배하며 그 날을 기쁨으로 보낸다. 이것은 구원의 기쁜 소리를 듣고 성전 곧 살아계신 하나님 앞에 소집을 알리는 신호이다. 또한 이스라엘 백성들의 이동 또는 전쟁에 사용하였다.

### 3. 예수 그리스도의 재림 때에 택한 백성을 모으는 신호를 의미한다.

예수 그리스도의 재림 때에는 나팔소리와 함께 그의 택하신 백성들을 천사들이 사방에서 모으게 된다(마 24:31). 또한 그리스도 안에서 잠자던 자들이 죽음으로부터 살아나는 생명의 소리가 나팔소리이다(살전 4:16).

### 4. 마지막날에 심판의 소리를 의미한다.

마지막 날 심판의 때에 천사들의 나팔소리와 함께 심판하시는 하나님의 손에 의하여 전개될 것을 의미한다(계 8-9장). 구원 받은 백성들에게는 그 나팔소리가 영광의 기쁜 소리가 되겠지만 구원을 받지 못한 자에게는 두려운 심판의 나팔소리가 될 것이다.

---

**레위기 16:30-34**

이 날에 너희를 위하여 속죄하여 너희로 정결케 하리니 너희 모든 죄에서 너희가 여호와 앞에 정결하리라(30) 이는 너희에게 큰 안식일인즉 너희는 스스로 괴롭게 할지니 영원히 지킬 규례라 (31) 그 기름 부음을 받고 위임되어 그 아비를 대신하여 제사장의 직분을 행하는 제사장은 속죄하되 세마포 옷 곧 성의를 입고(32) 지성소를 위하여 속죄하며 회막과 단을 위하여 속죄하고 또 제사장들과 백성의 회중을 위하여 속죄할지니(33) 이는 너희의 영원히 지킬 규례라 이스라엘 자손의 모든 죄를 위하여 일 년 일차 속죄할 것이니라 아론이 여호와께서 모세에게 명하신 대로 행하니라(34)

## (6) 속죄일(贖罪日)

> **레위기 23:26-32**
>
> 여호와께서 모세에게 일러 가라사대(26) 칠월 십일은 속죄일이니 너희에게 성회라 너희는 스스로 괴롭게 하며 여호와께 화제를 드리고(27) 이 날에는 아무 일도 하지 말것은 너희를 위하여 너희 하나님 여호와 앞에 속죄할 속죄일이 됨이니라 (28)이 날에 스스로 괴롭게 하지 아니하는 자는 그 백성 중에서 끊쳐질 것이라(29) 이 날에 누구든지 아무 일이나 하는 자는 내가 백성 중에서 멸절시키리니(30) 너희는 아무 일이든지 하지 말라 이는 너희가 그 거하는 각처에서 대대로 지킬 영원한 규례니라(31) 이는 너희의 쉴 안식일이라 너희는 스스로 괴롭게 하고 이 달 구일 저녁 곧 그 저녁부터 이튿날 저녁까지 안식을 지킬지니라(32)

> **레위기 16:5-10**
>
> 이스라엘 자손의 회중에게서 속죄 제물을 위하여 숫염소 둘과 번제물을 위하여 숫양 하나를 취할지니라(5) 아론은 자기를 위한 속죄제의 수송아지를 드리되 자기와 권속을 위하여 속죄하고(6) 또 그 두 염소를 취하여 회막문 여호와 앞에 두고(7) 두 염소를 위하여 제비뽑되 한 제비는 여호와를 위하고 한 제비는 아사셀을 위하여 할지며(8) 아론은 여호와를 위하여 제비 뽑은 염소를 속죄제로 드리고(9) 아사셀을 위하여 제비 뽑은 염소는 산대로 여호와 앞에 두었다가 그것으로 속죄하고 아사셀을 위하여 광야로 보낼지니라(10)

> **레위기 16:30-34**
>
> 이 날에 너희를 위하여 속죄하여 너희로 정결케 하리니 너희 모든 죄에서 너희가 여호와 앞에 정결하리라(30) 이는 너희에게 큰 안식일인즉 너희는 스스로 괴롭게 할지니 영원히 지킬 규례라 (31) 그 기름 부음을 받고 위임되어 그 아비를 대신하여 제사장의 직분을 행하는 제사장은 속죄하되 세마포 옷 곧 성의를 입고(32) 지성소를 위하여 속죄하며 회막과 단을 위하여 속죄하고 또 제사장들과 백성의 회중을 위하여 속죄할지니(33) 이는 너희의 영원히 지킬 규례라 이스라엘 자손의 모든 죄를 위하여 일 년 일차 속죄할 것이니라 아론이 여호와께서 모세에게 명하신 대로 행하니라(34)

속죄일은 히브리어로 "욤키프림"이라고 하며 그 뜻은 "보장의 날(Day of expiation)" 혹은 "속죄의 날(Day of expiation)"이다. 현대 유대인들은 이 날을 "욤키프르(Yomkippur)"라고 부른다. 이 날은 모든 백성의 죄와 허물을 보상하기 위하여 제정된 절기의 하나이다.

속죄(Atonement)는 카파르라는 의미도 있는데 이 말의 뜻은 "덮는다(to cover)"로 "죄를 덮는다" 또는 "용서한다"는 의미를 지니고 있다. 속죄일은 나팔절 다음에 오는 절기로 히브리 월력 7월(Tishiri) 10일에 지키는 절기이다. 이스라엘 백성은 자기의 죄를 용서 받기 위해 7월 1일부터 7월 10일까지 10일간을 금식하며 죄와 허물, 실수와 과오 등에 대해 회개하며 스스로 괴롭게 하는 날이라 불렀다. 신약에서는 이 기간을 금식하는 절기라 불렀다(행 27:9). 속죄일은 성소를 정결케 하고 제사장과 백성들이 그들의 불결을 정결케 하기 위한 특별한 의식을 행하는 날이다. 속죄일은 모든 절기의 핵심인 절기이다.

### 1) 모든 죄를 속죄하는 날이다.

**레위기 16:30**

이 날에 너희를 위하여 속죄하여 너희로 정결케 하리니 너희 모든 죄에서 너희가 여호와 앞에 정결하리라

**히브리서 9:22**

율법을 좇아 거의 모든 물건이 피로써 정결케 되나니 피흘림이 없은즉 사함이 없느니라

속죄일은 모든 죄를 깨끗이 속죄하여 정결케 하는 날이다. 속죄일의 규례는 아주 엄격하여 스스로 금식하고 그리고 노동을 하지 않는다. 안식일은 본토인이나

우거하는 객들도 모두 철저히 지켜야만 한다. 속죄일에 주로 두 가지 죄에 대하여 속죄를 받는다. 첫째는 하나님과의 관계에 있어서 신앙적 범죄에 대한 범 민족적인 회개이며 둘째는 이웃과의 관계에서 범한 모든 죄를 속죄일에 대제사장이 짐승의 피를 뿌려 백성의 죄를 모두 대속한다.

죄의 결과는 하나님과 분리되어 심판이 따르고 멸망과 죽음이다. 그 해결 방법은 단 한 가지 통로인 속죄일을 통하여 모든 죄를 사함 받는다. 그러나 이 구약의 속죄일에 이 많은 짐승이 죽어 피를 흘려야 하는 구속 사역은 그림자일 뿐이며 신약에 단 한분의 예수 그리스도께서 십자가에서 피 흘리심으로 단번에 실제적이고 영구적인 죄 사함이 이루어졌다.

### 2) 스스로 괴롭히는 날이다.

> **레위기 23:27-29**
>
> 칠월 십일은 속죄일이니 너희에게 성회라 너희는 스스로 괴롭게 하며 여호와께 화제를 드리고 (27) 이 날에는 아무 일도 하지 말것은 너희를 위하여 너희 하나님 여호와 앞에 속죄할 속죄일이 됨이니라(28) 이 날에 스스로 괴롭게 하지 아니하는 자는 그 백성 중에서 끊쳐질 것이라(29)

> **마태복음 4:1-11**
>
> 그때에 예수께서 성령에게 이끌리어 마귀에게 시험을 받으러 광야로 가사(1) 사십 일을 밤낮으로 금식하신 후에 주리신지라 (2) 시험하는 자가 예수께 나아와서 가로되 네가 만일 하나님의 아들이어든 명하여 이 돌들이 떡덩이가 되게 하라(3) 예수께서 대답하여 가라사대 기록되었으되 사람이 떡으로만 살 것이 아니요 하나님의 입으로 나오는 모든 말씀으로 살 것이라 하였느니라 하시니(4) 이에 마귀가 예수를 거룩한 성으로 데려다가 성전 꼭대기에 세우고(5) 가로되 네가 만일 하나님의 아들이어든 뛰어내리라 기록하였으되 저가 너를 위하여 그 사자들을 명하시니 저희가 손으로 너를 받들어 발이 돌에 부딪히지 않게 하리로다 하였느니라(6) 예수께서 이르시되 또 기록되었으되 주 너의 하나님을 시험치 말라 하였느니라 하신대 (7) 마귀가 또 그를 데리고 지극히 높은 산으로 가서 천하 만국과 그 영광을 보여(8) 가로되 만일 내게 엎드려 경배하면 이 모든 것을 네게 주리라(9) 이에 예수께서 말씀하시되 사단아 물러가라 기록되었으되 주 너의 하나님께 경배하고 다만 그를 섬기라 하였느니라(10) 이에 마귀는 예수를 떠나고 천사들이 나아와서 수종드니라(11)

속죄일은 대제사장과 온 이스라엘 백성들이 금식하며 스스로 괴롭게 하는 날인데 순종하지 아니하는 자는 백성 중에 끊어진다고 했다. 스스로 괴롭게 한다는 것은 금식을 의미한다.

예수님은 40일 금식하신 후 세 번에 걸쳐 마귀의 시험을 받으셨다.

첫째, 돌이 떡이 되게 하라는 음식에 대한 시험이었다. 아담과 하와가 유혹과 탐심으로 인하여 선악과를 따 먹음으로 들어온 인간의 죄가 원죄이다. 우리는 근본적으로 유혹에 의한 원죄를 사함 받는 것이 구속사역의 핵심적인 본질이다. 사람이 떡으로만 살 것이 아니요 하나님의 입으로 나오는 모든 말씀으로 살 것이라고 하셨다(마 4:4).

둘째, 성전 꼭대기에서 뛰어 내리라는 시험이었다. 예수님은 주 너의 하나님을 시험하지 말라고 하셨다(마 4:7). 인간의 교만과 명예는 한이 없다. 바벨탑을 쌓은 죄악은 인류를 흩었고 언어를 혼잡하게 하는 결과를 초래했다.

셋째, 사단에게 엎드려 경배하면 이 모든 것을 주겠다는 유혹의 시험이었다. 예수님은 "사단아 물러 가라 주 너의 하나님께 경배하고 다만 그를 섬기라"고 하셨다(마 4:10). 이에 마귀는 예수를 떠나가고 천사들이 나아와 수종들었다. 이상의 세 가지 마귀의 시험은 아담이 에덴동산에서 지은 원죄와 유사성이 있는 범죄이다. 그러나 아담 이후 모든 인류에게 전가된 아담의 원죄를 예수 그리스도께서 대신 죽으심으로 모든 인류는 이 세상의 모든 죄악의 사슬을 끊게 되었고, 주님을 영접하는 자 곧 그 이름을 믿는 자들에게는 하나님의 자녀가 되는 권세를 주셨다(요 1:12). 속죄일은 금식을 통해 스스로를 괴롭히고 마귀의 궤계를 극복하며 궁극적으로 속죄의 능력이 행사되는 날이다.

### 3) 속죄소에서 단 번에 대속을 받는 날이다.

**레위기 16:2**

여호와께서 모세에게 이르시되 네 형 아론에게 이르라 성소의 장안 법궤 위 속죄소 앞에 무시로 들어오지 말아서 사망을 면하라 내가 구름 가운데서 속죄소 위에 나타남이니라

**히브리서 9:12-14**

염소와 송아지의 피로 아니하고 오직 자기 피로 영원한 속죄를 이루사 단번에 성소에 들어 가셨느니라(12) 염소와 황소의 피와 및 암송아지의 재로 부정한 자에게 뿌려 그 육체를 정결케 하여 거룩케 하거든(13) 하물며 영원하신 성령으로 말미암아 흠 없는 자기를 하나님께 드린 그리스도의 피가 어찌 너희 양심으로 죽은 행실에서 깨끗하게 하고 살아계신 하나님을 섬기게 못하겠느뇨(14)

속죄일에 죄를 용서 받는 장소는 속죄소이다. 그러므로 속죄일의 핵심은 짐승의 피를 대제사장이 지성소로 가지고 들어가 법궤 위의 속죄소(시은소) 위와 앞에 뿌리는 것이다. 속죄일 중에 가장 중요한 것은 속죄소에서 피를 통해 죄를 용서 받는 것이다. 구약에 짐승의 피로 매년 반복적으로 한차례씩 속죄를 했지만 예수 그리스도께서 단 한번에 흘리신 십자가 보혈의 피로 영원한 속죄를 이루셨다.

### 4) 속죄일은 피의 날이다.

> **레위기 16:14-16**
>
> 그는 또 수송아지의 피를 취하여 손가락으로 속죄소 동편에 뿌리고 또 손가락으로 그 피를 속죄소 앞에 일곱 번 뿌릴 것이며 (14) 또 백성을 위한 속죄제 염소를 잡아 그 피를 가지고 장 안에 들어가서 그 수송아지 피로 행함 같이 그 피로 행하여 속죄소 위와 속죄소 앞에 뿌릴지니(15) 곧 이스라엘 자손의 부정과 그 범한 모든 죄를 인하여 지성소를 위하여 속죄하고 또 그들의 부정한 중에 있는 회막을 위하여 그같이 할 것이요 (16)

속죄일에 희생제물을 드릴 때 수송아지의 피, 염소의 피, 양의 피를 드렸다. 속죄일의 가장 중요한 요소는 피이다. 피가 없이는 속죄가 이루어질 수 없기 때문이다. 짐승의 피를 속죄소 동편 그리고 속죄소 위와 앞에 뿌리고 그 다음에 속죄소 위의 시은소에 뿌린다. 구약시대에는 짐승의 피가 이스라엘 백성의 죄를 사해 주었다. 오늘날에는 예수 그리스도의 피의 속죄로 단번에 죄 용서함을 받는다. 그래서 속죄일을 피의 날이라고도 한다.

### 5) 속죄일은 두 염소가 희생되는 날이다.

> **레위기 16:6-10**
>
> 아론은 자기를 위한 속죄제의 수송아지를 드리되 자기와 권속을 위하여 속죄하고(6) 또 그 두 염소를 취하여 회막문 여호와 앞에 두고(7) 두 염소를 위하여 제비뽑되 한 제비는 여호와를 위하고 한 제비는 아사셀을 위하여 할지며(8) 아론은 여호와를 위하여 제비 뽑은 염소를 속죄제로 드리고(9) 아사셀을 위하여 제비 뽑은 염소는 산대로 여호와 앞에 두었다가 그것으로 속죄하고 아사셀을 위하여 광야로 보낼지니라(10)

> **레위기 16:20-22**
>
> 그 지성소와 회막과 단을 위하여 속죄하기를 마친 후에 산 염소를 드리되(20) 아론은 두 손으로 산 염소의 머리에 안수하여 이스라엘 자손의 모든 불의와 그 범한 모든 죄를 고하고 그 죄를 염소의 머리에 두어 미리 정한 사람에게 맡겨 광야로 보낼지니(21) 염소가 그들의 모든 불의를 지고 무인지경에 이르거든 그는 그 염소를 광야에 놓을찌니라 (22)

> **레위기 16:25-28**
>
> 속죄제 희생의 기름을 단에 불사를 것이요(25) 염소를 아사셀에게 보낸 자는 옷을 빨고 물로 몸을 씻은 후에 진에 들어올 것이며(26) 속죄제 수송아지와 속죄제 염소의 피를 성소로 들여다가 속죄하였은즉 그 가죽과 고기와 똥을 밖으로 내어다가 불사를 것이요(27) 불사른 자는 옷을 빨고 물로 몸을 씻은 후에 진에 들어올지니라(28)

> **시편 103:11-14**
>
> 이는 하늘이 땅에서 높음같이 그를 경외하는 자에게 그 인자하심이 크심이로다(11) 동이 서에서 먼 것 같이 우리 죄과를 우리에게서 멀리 옮기셨으며(12) 아비가 자식을 불쌍히 여김같이 여호와께서 자기를 경외하는 자를 불쌍히 여기시나니(13) 이는 저가 우리의 체질을 아시며 우리가 진토임을 기억하심이로다(14)

대제사장이 두 염소를 취하여 제비를 뽑아 하나님을 위하여 뽑힌 염소는 안수하여 속죄 제물로 번제를 드리고, 아사셀을 위하여 뽑힌 염소는 산채로 두었다가 대제사장이 머리에 안수하여 죄를 고백하고 죄를 전가시킨 후 무인지경의 광야로 떠나 보내어 죽게 한다. 제비뽑힌 염소 중 하나님을 위한 제물의 염소는 진홍색 끈을 목에 감고, 아사셀 염소는 진홍색 끈을 두 뿔에 감아 두 염소를 식별토록 했다. 두 염소가 하나는 번제로, 하나는 광야로 보내진 것은 예수님의 십자가의 구속사역을 의미한다. 예수 그리스도께서 우리의 모든 죄를 위한 속죄 양이 되셨고, 아사셀 염소가 광야로 보내진 것 같이 우리의 죄가 멀리 사라져 예수 그리스도 안에서 거듭나게 된 것이다.

### 6) 속죄일은 큰 안식의 날이다.

> **레위기 16:30,31**
>
> 이 날에 너희를 위하여 속죄하여 너희로 정결케 하리니 너희 모든 죄에서 너희가 여호와 앞에 정결하리라 (30) 이는 너희에게 큰 안식일인즉 너희는 스스로 괴롭게 할지니 영원히 지킬 규례라(31)

> **히브리서 4:10-11**
>
> 이미 그의 안식에 들어간 자는 하나님이 자기 일을 쉬심과 같이 자기 일을 쉬느니라 (10) 그러므로 우리가 저 안식에 들어가기를 힘쓸지니 이는 누구든지 저 순종치 아니하는 본에 빠지지 않게 하려 함이라 (11)

속죄일에는 속죄하게 되어 이스라엘 백성이 정결케 되며 모든 일에 노동을 하지 않고 쉰다. 이와 같은 모든 속죄일의 규례는 영원히 지킬 규례이며 이 모든 것은 예수 그리스도를 통해 성취된 모형들이다. 구약의 큰 안식일은 천국을 예표하고 있다. 하나님은 우리를 사랑하셨기 때문에 속죄일의 제도를 세우신 것이다. 우리에게 가장 중요한 것은 하나님이 정하신 방법과 큰 안식일의 규례를 지켜야 하지만 만약 부지불식간에 이를 범했을 경우 진정으로 회개하면 속죄가 가능하다. 그래서 속죄일은 큰 안식의 날이다.

### 7) 속죄일은 대제사장의 날이다.

> **시편 103:11-14**
>
> 이는 하늘이 땅에서 높음같이 그를 경외하는 자에게 그 인자하심이 크심이로다(11) 동이 서에서 먼 것 같이 우리 죄과를 우리에게서 멀리 옮기셨으며(12) 아비가 자식을 불쌍히 여김같이 여호와께서 자기를 경외하는 자를 불쌍히 여기시나니(13) 이는 저가 우리의 체질을 아시며 우리가 진토임을 기억하심이로다(14)

대제사장은 이스라엘 백성을 위하여 속죄 사명의 핵심적인 사역을 맡았다. 대제사장은 홀로 온 백성의 죄를 짊어지고 일 년에 한 번 짐승의 피를 가지고 지성소에 들어 간다. 지성소에는 오직 한 사람 대제사장만이 들어갈 수 있다. 이는 인류의 죄를 담당하기 위하여 십자가에 달려 피 흘려 죽으시고 인류를 구원하신 단 한분 예수 그리스도의 모형이다. "그러므로 예수의 피를 의지하고 모든 죄를 자백하고 회개하면 죄를 용서 받는다. 속죄일은 오직 대제사장의 날이다. 지금도 예수 그리스도는 우리의 영원한 대제사장이시다. 그러므로 우리에게 큰 대제사장이 있으니 승천하신 자 곧 하나님 아들 예수시라 우리가 믿는 도리를 굳게 잡을지어다 우리에게 있는 대제사장은 우리 연약함을 체휼하지 아니하는 자가 아니요 모든 일에 우리와 한결같이 시험을 받은 자로되 죄는 없으시니라"(히 4:14,15). " 그리로 앞서 가신 예수께서 멜기세덱의 반차를 좇아 영원히 대제사장이 되어 우리를 위하여 들어가셨느니라"(히 6:20).

### 대제사장에게 부여된 속죄일의 직무(사명)

1. 이스라엘 백성들은 속죄일을 앞두고 7월 1일부터 10일간 금식을 한다. 대제사장은 속죄일 7일 전인 7월 3일부터 집에서 나와 성전에서 대속죄일 집례 준비를 한다. 성전에는 대제사장이 지내기 위한 방이 준비되어 있다.

2. 대제사장이 만일의 경우 부정해지면 대속죄일 집례가 불가능하게 됨으로 대리자가 임명된다. 그러나 놀랍게도 제1대 제사장부터 예수님까지 80대를 내려오면서 실수나 부정한 대제사장이 한 명도 없었다.

3. 대제사장은 7일간 날마다 번제단에 피를 뿌리고 분향단에 향을 피운다. 또한 등대를 점검한다.

4. 대제사장은 밤에는 성전의 익숙한 장로로부터 속죄일에 대한 전반적인 공부를 철저히 한다.

5. 대속죄일 전날 새벽에 대제사장은 동쪽문으로 안내를 받는다.

6. 대제사장은 7일간 먹고 마시는 데 전혀 제한이 없다. 그러나 마지막날 밤에는 졸지 않도록 조금만 먹어야 한다. 그리하여 가벼운 식사를 하고 저녁을 맞이 한다.

7. 대제사장이 밤에 졸거나 잠이 들면 큰 일이다. 그래서 졸지 못하게 하는 젊은 제사장이 밤새도록 보좌하며 돕는다.

8. 대속죄일에는 금기사항을 지켜야 한다. 즉 먹고, 마시고, 목욕하고, 기름을 바르고, 샌들을 신고, 성생활 및 성접촉하는 모든 것을 금지한다. 그러나 오직 왕과 신부는 얼굴을 닦아도 된다.

9. 대속죄일을 앞둔 전날 밤 12시까지는 번제단 청소를 마쳐야 하고 번제단의 위 아래까지 깨끗하게 해야 한다.

10. 해가 동편에 떠오르는 시간에 대속죄일의 행사를 시작한다. 해가 떠오르는 것을 알리기 위한 사람을 망대에 배치하여 해가 떠오르는 시간을 알린다. 그리

고 감독관 제사장은 사람들이 제물을 가지고 올 시간이 되었는가를 확인한다.

11. 대제사장을 제사장이 목욕실로 모시고 간다. 그리고 모두 다 같이 손발을 씻는다. 대제사장은 온종일 손발 씻는 것만도 10번을 하며 목욕을 5번을 한다. 대제사장과 제사장의 목욕실은 별도로 구분되었다.

12. 제사장들은 대제사장과 백성들 사이에 세마포를 펴서 깐다. 대제사장이 옷을 벗고 목욕을 마치면 제사장들은 대제사장 복을 입혀 준다. 대제사장 복을 입은 후 그는 다시 손과 발을 씻는다.

13. 대제사장은 수송아지 목을 칼로 찔러 기관지와 식도를 짜른다. 제사장들이 수송아지를 잡는다. 대제사장은 그릇을 가지고 피를 받는다. 그리고 번제단으로 가서 피를 뿌린다. 그리고 성소로 들어가서 분향하고 등대를 점검하고 나온다. 또 머리와 구운 떡과 포도주를 번제단에 드린다.

14. 대제사장은 제비를 뽑아 제사장의 직무를 분담시킨다.
    (1) 누가 제물을 잡을 것인가. (2) 누가 번제단에 피를 뿌릴 것인가. (3) 누가 분향단에 향을 나를 것인가. (4) 누가 등대의 불똥을 제거할 것인가. (5) 누가 떡상에 떡을 나를 것인가. (6) 누가 번제단에 제물을 나를 것인가를 결정한다. (7) 번제물은 다음 순서대로 제사장에게 분담시켜 나른다. 즉 {머리(1명)-오른쪽 뒷다리(2명)-두 앞 발(2명)-엉덩이(2명)-왼쪽 뒷다리(2명)-가슴(1명)-목(3명)-옆구리(2명)-내장, 밀가루, 구운 떡, 포도주(3명) 등의 순서대로 나른다.}

15. 제사장들이 번제단에 오르는 규칙을 지키도록 한다. 제사장이 번제단에 올라갈 때는 동쪽편으로, 내려 올 때는 서쪽편으로 내려 온다. 그러나 속죄일에 대제사장은 번제단 중앙에서 올라가고 다시 중앙에서 아래로 내려 온다.

16. 대제사장이 목욕을 할 수 있도록 제사장은 목욕물을 데워야 한다. 물을 데우

는 방법은 불로 달군 쇠를 물 속에 넣거나 조그마한 그릇에 물을 끓여서 붓는다.

17. 대제사장은 손과 발을 씻고 대제사장 옷을 벗는다. 그리고 목욕을 한 후 세마포 옷으로 갈아 입는다. 갈아 입고 또다시 손과 발을 씻는다.

18. 대제사장은 저녁이 될 때까지 세마포 옷을 입고 곳곳을 다니며 하루 종일 대속죄일의 직무를 수행한다.

19. 대제사장은 수송아지를 번제단과 북쪽 현관 사이에 세운다. 그리고 머리는 남쪽을 향하게 하고 얼굴은 서쪽을 보게 한다. 대제사장은 동쪽에 서서 얼굴은 동쪽을 향한다. 대제사장은 두손을 수송아지 뿔 사이에 얹고 죄를 고백한다. 먼저 대제사장과 권속들의 죄와 허물의 용서를 구한다. 이때 둘러 서있는 제사장들은 하나님께 영광을 기원한다.

20. 대제사장은 뜰의 동쪽을 지나 번제단의 북쪽으로 간다. 거기에는 두 염소가 준비되어 있다. 염소 두 마리는 그리스도의 사역의 이중성을 의미한다. 두 마리 중 한 마리는 십자가에서 우리를 대신하여 죽으신 예수 그리스도의 모습을 예표한다. 다른 한 마리의 아사셀 염소는 예수 그리스도께서 죄악을 멀리 제거하여 버리는 모습을 상징하고 있다.
두 염소를 제비뽑는 두 뼘 크기의 상자가 있다. 최초에 나무로 만들어진 뒤 금으로 만들어졌다. 대제사장 앞에 놓여 있는 제비뽑는 상자의 좌우편에 각각 한 마리씩 염소를 나란히 세운다. 대제사장의 비서격인 사람이 오른편에 서고, 비서 가문의 가장 어른이 왼편에 같이 선다. 제비뽑을 상자 안에는 두 종류의 제비가 들어 있다. 하나는 "하나님을 위하여"이고, 다른 하나는 "아사셀을 위하여"라고 기록된 제비이다. 그중 "하나님을 위하여"로 제비 뽑힌 염소는 번제로 드리고 다른 아사셀 염소는 멀리 광야로 떠나 보내서 죽임을 당하도록 한다.

21. 물두멍은 열두 개의 꼭지가 달려 있다. 제사장이 모두 12명이 임명되기 때문에 물두멍에 기다림이 없이 동시에 사용할 수 있도록 열두 개의 꼭지가 만들어졌다(최초에는 꼭지가 두 개였다.). 다른 날에는 물두멍에 손과 발을 씻었지만 대제사장은 속죄일에 주전자의 물로 손과 발을 씻었다.

22. 대제사장은 피가 응고되지 않도록 계속 젓는 제사장에게 피를 받을 그릇을 주며 계속 젓게 한다.

23. 대제사장은 부삽을 가지고 번제단 위로 올라간다. 그리고 이글이글 타고 있는 불을 부삽에 담는다. 그 불을 가지고 번제단 밑으로 내려온다. 다른 날은 이 불을 은 부삽에 옮겨 담지만 속죄일에는 금 부삽에 옮겨 담는다.

24. 속죄일에는 두 부삽이 필요하다. 하나는 분향단에 불을 나르고, 다른 하나는 지성소로 불을 나르는 부삽이다.

25. 대제사장에게 제사장이 향을 담을 국자와 부삽을 갖다 준다. 대제사장은 향 한줌을 국자에 담는다. 대제사장은 오른손에 불을 담은 부삽을, 왼손에는 향을 담은 국자를 들고 성소와 지성소를 가로막고 있는 휘장까지 간다. 성소와 지성소를 가로막고 있는 휘장은 각각 하나씩 가로 막고 있어 둘다 성소의 휘장은 남쪽에 입구를 두었고, 지성소는 북쪽에 입구를 두었다. 그래서 대제사장이 지성소로 들어 갈 때는 왼쪽으로 들어가 두 휘장 사이 오른쪽으로 지성소를 들어 가게 된다. 그래서 지성소에서 나올 때는 역순으로 뒷걸음으로 나와야 한다.

26. 대제사장은 향단의 불 위에 향을 붓는다. 지성소에 향연으로 가득하게 한다. 그리하여 향연이 속죄소를 가리워야 죽음을 면하게 된다(레 16:12,13). 그리고 나서 들어 갔던 길을 역으로 다시 나온다. 그리고 기도를 짧게 한다.
    (법궤를 지성소에 놓을 때에 돌을 법궤 앞에 두었다. 이는 모세 때부터 해왔던

전통이었다. 이 돌은 세뼘 넓이의 단단한 돌이다. 그 위에는 1년에 한 번 속죄일에 불 부삽을 올려 놓기 위한 것이다).

27. 대제사장은 밖으로 나와서 피를 젓고 있는 제사장으로부터 피그릇을 넘겨받는다. 그리고 다시 지성소로 들어간다. 대제사장은 수송아지 피를 취하여 손가락으로 속죄소 동편에 뿌리고 또 손가락으로 그 피를 속죄소 앞에 일곱 번 뿌린다(레 16:14). 그리고 법궤 앞에 선다. 향연이 이미 지성소에 가득 차 있다. 대제사장은 피를 손가락으로 위를 향하여 한 번 뿌린다. 그리고 밑으로 7번 뿌린다. 일곱은 완전 수이다. 짐승의 피는 불완전하다. 그러나 일곱 번 뿌림으로 완전해진다. 오직 예수 그리스도의 완전한 피를 의미하고 있다. (대제사장이 지성소에 속죄하러 들어가서 나오기까지 누구든지 회막에 있지 못한다.)

28. 대제사장은 지성소에서 나와 성소에 금으로 만든 대가 있는데 그곳에 피 그릇을 놓는다.

29. 대제사장이 밖으로 나오면 제사장이 두 마리 염소 중에 "하나님 을 위하여" 제비뽑힌 목에 진홍색 끈이 둘린 염소를 끌고 온다. 대제사장은 염소를 잡아 그 피를 가지고 다시 지성소로 들어가 수송아지 피를 뿌린 것과 같이 그 피로 행하여 속죄소 위에와 속죄소 앞에 뿌린다(레 16:15,16).

30. 대제사장은 지성소에서 나와 성소에서 지성소를 향해 휘장에 피를 위로 한 번 밑으로 일곱 번 뿌린다. 대제사장은 수송아지 피를 염소의 피에 붓는다. 그리고 두 피를 섞어서 단 귀퉁이 뿔들에 바르고 또 손가락으로 그 피를 그 위에 일곱 번 뿌린다.

31, 대제사장은 나머지 피를 가지고 번제단으로 나온다. 그리고 분향단에서 하던 그대로 피를 바르고 뿌린다. 분향단 뿔에 피를 바를 때는 위에서 밑으로 발랐

지만 번제단 뿔에 피를 바를 때는 밑에서 위로 바른다.

32. 대제사장은 뿔에 진홍색 끈이 묶여 있는 아사셀 염소에게 와서 안수하여 죄를 고백하고 죄를 전가시킨 후 미리 정한 사람에게 맡겨 광야로 보낸다. 아사셀 염소를 담당한 자는 염소를 끌고 가며 "지고 가라" "지고 가라"(Take and go, take and go)고 외치며 무인지경의 광야로 멀리 보내어 죽게 한다.

33. 대제사장은 회막에 들어가서 지성소에 들어 갈 때에 입었던 세마포 옷을 벗어 거기 두고 물로 몸을 씻고 자기 옷을 입고 나와서 자기의 번제와 백성의 번제를 드려 자기와 백성을 위하여 속죄하고 속죄제 희생의 기름을 단에 불사른다. (염소를 아사셀에게 보낸 자는 옷을 빨고 물로 몸을 씻은 후에 진에 들어온다. 속죄제 수송아지와 속죄제 염소의 피로 성소에서 속죄하였은즉 그 가죽과 고기와 똥을 밖으로 내어다가 불사른다. 불사른 자는 옷을 빨고 물로 몸을 씻은 후에 진에 들어 온다.)

34. 대제사장에게 부여된 영원한 규례에 따른 사명은 이스라엘 자손의 모든 죄를 위하여 일 년에 한 번 속죄하는 것이다. 대제사장은 여호와께서 모세에게 명하신 대로 엄격하게 행하였다(레 16:34).

무화과나무

### (7) 초막절(草幕節)

> 레위기 23:33-44
>
> 여호와께서 모세에게 일러 가라사대(33) 이스라엘 자손에게 고하여 이르라 칠월 십오일은 초막절이니 여호와를 위하여 칠일 동안 지킬 것이라(34) 첫날에는 성회가 있을지니 너희는 아무 노동도 하지 말지며(35) 칠일 동안에 너희는 화제를 여호와께 드릴 것이요 제팔일에도 너희에게 성회가 될 것이며 화제를 여호와께 드릴지니 이는 거룩한 대회라 너희는 아무 노동도 하지 말지니라(36) 이것들은 여호와의 절기라 너희는 공포하여 성회를 삼고 번제와 소제와 희생과 전제를 각각 그 날에 여호와께 화제로 드릴지니(37) 이는 여호와의 안식일 외에, 너희의 헌물 외에, 너희의 모든 서원 예물 외에, 너희의 모든 낙헌 예물 외에 너희가 여호와께 드리는 것이니라(38) 너희가 토지 소산 거두기를 마치거든 칠월 십오일부터 칠일 동안 여호와의 절기를 지키되 첫날에도 안식하고 제팔일에도 안식할 것이요(39) 첫날에는 너희가 아름다운 나무 실과와 종려 가지와 무성한 가지와 시내 버들을 취하여 너희 하나님 여호와 앞에서 칠일 동안 즐거워할 것이라(40) 너희는 매년에 칠일 동안 여호와께 이 절기를 지킬지니 너희 대대로의 영원한 규례라 너희는 칠월에 이를 지킬지니라(41) 너희는 칠일 동안 초막에 거하되 이스라엘에서 난 자는 다 초막에 거할지니(42) 이는 내가 이스라엘 자손을 애굽 땅에서 인도하여 내던 때에 초막에 거하게 한 줄을 너희 대대로 알게 함이니라 나는 너희 하나님 여호와니라(43) 모세가 여호와의 절기를 이스라엘 자손에게 공포하였더라(44)

초막절은 장막절 또는 수장절이라고도 부르며 유월절, 오순절과 함께 삼대절기의 한 명절로 지켰다. 초막절은 히브리어로 하그핫수코트이며 헬라어로 스케페기아이다. 이 모든 뜻은 초막, 오두막, 장막, 수풀 등의 의미이다.

출애굽기에는 수장절로 기록되어 있는데 이것은 두 가지 명칭을 번갈아 사용한 것이다(출 23:16).

초막절의 절기는 속죄일 다음에 곧 이어지는 절기로서 7월 15일부터 22일까지 7일간 지켰다. 이 기간에 이스라엘 백성은 초막에서 생활하기 때문에 초막절이라 부른다.

이스라엘 백성이 출애굽하여 광야에서 장막을 치고 고통스럽게 생활했던 것을 회상하며 일부러 나무로 초막을 만들어 야외나 들에서 지낸다. 오늘날 예루살렘의 아파트 또는 주택 근처의 공지에 천막을 쳐놓고 지내는 모습을 볼 수 있다. 이 절기의 시기가 곡식과 과일을 거두어들이는 수확의 시기이므로 수장절(출 23:16)이라 부르기도 한다. 초막절의 첫날과 마지막 날은 성회로 모인다.

바벨론 포로에서 돌아온 이스라엘 백성들이 느헤미야의 지도로 이 절기를 지킨 것을 볼 수 있다. 이 때 모든 백성이 감람나무 가지와 화석류나무 가지와 무성한 나뭇가지를 취하여 성전 뜰과 수문 앞 광장과 에블라임문 광장에 초막을 짓고 절기를 지켰다. 이러한 절기를 지킨 것은 출애굽 시 광야의 생활을 기억하며 그간 포로생활의 역경과 고통의 수난을 반추하는 것이다.

이 날에는 안식하며 아무 노동을 하지 않으며 거룩하게 지켰다. 마지막 날은 절기 중 큰 날이었다(민 29:12, 요 7:37). 이 절기에 매일 백성들은 성전에 종려나무와 버드나무 가지를 가지고 나와 제단 주위를 행진하고 한 제사장은 "너희는 기쁨으로 구원의 우물에서 물을 길으리로다"는 말씀에 근거하여 금 주전자에 실로암의 물을 채워 가져와서 백성들이 기쁨으로 노래하는 동안 금 주전자에 담겨진 물을 제물로서 성전 제단에 부었다. 이것은 광야 생활 중에 반석에서 생수를 마신 그 때를 기념하는 것이다(출 17:6, 민 20:10).

초막절에는 절기의 기간 동안 매일 화제(번제,속죄제)와 소제를 드렸다. 또한 제사장들은 새벽마다 성전의 동쪽 문으로 가서 해가 뜨는 순간에 성전을 바라볼 수 있도록 서쪽을 향해 서서 간절한 성구를 암송했다. 백성들은 매일 새벽 닭이 울자마자 성전의 동쪽으로 나왔다. 서쪽 성전을 바라보며 "우리의 조상들은 이 곳에 있을 때 얼굴을 동쪽에 돌려 동쪽 태양에 경배하였으나 우리의 눈을 주께로 향한다"고 외친다. 아침에 나팔이 길게 울려 퍼지면 모든 사람은 실로암으로 내려가 일주일간 먹을 물을 길어 온다. 제사장은 은 그릇 두 개에 물과 포도주를 담고 제단을 한 바퀴 돌면서 시편 113편에서 118편을 읽는다.

초막절은 이스라엘 백성들에게 생생한 민족사적인 교훈을 주는 절기이다. 그들은 초막절을 통하여 조상들의 출애굽 후 광야생활과 연관된 하나님의 기적적인 섭리를 다시금 되새기며 하나님의 신실하심과 선하심에 감사드렸다. 그러므로 초막절은 선민인 이스라엘 백성들이 광야 40년간의 생활을 잊지 않고 하나님께 감사하며 조상들의 삶을 기념하는 절기이다.

## 4. 기타 절기

### (1) 월삭(月朔)

> **레위기 23:24,25**
>
> 이스라엘 자손에게 고하여 이르라 칠월 곧 그 달 일일로 안식일을 삼을지니 이는 나팔을 불어 기념할 날이요 성회라(24) 아무 노동도 하지 말고 여호와께 화제를 드릴지니라(25)

> **민수기 28: 11**
>
> 월삭에는 수송아지 둘과 숫양 하나와 일 년 되고 흠 없는 숫양 일곱으로 여호와께 번제를 드리되 (11)

> **민수기 10:10**
>
> 또 너희 희락의 날과 너희 정한 절기와 월삭에는 번제물의 위에와 화목제물의 위에 나팔을 불라 그로 말미암아 너희 하나님이 너희를 기억하리라 나는 너희 하나님 여호와니라 (10)

> **에스겔 26:1,2**
>
> 제십일 년 어느 달 초 일일에 여호와의 말씀이 내게 임하여 가라사대(1) 인자야 두로가 예루살렘을 쳐서 이르기를 아하 좋다 만민의 문이 깨어져서 내게로 돌아왔도다 그가 황무하였으니 내가 충만함을 얻으리라 하였도다 (2)

제5장. 이스라엘의 절기

> 학개 1:1-5
>
> 다리오 왕 이년 유월 곧 그 달 초하루에 여호와의 말씀이 선지자 학개로 말미암아 스알디엘의 아들 유다 총독 스룹바벨과 여호사닥의 아들 대제사장 여호수아에게 임하니라 가라사대(1) 만군의 여호와가 말하여 이르노라 이 백성이 말하기를 여호와의 전을 건축할 시기가 이르지 아니하였다 하느니라(2) 여호와의 말씀이 선지자 학개에게 임하여 가라사대(3) 이 전이 황무하였거늘 너희가 이 때에 판벽한 집에 거하는 것이 가하냐 (4) 그러므로 이제 나 만군의 여호와가 말하노니 너희는 자기의 소위를 살펴 볼지니라(5)

월삭이란 말은 히브리어로 하데쉬이다. 이 말의 뜻은 새 달, 새 것이라는 의미이다. 이는 달(月)의 처음이라는 의미이다. 다시 말하면 매월 초하루를 말한다(朔 :초하루 삭). 그러므로 월삭은 지난달을 지켜 주신 하나님께 감사하고 새로 시작하는 달을 지켜 주시기를 기원하는 기념일이다.

이스라엘 백성들이 초승달의 출현으로 표시되는 매달의 첫날은 축제일로 지키는 기념일이다. 이 날에는 형식을 갖춘 음식을 먹었으며, 지키는 방법은 여러 점에서 안식일을 지키는 것과 비슷했다. 월삭에는 일로부터의 휴식, 희락, 특별한 희생제사를 드렸다. 예식은 나팔을 불어 선포했고, 특히 7월의 월삭을 중시했다. 이스라엘 자손에게 고하기를 "칠월 곧 그 달 일일로 안식일을 삼을지니 이는 나팔을 불어 기념할 날이요 성회라 아무 노동도 하지 말고 여호와께 화제를 드릴지니라"(레 23:24,25)라고 강조하였다. 바벨론 포로 귀환 이후의 이스라엘 백성들에게 월삭은 중요성이 강조되었다. 월삭에은 축일로 안식일에 드리는 제사보다 더 성대하게 제사를 드렸다. 월삭에는 수송아지 둘과 숫양 하나와 일 년 되고 흠 없는 숫양 일곱으로 여호와께 번제를 드렸다(민 28:11).

월삭에 계시를 받은 선지자들이 있다. "제십일 년 어느 달 초 일일에 여호와의 말씀이 내게 임하여 기라사대"(겔 26:1), 학개가 "다리오 왕 이년 유월 곧 그 달 초하루에 여호와의 말씀이 선지자 학개로 말미암아 스알디엘의 아들 유다 총독 스룹바벨과 여호사닥의 아들 대제사장 여호수아에게 임하니라 가라사대"(학 1:1) 등의 계시를 월삭에 받았다. 오늘날 월삭은 새 결단과 새 각오로 새 달을 살기 위하여 하나님 앞에 새롭게 결단하는 절기이다.

## (2) 부림절

> **에스더 9:20-32**
>
> 모르드개가 이 일을 기록하고 아하수에로 왕의 각 도에 있는 모든 유다인에게 무론 원근하고 글을 보내어 이르기를(20) 한 규례를 세워 해마다 아달월 십 사일과 십 오일을 지키라(21) 이 달 이 날에 유다인이 대적에게서 벗어나서 평안함을 얻어 슬픔이 변하여 기쁨이 되고 애통이 변하여 길한 날이 되었으니 이 두 날을 지켜 잔치를 베풀고 즐기며 서로 예물을 주며 가난한 자를 구제하라 하매(22) 유다인이 자기들의 이미 시작한 대로 또는 모르드개의 보낸 글대로 계속하여 행하였으니(23) 곧 아각 사람 함므다다의 아들 모든 유다인의 대적 하만이 유다인을 진멸하기를 꾀하고 부르 곧 제비를 뽑아 저희를 죽이고 멸하려 하였으나(24) 에스더가 왕의 앞에 나아감을 인하여 왕이 조서를 내려 하만이 유다인을 해하려던 악한 꾀를 그 머리에 돌려보내어 하만과 그 여러 아들을 나무에 달게 하였으므로(25) 무리가 부르의 이름을 좇아 이 두 날을 부림이라 하고 유다인이 이 글의 모든 말과 이 일에 보고 당한 것을 인하여(26) 뜻을 정하고 자기와 자손과 자기와 화합한 자들이 해마다 그 기록한 정기에 이 두 날을 연하여 지켜 폐하지 아니하기로 작정하고(27) 각 도, 각 읍, 각 집에서 대대로 이 두 날을 기념하여 지키되 이 부림일을 유다인 중에서 폐하지 않게 하고 그 자손 중에서도 기념함이 폐하지 않게 하였더라(28) 아비하일의 딸 왕후 에스더와 유다인 모르드개가 전권으로 글을 쓰고 부림에 대한 이 둘째 편지를 굳이 지키게 하되(29) 화평하고 진실한 말로 편지를 써서 아하수에로의 나라 일백 이십 칠도에 있는 유다 모든 사람에게 보내어(30) 정한 기한에 이 부림일을 지키게 하였으니 이는 유다인 모르드개와 왕후 에스더의 명한 바와 유다인이 금식하며 부르짖은 것을 인하여 자기와 자기 자손을 위하여 정한 바가 있음이더라(31) 에스더의 명령이 이 부림에 대한 일을 견고히 하였고 그 일이 책에 기록되었더라(32)

> **에스더 4:3,4**
>
> 왕의 조명이 각 도에 이르매 유다인이 크게 애통하여 금식하며 곡읍하며 부르짖고 굵은 베를 입고 재에 누운 자가 무수하더라 (3) 에스더의 시녀와 내시가 나아와 고하니 왕후가 심히 근심하여 입을 의복을 모르드개에게 보내어 그 굵은 베를 벗기고자 하나 모르드개가 받지 아니하는지라(4)

제5장. 이스라엘의 절기

> 에스더 4:14-16
>
> 에스더가 명하여 모르드개에게 회답하되(14) 당신은 가서 수산에 있는 유다인을 다 모으고 나를 위하여 금식하되 밤낮 삼일을 먹지도 말고 마시지도 마소서 나도 나의 시녀로 더불어 이렇게 금식한 후에 규례를 어기고 왕에게 나아가리니 죽으면 죽으리이다 (15) 모르드개가 가서 에스더의 명한 대로 다 행하니라 (16)

부림절은 히브리어로 푸림이다. 이 말은 제비라는 뜻이다. 이 말은 하나님의 뜻을 알기 위하여 제비를 뽑는다는 말이다. 바벨론에 포로로 잡혀간 유대인을 멸절시키기 위하여 제비를 뽑았으나 바로 그 날 하나님의 도우심으로 죽음의 위기에서 벗어난 것이다. 유대인을 죽이려던 아각 사람 하만에 의해 몰살당할 뻔했던 유대인과 모르개를 살려주신 그 날인 아달월(양력,12월) 14일과 15일을 하나님께 감사하여 기념하는 날이 부림절이다.

부림절은 이스라엘 백성의 수난의 역사 가운데서도 오늘날까지 지켜지고 있다. 역사를 거슬러 올라가게 되면 다윗 시대에 통일왕국을 이루었던 유다 나라는 솔로몬의 아들 르호보암 왕 시대에 남쪽 유다와 북 이스라엘로 나라가 분열되었다. 남 유다(유대)왕국은 수도가 예루살렘이었고, 북 이스라엘은 사마리아의 세겜을 수도로 하였다.

그 후 이스라엘은 주전 722년에 앗수르에게 멸망했고, 남쪽 유다는 주전 586년 바벨론에게 패망했다. 그래서 바벨론에 포로로 끌려간 유대인이 얼마인지는 정확히 알 수 없으나 예레미야 애가를 참고하면 예루살렘에는 노인과 젖먹이만 남고 모두 포로로 끌려간 것으로 추정된다.

주전 50년부터 70년까지 포로생활에서 풀려나 예루살렘에 귀환한 유대인은 3차에 걸쳐 5만명 이상의 유대인이 귀환했다. 주전 70년 스룹바벨에 의해 예루살렘 솔로몬 성전이 무너진 자리에 다시 성전을 건축(515년, 제2성전)하였다. 그

후 유대 땅으로 귀환하지 못한 유대 백성은 바벨론(바사 메대)에서 큰 위기에 처했다.

그때 바사의 아하수에로 왕(주전 485-405년)이 대연회를 개최하여 180일 동안 즐기는 중 왕후 와디스를 불러내어 그 아릿다움을 자랑코자 하였으나 불응한 이유로 폐위하여 축출하였다. 그래서 전국에서 모여든 수많은 아리따운 처녀 중에서 유대 족속인 에스더가 내시 헤개의 추천으로 아하수에로 왕에게 간택되어 왕후가 되었다(에 1:9, 2:7-9). 에스더는 조실 부모하여 사촌 오빠인 모르드개에게 양육을 받아 성장하였다.

주전 478년 아하수에로 왕 때에 하만은 총리의 중책을 맡았다. 그 당시 모르드개는 대궐문에서 일하는 왕의 신복이었다. 모르드개가 대궐문에 앉아 있을 때 문을 지키는 왕의 내시 빅단과 데레스 두 사람이 아하수로 왕에게 원한을 품고 모살(謀殺)하려 하자 모르드개가 이를 알고 왕후 에스더에게 알리니 에스더가 모르드개 이름으로 왕에게 고했다(에 2:21,22). 그리하여 왕을 살해하려던 빅단과 데레스를 나무에 달아 죽였다. 모르드개는 에스더를 통해 살해 음모를 왕에게 고하여 왕의 생명을 구하였다.

그후 총리 하만의 지휘는 높아졌다. 대궐문에 있는 모든 신복은 하만에게 꿇어 절하는데 모르드개만 꿇지도 않고 절하지도 아니하니 왕명을 거역한다는 구실로 모르드개를 비롯한 유대 민족을 멸하고자 했다. 그리하여 아하수에로 왕의 이름으로 조서를 내려 각 도에 보내어 십이월(아달월) 13일 하룻동안에 남녀노소를 막론하고 유대인을 다 죽이고 또 재산을 탈취하라 명했다. 이때 하만이 유대인들을 멸절시키고자 하는 음모를 세웠다는 사실을 왕후인 에스더에게 알렸다.

에스더는 모르드개로부터 유대인이 위기에 처해 있음을 전해 듣고 모르드개를 통해 유대인들에게 당부한 바와 같이 에스더 자신도 수산궁에서 시녀들과 더불어 밤낮 삼일을 먹지도 않고 마시지도 않았다. 에스더는 규례를 어기고 "죽으면 죽으리라"는 비장한 각오로 왕에게 나아 가기로 결심했다. 모르드개는 옷을 찢고 굵은 베옷을 입으며 재를 무릅쓰고 성중에 나가서 대성통곡을 했으나 대궐문에는 들어 가지 못했다.

　당시 에스더는 왕의 총애를 받았다. 에스더가 왕후의 예복을 입고 왕궁 안뜰에서 왕을 만났을 때 그는 이르기를 "왕후 에스더여 그대의 소원이 무엇이며 요구가 무엇이뇨 나라의 절반이라도 그대에게 주겠노라"(에 5:3)라고 약속했다. 다음 날 잔치 석상에서 약속대로 "행하겠노라"라고 다시 약속했다(에 7:2). 이 자리에서 에스더는 "나와 내 민족이 팔려서 죽임과 도륙함과 진멸함을 당하게 되었다"는 사실을 솔직하게 밝혔다. 아하수에로 왕이 왕후 에스더에게 일러 가로되 "감히 이런 일을 심중에 품은자가 누구며 그가 어디 있느뇨"라고 물었다. 에스더가 가로되 "대적과 원수는 이 악한 하만이니이다"(에 7:4-6)라고 답변했다. 이때 왕이 노하였다. "왕을 모신 내시 중에 하르보나가 왕에게 아뢰되 왕을 위하여 충성된 말로 고발한 모르드개를 달고자 하여 하만이 고가 오십 규빗(2m75cm)되는 나무를 준비하였는데 이제 그 나무가 하만의 집에 섰나이다 왕이 가로되 하만을 그 나무에 달라하매 모르드개를 달고자 한 나무에 하만을 다니 왕의 노가 그치니라"(에 7:9). 그리하여 하만과 그의 아들 열 명이 나무에 달려 비참하게 죽게 되었다.

　하만의 흉계가 드러나 그는 처형되었고 그 대신 모르드개를 총리로 삼아 유대인을 멸절하려던 칙령을 취소하는 동시에 유대인에게 자유권을 주어 적대행위를 하려던 자들을 다 죽였다(에 3:5, 4:1). 이로써 유대민족은 위기의 함정에서 구출되어 평화로운 생활의 새 출발을 하게 되었다. 이 때에 모르드개와 에스더는 127도에 흩어져 있는 유대 동포에게 명하여 아달월(12월) 14일과 15일 양일(유월절 한 달 전)을 동포들이 구원받은 것을 기념하는 명절일로 정하여 영원히 지키라고 했다. 이러한 명절의 기념일이 곧 부림절이다(에 9:20-23)
　오늘날 이스라엘 백성들은 부림절을 지키며 아달월(양력 12월) 13일 하루 금식을 한다. 그들은 '에스더 금식'이라 한다. 예배드리고 나서 에스더서를 봉독하는데 하만의 이름이 나오면 회중은 소음을 내고 하만을 저주한다. 부림절에 특히 사람의 귀처럼 생긴 모양의 과자를 만들어 씹어 먹는다. 그 과자는 '하만의 귀'라고 말하는데 하만을 저주하며 아삭아삭 씹어 먹는다. 14일에는 모두 회당에 모여 이스라엘 백성이 생명을 구원 받은 것을 기뻐하며 종일토록 축제를 가진다.

부림절은 이스라엘 민족의 자존심과 침략자인 다른 민족에 대한 적개심의 발로이며 민족 수난 중에 에스더의 신앙심과 애족심 그리고 희생정신을 잊지 않고 기리며 영원히 기념하는 절기이다.

## 기독교의 상징

희랍어의 그리스도라는 처음 두 글자를 교차시켰다.

크로
(그리스도 상징 :
주후 2세기경 사용)

흰색 바탕에 빨간 십자가 5개는 예수님 다섯 상처를 상징 한다.

예루살렘 십자가
(십자군시대 천주교에서 사용)

희랍어의 무덤이라는 "타보스"의 처음 두 자를 결합시켰다.

희랍정교회 십자가
(예수님의 무덤 상징)

러시아 정교회에 속한 모든건물에 표지로 사용한다.

러시아 정교회
(동방 십자가)

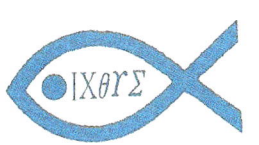

초대 기독교인들 박해시 암호로 사용 되었다.

초기 기독교인의 상징
(초대 기독교인들이 사용)

### (3) 수전절(修殿節)

> **요한복음 10:22-28**
>
> 예루살렘에 수전절이 이르니 때는 겨울이라(22) 예수께서 성전 안 솔로몬 행각에서 다니시니(23) 유대인들이 에워싸고 가로되 당신이 언제까지나 우리 마음을 의혹케 하려 하나이까 그리스도여든 밝히 말하시오 하니(24) 예수께서 대답하시되 내가 너희에게 말하였으되 믿지 아니하는도다 내가 내 아버지의 이름으로 행하는 일들이 나를 증거하는 것이어늘(25) 너희가 내 양이 아니므로 믿지 아니하는도다 (26) 내 양은 내 음성을 들으며 나는 저희를 알며 저희는 나를 따르느니라(27) 내가 저희에게 영생을 주노니 영원히 멸망치 아니할 터이요 또 저희를 내 손에서 빼앗을 자가 없느니라(28)

수전절(Feast of Dedication)은 더럽혀진 성전을 청결히 하고 수리한 것을 기념하는 명절이다. 수전절은 히브리 말로는 봉헌을 뜻하는 하누카(Hanukkah)라고 부른다. 표준 새번역에는 성전 봉헌절로 번역되었다(요 10:22).

고대 중동지역은 애굽, 앗수르, 바벨론, 바사(페르시아), 헬라(그리스), 그리고 로마였다. 고대에는 나라마다 자기들이 섬기는 신(神)이 있었다. 전쟁에 승리한 나라는 정복한 나라에 자기들의 신을 두고, 정복한 나라의 신전을 파괴하고 그들의 신을 모욕하고 신전을 더럽혔다.

알렉산더 대왕(주전 336-323)은 그리스, 페르시아, 인도에 이르는 대제국을 건설하여 그리스문화와 오리엔트 문화를 융합시킨 새로운 헬레니즘 문화를 이룩했다. 그러나 그가 죽자(주전 323) 정복한 대제국의 영토는 세 왕국으로 갈라졌다. 즉 (1) 마케도니아-유럽과 그리스 일부는 안티코너스 왕조 (2) 애굽-리비아 지역은 프톨레미 왕조 (3) 시리아-팔레스타인과 페르시아-소아시아 지역은 셀루커스 왕조가 분할 통치하게 되었다.

당시 셀루커스 왕조의 안티오쿠스 4세(즉위 주전 175)가 유다 왕국(팔레스타인)을 점령하여 헬라화 정책에 의해 예루살렘 성전이 헬라화되고 제단에 돼지 머리를 두었으며, 성전에 창기를 넣어서 성전을 더럽혔다. 이에 격분하여 주전 165년경 유다의 하스모니안 가의 마카비가 해방 전쟁을 일으켜 성전을 재탈환하고 성전 예배를 회복하였다. 이것을 기념하며 수전절을 지키게 되었다. 유대인들이 하누카 촛대에 불을 붙이며 2000년 전에 있었던 성전 탈환과 성전의 새로운 봉헌을 축하하며 기념하는 축제가 수전절이다.

"예루살렘에 수전절이 이르니 때는 겨울이라 예수께서 성전 안 솔로몬 행각에서 다니시니 유대인들이 에워싸고 가로되 당신이 언제까지나 우리 마음을 의혹케 하려나이까 그리스도여든 밝히 말하시오 하니 예수께서 대답하시되 내가 너희에게 말하였으되 믿지 아니하는도다 내가 내 아버지의 이름으로 행하는 일들이 나를 증거하는 것이어늘 너희가 내 양이 아니므로 믿지 아니하는도다 내 양은 내 음성을 들으며 나는 저희를 알며 저희는 나를 따르느니라"(요 10:22-27).

예수님은 수전절에 자신이 세상에 생명을 주러 오신 분임을 선포하셨다.

수전절은 유대력으로는 기슬르월 25일에 시작되는데 태양력으로는 거의 12월 25일에 해당된다(요 10:22). 그래서 수전절을 크리스마스와 거의 비슷한 때에 지키게 된다. 주후 70년에 예루살렘 성전이 파괴된 후로는 유대인들은 각 가정에서 촛불을 밝히면서 수전절을 지켰다. 수전절이 되면 8일 동안 매일 하나씩 촛대에 불을 밝히는데 하누카 촛대 중앙에 있는 촛대에는 처음부터 불을 켜놓기 때문에 실제적으로는 아홉 개의 촛불이 밝혀지는 것이다. 이 때문에 수전절을 '빛의 명절'이라고도 부른다.

**예루살렘성의 사자문**
**(스데반 집사가 사자문 앞에서 순교했다)**

제5장. 이스라엘의 절기

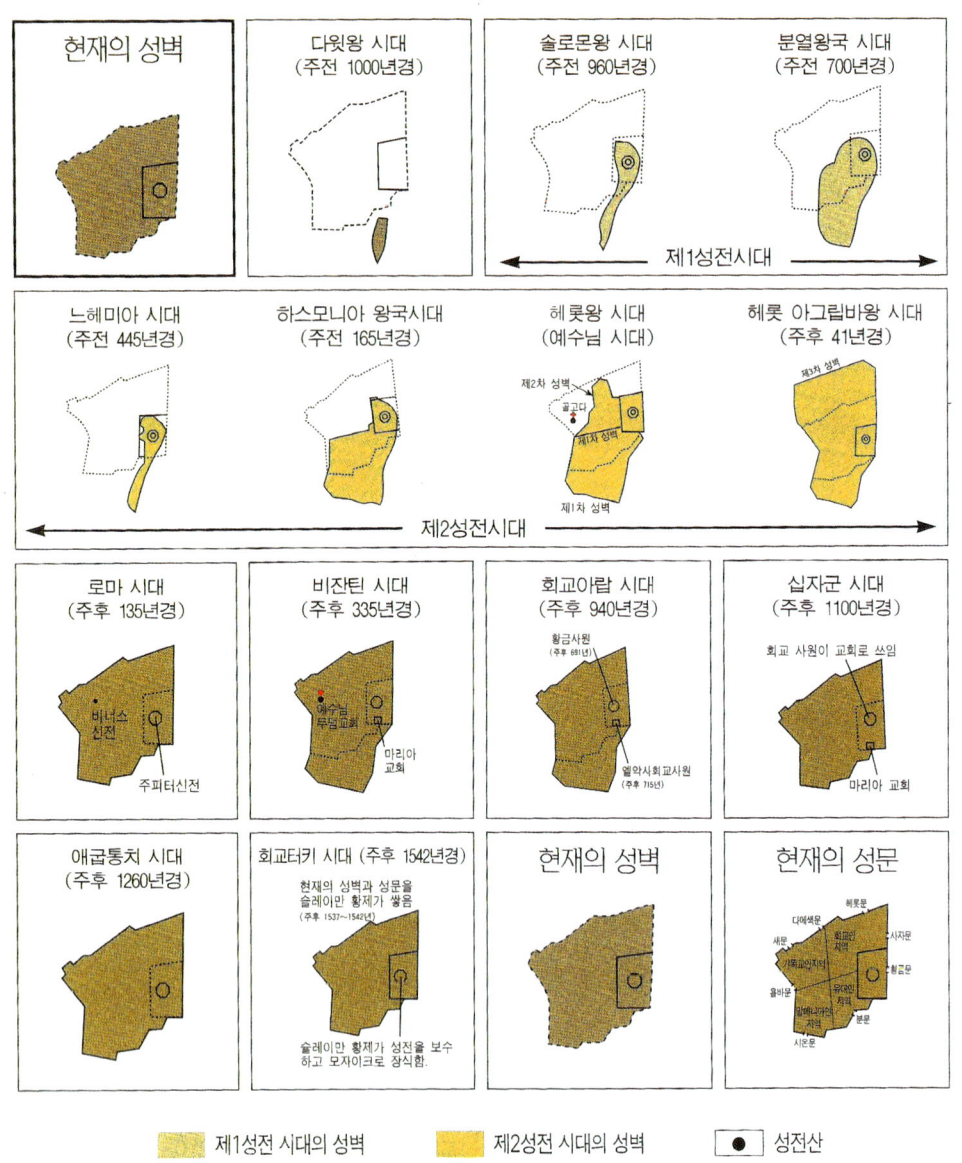

### (4) 성전파괴일 및 독립기념일

> **누가복음 19:39-44**
>
> 무리 중 어떤 바리새인들이 말하되 선생이여 당신의 제자들을 책망하소서 하거늘(39) 대답하여 가라사대 내가 너희에게 말하노니 만일 이 사람들이 잠잠하면 돌들이 소리지르리라 하시니라(40) 가까이 오사 성을 보시고 우시며(41) 가라사대 너도 오늘날 평화에 관한 일을 알았더면 좋을 뻔하였거니와 지금 네 눈에 숨기웠도다(42) 날이 이를지라 네 원수들이 토성을 쌓고 너를 둘러 사면으로 가두고(43) 또 너와 및 그 가운데 있는 네 자식들을 땅에 메어치며 돌 하나도 돌 위에 남기지 아니하리니 이는 권고 받는 날을 네가 알지 못함을 인함이니라 하시니라(44)

성전파괴일은 아브달(양력 7,8월)의 9일이다. 성전파괴일이란 예루살렘성의 성전산에 세워진 제1성전의 파괴(주전 586년)와 제2성전의 파괴(주후 70년)의 날을 기억하며 금식하고 슬픔을 표현하며 기도하는 날로서 전통적으로 이 두 번의 성전이 무너진 날을 상기하며 민족적 애국심을 결단하는 절기이다.

예루살렘의 성전산은 아브라함이 아들 이삭을 하나님께 번제로 드리려 했던 모리아산이다(창 22:1-14). 솔로몬이 예루살렘 모리아산에 여호와의 전을 건축하기를 시작하니 그 곳은 전에 여호와께서 그 아버지 다윗에게 나타나신 곳이요. 여부스 사람 오르난의 타작마당에 다윗이 정한 곳이다(대하 3:1). 솔로몬 왕 4년 2월 2일에 성전 공사를 시작하여 7년에 걸쳐 주전 959년 솔로몬 왕 11년 8월에 완공이 되었다(왕상 6:37,38).

솔로몬이 건축한 제1성전은 주전 586년 바벨론 느부갓네살왕에 의해 파괴되었다. 그 후 포로에서 돌아온 스룹바벨에 의해 유대인들이 주전 515년 재건한 것이 제2성전시대의 시작이다(스 6:15). 제2성전은 헤롯대왕에 의해 새로 수축되었으나 주후 70년 로마 티투스(Titus) 장군에 의해 아빕월 9일에 파괴었다. 성전이 파괴된 후 주후 2세기경 로마 통치시대에 성전산(모리아)의 성전터에 신전이 세워졌으나 주후 614년 페르시아에 의해 파괴되었다. 주후 687년 옴마이드 왕조의 말리크 왕(재위 685-705년)이 이슬람 사원을 짓기 시작하여 691년에 완공되었다. 이 이슬람사원은 오마르사원이라 부르기도 하며 오늘날 통상적으로 황금사원이라 부른다. 황금사원이란 이름은 돔(Dome)에 황금을 도색했기 때문에 붙여진 이름이다. 그후 요르단 후세인 왕(1999년 2월, 사망)의 보조로 돔(Dome)의 외부에 80kg의 금을 녹여 도금하였기 때문에 오늘날까지 황금빛이 찬란하게 빛나고 있다.

이스라엘이 1948년 5월 14일 독립을 선언하자 아랍 동맹국의 반발로 인한 독립전쟁을 비롯하여 4차 중동전쟁이 일어났다. 이스라엘이 1967년 제3차중동 전쟁인 6일전쟁에서 2천여 년 동안 빼앗겼던 예루살렘과 통곡의 벽을 점령하여 되찾은 것은 6일전쟁 승리의 결과였다. 6일전쟁에 이스라엘 정예 공수부대는 요르단의 완강한 저항을 받으며 예루살렘성의 사자문을 6월 7일 10시경 통과 입성에 성공하였다. 그 날 정오에 완전 예루살렘성을 점령하여 이스라엘 병사들은 통곡의 벽에서 감격의 눈물을 흘렸다고 한다. 그러므로 그들은 요르단 관할의 지배하에서 벗어난 6월 7일을 해방기념일로 지키고 있다.

예수님께서 예언한 바와 같이 "예루살렘성이 돌 하나도 돌 위에 남기지 아니하리라"(마 23:27)는 기록 그대로 예루살렘성이 완전히 무너졌다. 헤롯대왕 때 쌓은 성전산의 서쪽벽의 총길이가 약 485m이었으나 현재 약 60m의 길이에 높이 16m의 서쪽벽(지하17단, 지상7단)만 웅장하게 남아 있어 이스라엘의 멸망시에 예루살렘성 파괴의 비참한 역사를 웅변해 주고 있다.

성전파괴일에 이스라엘 백성은 통곡의 벽에 나와 통곡하며 기도 할수밖에 없기 때문에 "통곡의 벽"이라는 이름이 붙여졌다.

제3차 중동전생의 6일전쟁에서 이스라엘은 예루살렘성을 완전히 점령하여 모세 다이안 장군(1915-1981)이 성전산에 이스라엘 국기를 꽂기도 했으나 성전산은 중동의 평화를 위하여 아랍 사람들에게 다시 넘겨 주었다. 그래서 오늘날까지 예루살렘성의 노른자위와 같은 가치가 있는 성전산을 아랍사람들이 관리하고 있기 때문에 이스라엘 사람들은 성전산에 올라가지 못하고, 오직 통곡의 벽에서만 기도하고 있을 뿐이다.

예루살렘성의 거룩한 성전산(모리아산)에는 제1성전 및 제2성전이 파괴된 이후 그 자리에 이슬람 황금사원이 세워져서 오늘날까지 아이러니하게도 황금 돔(Dome)이 아침 햇살과 저녁 석양에 찬란히 빛나고 있다.

예루살렘성은 기독교, 유대교, 이슬람교의 3대 종교 간에 항상 갈등과 긴장이 조성되고 있으며 인류종말이 예고된 태풍의 눈이 되고 있다. 성전파괴일은 이스라엘 민족에 국한되어 있지만 하나님께서 인류역사를 섭리하시며 국가 흥망성쇠를 주관하신다는 사실을 경종으로 받아들이게 된다.

지난 제1성전의 파괴에 이어 제2성전 파괴의 날을 유대인의 수난에 의한 역사적인 저주의 성전파괴날이라 부르기도 한다. 로마 지배시대로부터 현대 이스라엘 독립시기까지를 좀더 구체적으로 살펴볼 필요성이 있다.

유대인들은 로마 지배시대(주전 63-주후 324년)에 탄압이 극심하자 주후 66년 유대인들이 제1차 반란을 일으켰으며 앞에서 언급한 바와 같이 주후 70년 로마 티투스(Titus) 장군에 의해 예루살렘성과 성전이 완전히 파괴되어 제2성전시대가 끝났다. 이때에 유대인들은 예루살렘에서 추방되었다. 그리하여 유대인들의 디아스포라(Diaspora)는 세계적으로 확산되었다.

또한 주후 132-135년에 또다시 로마 통치에 항거하는 유대인의 '바르코크바(Bar kokhba)'에 의한 제2차 반란이 일어나자 로마 하드리안 황제는 유대라는 이름을 말살하고 지도에서 그 이름을 지우기 위하여 지도상에 유대지역을 팔레스타인 지역에 흡수시킨 후 '유대'라는 이름을 '팔레스타인'으로 완전히 바꿔버렸다. 이때부터 유대라는 식민지 나라마저 사라진 것이다. 그리고 예루살렘을 로마의 도시형태로 재건하면서 '엘리아 카톨리나(Aelia Capitolina)'라는 새로운 이름으로 예루살렘의 이름을 바꿔 버렸다. 또한 예루살렘의 성전산에 '주피터 신전'을 세우고 골고다 언덕에 로마인들의 사랑과 미의 상징인 비너스 신전을 세웠다. 유대인의 박해는 유대교뿐만 아니라 기독교 말살의 저의도 숨어 있었다.

로마 통치시대 이후 팔레스타인의 지배는 비잔틴시대, 아랍시대, 십자군시대, 마믈룩시대를 거쳐 오스만 터키시대(1517-1917년)에 이르렀다. 제1차 세계대전(1914-1918년)에서 터키가 패배하게 되자 1920년 UN에서 영국이 팔레스타인을 위임 통치하도록 결의되어 영국이 팔레스타인을 지배하기 시작하였다.

제2차 세계대전(1939-1945년)이 종식된 후 1947년 UN에서 팔레스타인 땅에 유대인 국가(Jewish State)와 아랍 국가(Arab State)를 양분하여 2개 국가를 독립시킬 것(예루살렘성은 UN의 관할하에 둠)을 결의했으나 아랍인들은 결사반대 하며 무효를 주장한 반면, 유대인들은 절호의 기회로 받아들여 1948년 5월14일 오후 4시 텔아비브 박물관에서 유대인들 독자적으로 초대 수상 겸 국방장관으로 '벤구리온'을 선택하여 이스라엘 국가 건국의 독립선언을 했다. 그래서 1948년 5월 14일을 이스라엘은 독립기념일로 지키고 있다.

이스라엘이 독립을 선언하자 영국의 식민지 관할 대표는 그날 자정을 1시간 남겨놓고 이스라엘 하이파항을 떠났다. 미국과 소련으로부터 사실상 독립국가로 인정되었으나 이스라엘 독립은 순탄치 못했다. 팔레스타인은 국가를 건설하지 못한 상태에서 주변 아랍민족의 배후 세력인 아랍동맹국가들과 이스라엘 간에 전쟁이 유발되고 말았다. 그래서 전쟁이 네 차례 계속되어 소위 '중동 4차전쟁'이라는 이름이 붙여졌으며 매번 이스라엘의 승리로 끝났다. 현대 이스라엘의 역사를 알려면 4차중동전쟁을 정확히 이해를 해야 한다.

**제1차 중동전쟁**(1948.5.15-1949.7월)은 이스라엘의 독립선언으로 시작되었기 때문에 독립전쟁이라 부른다. 이스라엘이 독립을 선언하자 이집트, 요르단, 시리아, 이라크 등 아랍 5개국 동맹국이 이스라엘을 침공했다. 그러나 이스라엘은 UN에서 팔레스타인 땅을 분할하여 허용한 이스라엘 땅보다 더 많은 영토를 점령(전체 땅의 70%)하는 골리앗을 물리친 다윗과 같은 승리의 전쟁이었다. 요르단은 이스라엘 독립전쟁시에 요르단강 서안지역과 예루살렘을 점령하면서 이스라엘과 대립하게 되었다.

1949년 이스라엘과 요르단 간에 휴전협정이 체결되면서 소위 녹색선(The Green Line)의 경계선이 설정되어 오늘날 요르단강 서안지역의 경계선이 되었다. 요르단은 그 후 1950년에 휴전협정을 무시하고 요르단강 서안 지역을 일방적으로 요르단 영토에 편입시키고 이 지역의 모든 거주자들에게 요르단 시민권을 부여했다.

**제2차 중동전쟁**(1956.7.26-1957.11.7)은 일명 '시나이 전쟁' 이라고 한다. 이집트의 낫세르 대통령이 아스완 건설로 인해 재정난에 처하게 되자 재정확보를 목적으로 영국, 프랑스, 이집트 등 3개국이 주식을 공유하고 있던 수에즈 운하를 이집트가 독자적으로 국유를 선언했다. 즉각 영국과 프랑스 연합군은 수에즈 운하를 기습적으로 침공했다. 이때에 이집트에서 수에즈 운하를 봉쇄하면서 이스라엘 선박을 강제로 나포하자 이스라엘은 100시간만에 공수부대와 탱크부대로 시나이 반도를 점령했다.(수상 겸 국방장관: 벤구리온, 참모총장:샤론) 그러나 동년 11월3일 미국의 제안으로 UN결의에 의해 11월7일 이집트 낫세르 대통령과 협정으로 시나이 반도를 포함한 가자지구를 이집트에 돌려 주었다.

가자지구에 관해 상세하게 살펴보면 이스라엘 건국 후 1948년 발발한 1차 중동전쟁이 끝난 후 이집트에 귀속됐던 가자지구는 1967년 3차 중동전쟁(6일전쟁) 이후 이스라엘이 점령했다. 이스라엘은 2005년 가자지구 내 유대인 정착촌의 주민을 모두 이주시키고 군 병력을 철수하며 점령에 종지부를 찍었다. 그러나 2007년 6월 팔레스타인 무장정치조직 하마스가 파타계열의 보안군 병력을 몰아내고 가자지구를 장악하자 이스라엘은 가자지구에 대한 봉쇄의 고삐를 죄었다. 이스라엘의 철저한 봉쇄조치로 '가자지구는 하늘만 열린 감옥'이 되었다. 2008년 12월 이스라엘의 가자지구 침공의 3주간 전쟁으로 유혈사태가 벌어졌다. 오늘날 가자지구는 팔레스타인 자치정부의 관할하에 이스라엘에 포위된 상태에서 일촉즉발의 위기가 항상 상존하고 있다.

**제3차 중동전쟁**(1967.6.5-6.10)은 전쟁 발발 6일만에 끝났기 때문에 '6일 전쟁'이라고 부른다. 이집트 낫세르(Nasser, 1918-1970) 대통령은 시나이 반도에 주둔하고 있는 UN감시군이 철수하기로 UN에서 결의되자 이때 이집트, 요르단, 이라크, 시리아는 동맹을 맺어 "유대인을 지중해에 밀어 넣자"고 결의했다. 이어 낫세르는 아카만을 봉쇄하고 군사를 이스라엘 국경지역으로 이동시키자 이스라엘은 6월5일 새벽 7시46분, 기습적으로 공군 전투기에 의한 선제공격을 감행하여 카이로 공군기지를 비롯하여 시리아, 요르단, 이라크의 출동 준비중인 전투기들을 완전히 파괴하여 항공작전 능력을 무력화시켰다. 지상전 역시 전쟁의 경험을 바탕으로 탱크의 성능은 비록 열세했으나 기갑부대는 3일만에 수에즈 운하와 가자지역을 점령했다. 이어 이스라엘 에시콜 수상은 UN을 통해 요르단에게 평화 유지를 제의했으나 요르단 후세인 국왕은 이를 거절하고 예루살렘 유대인 지역에 공격을 감행했다. 이에 맞선 이스라엘 공수부대는 완강한 저항을 받으며 구 예루살렘성의 사자문을 6월7일 10시에 통과하여 입성에 성공했다. 그리하여 2천여 년 동안 잃었던 예루살렘을 정오에 점령했다. 이스라엘은 6일전쟁으로 이집트의 시나이반도와 가자지역(360Km$^2$), 요르단의 요르단강 서안지역(5,878Km$^2$), 시리아의 골란 고원지역(1,150Km$^2$)을 점령한 대승리의 전쟁이었다. 이때에 예루살렘을 합병했으나 오직 예루살렘성의 성전산을 중동평화를 위하여 아랍사람에게 되돌려 주어 금일에 이르고 있다. 그래서 이스라엘 사람들은 지금도 성전산에 올라가지 못하며 통곡의 벽에서 통곡하며 애처럽게 기도하고 있을 뿐이다.

이스라엘은 6일 전쟁에서 점령한 '시나이 반도', '가자지역', '요르단강 서안지역', '골란고원'을 합병하지 않고 단지 군사 점령지역으로 남겨두었다. 1967년 11월 UN의 제242조의 결의로 '이스라엘은 6일전쟁 이전의 군사분계선으로 철수한다'는 것을 골자로 하고 있으나 오직 '시나이 반도'만 15년 후(1982.4.25)에 이집트에 반환했으며 그 외의 3개 지역은 지금까지 철수하지 않고 실효적 점령지로서 갈등과 유혈충돌이 지속되고 있다.

**제4차 중동전쟁**(1973.10.6-10.22)은 대속죄일에 기습적으로 이스라엘을 공격했기 때문에 '욤키프르(Yom kuppur)전쟁'이고도 한다. 이집트 낫세르 대통령이 암살(1970.9.28)되자 그 후임 사다트 대통령은 아랍국가들에게 '이스라엘의 아랍 점령지 반환'을 선동하며 압력을 가했다. 1973년 소련의 배후 군사력 유지를 획책하며 이집트와 시리아가 대속죄일을 틈타 기습적으로 침공했다. 그러나 이스라엘의 반격으로 영토의 변화 없는 전쟁 이전의 상태에서 휴전이 성립되었다.

오늘날 팔레스타인의 역사적인 배경과 국제 환경을 살펴볼 필요성이 있다. 팔레스타인 해방기구(P.L.O :Palestine Liberation Organization)가 1964년 결성되어 1969년 2월에 야세르 아라파트(Yasser Arafat,1929.8.4.-2004.11.11)가 의장으로 취임했다. 이때부터 그는 아랍국가들의 후원을 받으며 팔레스타인 독립국가 건설을 위하여 투쟁과 협상을 계속해 왔다. 1988년 팔레스타인 민족평의회(PCN)는 팔레스타인 독립국가를 선언하고 아라파트를 대통령으로 선출했다. 다음해 UN총회는 미국과 이스라엘을 제외한 회원국 절대 다수의 지지를 얻어 예루살렘을 수도로 한 독립국가를 인정했다. 그리하여 몇몇 국가에 대사관을 상설하고 "영토 없는 나라"로 존재했으나 팔레스타인 독립국가는 실현되지 못했다.

그후 오슬로 평화협정(1993년), 와이버리 평화협정(1998년), 캠프 데이브드의 최종협정(2000년)에서 팔레스타인 독립국가 건설에 대한 협상이 있었다. 2001년 12월 이스라엘 샤론 총리(1928.2.27.-2014.1.11)의 오슬로 평화협정의 파기선언으로 수년간 유혈사태의 민중봉기가 치열했다. 2003년 4월30일 이라크전이 끝난 후 미국이 팔레스타인 독립국가 창설을 위한 중동 평화정책을 펼쳐 왔다. 오늘날까지 미국 역대 대통령과 국무장관 그리고 UN 사무총장이 이스라엘을 종종 방문했지만 해법을 찾지 못하고 있다. 팔레스타인이 독립국가를 건설한다는 것은 이스라엘이 고사(枯死)되지 않는 한 풀기 어려운 난제이다.

오늘날 이스라엘은 거룩한 성전이 비참하게 무너진 성전파괴일은 유대력으로 아브월(양력:7, 8월)이다. 이날을 기억하며 금식하고 통곡의 벽에 가서 기도하며 밤을 세운다. 그리고 2천여년 동안 잃었던 나라를 다시 찾아 건국한 독립기념일은 유대력으로 이야르 5일(양:4, 5월)이다. 1948년 5월14일 이스라엘 독립을 기념하는 날이다.

# 제6장
# 결 론

예수님의 탄생교회(베들레헴)

# 제6장 결론

## 1. 성소의 원형인 하늘나라 성소

모세가 시내산에서 하나님의 지시에 따라 성막을 지으려 할 때에 하나님께서 중요한 말씀을 주셨다. 즉 "무릇 내가 네게 보이는 대로"(출 25:9) 장막을 지으라고 하셨다. 하나님은 모세에게 이미 장막을 짓기 전에 장막을 먼저 보여 주셨고, 모세는 보인 그대로 장막을 지었다는 사실이다. 히브리서 8장 5절에 "저희가 섬기는 것은 하늘에 있는 모형과 그림자라 모세가 장막을 지으려 할 때에 지시하심을 얻음과 같으니 가라사대 삼가 모든 것을 산(시내산)에서 네게 보이던 본을 좇아 지으라 하셨다"는 사실을 밝히고 있다. 즉 "하늘에 있는 것의 모형과 그림자"라고 분명한 사실을 확증해 주고 있다. '모형'이 있으면 '원형'이 있고, '그림자'가 있으면 '실체'가 있는 것이다.

그러므로 천상 성소의 원형과 실체를 통해 지상 성소의 모형과 그림자가 존재함을 입증해 주고 있다.

따라서 지상의 성소에서부터 하늘나라의 성소에서 이루어지고 있는 구속의 역사(役事)는 이 세상에서 모세가 지은 하늘 성소의 모형과 그림자인 성막에서 실현되었지만 예수 그리스도를 통해 모세가 보았던 하늘나라의 성소에서 구속사역은 완성되어 가고 있다. 이러한 증거를 말씀을 통해서 분명히 밝혀 주고 있다.

① "그리스도께서 장래 좋은 일의 대제사장으로 오사 손으로 짓지 아니한 곧 이 창조에 속하지 아니한 더 크고 온전한 장막으로 말미암아 염소와 송아지의 피로 아니하고 오직 자기 피로 영원한 속죄를 이루사 단번에 성소에 들어 가셨느니라"(히 9:11,12).

② "그리스도께서는 참 것의 그림자인 손으로 만든 성소에 들어가지 아니하시고 오직 참 하늘에 들어가사 이제 우리를 위하여 하나님 앞에 나타나시고 대제사장이 해마다 다른 것의 피로써 성소에 들어가는 것 같이 자주 자기를 드리려고 아니하실지니 그리하면 그가 세상을 창조할 때부터 자주 고난을 받았어야 할 것이로되 이제 자기를 단번에 제사로 드려 죄를 없게 하시려고 세상 끝에 나타나셨느니라"(히 9:24-26).

위의 말씀을 종합해 보면 예수 그리스도께서는 이 세상에서 번제단의 사역을 십자가에서 단번에 마치시고 부활, 승천하신 후에는 하늘나라에서 대제사장의 사명과 성소봉사를 통한 중보사역을 행하고 계심을 분명하고 정확하게 밝혀 주고 있다.

오직 우리 주 예수 그리스도의 사역의 프로토타잎(Prototype: 원형)을 생생하게 보여 주고 있는 시내산의 성막과 예루살렘의 성전 그리고 회당과 교회에서 지속적으로 간단 없는 시간의 차원에서 체감하게 된다.

### 요한복음 4:23,24

아버지께 참으로 예배하는 자들은 신령과 진정으로 예배할 때가 오나니 곧 이때라 아버지께서는 이렇게 자기에게 예배하는 자들을 찾으시느니라 하나님은 영이시니 예배하는 자가 신령과 진정으로 예배할지니라

### 로마서 12:1

그러므로 형제들아 내가 하나님의 모든 자비하심으로 너희를 권하노니 너희 몸을 하나님이 기뻐하시는 거룩한 산 제사로 드리라 이는 너희의 드릴 영적 예배니라

## 지상 성소에서 천상 성소로 승화(昇華)

| 성경 근거 | 지상 성소 ⇒ 천상 성소  구조와 명칭 ⇒ 구조와 명칭 | | 성경 근거 |
|---|---|---|---|
| 출 25:8 | 지상 성소 ⇒ | 천상 성전 | 계 11:19 |
| 출 26:1 | 성소(첫칸) ⇒ | 일곱 금촛대 사이 | 계 1:12 |
| 출 26:33 | 지성소 ⇒ | 증거 장막 성전 | 계 15:5 |
| 출 26:33 | 증거궤 ⇒ | 언약궤 | 계 11:19 |
| 출 30:1-10 | 향 단 ⇒ | 중보의 금단 | 계 8:3 |
| 레 16:12,13 | 성소의 일곱 등잔 ⇒ | 일곱 영이신 일곱 등불 | 계 4:5 |
| 레 16:10 | 향 로 ⇒ | 기도의 향로 | 계 8:5 |
| 레 21:10 | 대제사장 ⇒ | 대제사장 그리스도 | 히 8::1 |
| 대상 24:7-19 | 24반열 ⇒ | 24장로 | 계 4:4,5,8 |
| 레 16:4 | 세마포 옷 ⇒ | 세마포 옷 | 계 15:12 |
| 레 16:5 | 숫양과 숫염소 ⇒ | 어린 양 그리스도 | 계 5:12 |
| 레 16:12,13 | 아사셀 염소 ⇒ | 천년기의 사단 | 계 20:1-3 |
| 히 9:12,13 | 짐승의 피 ⇒ | 그리스도의 피 | 히 9:1,14 |
| 히 9:22,23 | 지상 성소의 정결 ⇒ | 천상 성소의 정결 | 히 9::23,11,14 |

## 2. 마지막 때의 징조

(1) 각처에 전쟁, 기근, 지진이 일어난다. 이때부터 고난이 시작된다(마 24:7,8).
(2) 대환난이 일어난다. 이 시기에 큰 박해와 순교를 하는 일이 일어난다(마 24:21).
(3) 거짓 선지자들과 거짓 그리스도인들이 많이 나타나 많은 사람을 미혹한다(마 24:5,24).
(4) 천국 복음이 모든 민족에게 증거되기 위하여 온 세상에 전파되면 그제야 끝이온다(마 24:14).
(5) 하늘에 무서운 징조들이 나타난다. 이때에 하늘의 권세들이 흔들리게 된다(마 24:29, 막 13:24,25, 눅 21:25,26).

"네가 이것을 알라 말세에 고통하는 때가 이르리니 사람들은 자기를 사랑하며 돈을 사랑하며 자긍하며 교만하며 훼방하며 부모를 거역하며 감사치 아니하며 거룩하지 아니하며 무정하며 원통함을 풀지 아니하며 참소하며 절제하지 못하며 사나우며 선한 것을 좋아 아니하며 배반하여 팔며 조급하며 자고하며 쾌락을 사랑하기를 하나님 사랑하는 것보다 더하며 경건의 모양은 있으나 경건의 능력은 부인하는 자니 이 같은 자들에게서 네가 돌아서라"(딤후 3:1-5).

제6장. 결론

**감람산 정상의 예수님 승천당**

**베들레헴의 별**

예수께서 탄생한 동굴안의 장소에 은으로 만든 큰 별이 있다.
별의 둘레에는 "이곳에서 동정녀 마리아에게서 그리스도가 탄생하셨다" 는 문구가 새겨져 있다.
별은 14각의 뿔로 되어 있는데 인류 구원의 십자가 길 14개처와 아브라함으로 부터 다윗까지 14대, 다윗부터 바벨론으로 이거 할 때까지 14대, 그후부터 예수까지 14대를 상징적으로 나타낸다(마 1:1-7).

## 3. 하늘나라의 언약궤

요한계시록 11 : 19

이에 하늘에 있는 하나님의 성전이 열리니 성전 안에 하나님의 언약궤가 보이며 또 번개와 음성들과 뇌성과 지진과 큰 우박이 있더라

사도행전 1 : 11

갈릴리 사람들아 어찌하여 서서 하늘을 쳐다 보느냐 너희 가운데서 하늘로 올리우신 이 예수는 하늘로 가심을 본 그대로 오시리라 하였느니라

마태복음 4 : 17

회개하라 천국이 가까웠느니라

제6장. 결론

예수께서 죄인을 구원 하시려고 세상에 임하셨다 하였도다(딤전 1:15)

자기를 부인하고 자기 십자가를 지고 나를 좇을 것이니라(막 8:34)

# 부록

두 까치의 사색(思索)

홍은혜 권사가 87세에 그린 작품이다.
(초대 해군참모 총장 및 국방부 장관을 역임한 故손원일 제독의 부인
홍은혜 권사가 저자 [김흔중]에게 선물로 주신 그림이다. 2003.5.2)

> 우리가 이제는 거울로 보는 것 같이 희미하나 그때에는 얼굴과 얼굴을 대하여 볼 것이요
> 이제는 내가 부분적으로 아나 그때에는 주께서 나를 아신 것 같이 내가 온전히 알리라
> 그런즉 믿음, 소망, 사랑 이 세 가지는 항상 있을 것인데 그 중에 제일은 사랑이라
>
> (고전 13:12,13)

## 성서의 주요사건 및 인물의 연대표

| 연대 | 주요사건 (인물) |
|---|---|
| ? | 창조(창 1:1-2) |
| ? | 노아시대(창 6:9-10:32) |
| ? | 바벨탑 사건(창 11:1-9) |
| 주전 2166 | 아브라함 출생(아버지 데라 130세, 창 11:27) 노아의 12대손으로 갈대아 우르에서 출생 |
| 2106 ~ 2096 | 아브라함, 갈대아 우르 출발, 하란 도착 (아브라함 70세 , 창 12:4) |
| 2091 | 아브라함의 가나안 도착 (75세, 창 12:5-6) 십일조 규례(하나님의 제사장 멜기세덱의 축복을 받고 살렘 왕에게 소득의 10분의 1을 드림 규례가 됨)(창 14:14:9) |
| 2080 | 이스마엘 출생 (아브라함 86세, 어머니 하갈(몸종)브엘세바에서, 창 16:15) |
| 2067 | 할례 제정 (헤브론에서 하나님과 아브라함의 언약, 창 17:9-14) |
| 2066 | 이삭 출생 (아브라함 100세, 사라 90세,브엘세바에서, 창 17:16-18) |
| 2006 | 야곱 출생(쌍둥이 에서) (이삭 60세, 어머니 리브가, 브엘라헤로이에서, 창 25:24-26) |
| 1991 | 아브라함 사망 (헤브론 막벨라굴에 장사됨, 175세, 창 25:8) |
| 1929 | 야곱의 하란 도피 (야곱 77세, 외삼촌 라반 집, 창 27:43,44, 28:2) |
| 1918 | 유다 출생 (야곱 84세에 레아와 결혼, 88세때 넷째 아들로 출생, 창 29:36) |
| 1915 | 요셉 출생 (야곱 92세에 라헬과 결혼, 11번째 아들로 하란에서 출생, 창 30:23,24) |

| 연대 | 주요사건 (인물) |
|---|---|
| 1909 | 야곱 가족의 하란 탈출 (야곱 97세, 아내 4명, 아들 11명, 딸 1명, 창 31:3) 베냐민은 베들레헴 근처 에브랏에서 출생 |
| 1898 | 요셉 애굽으로 팔려감 (요셉 17세, 도단에서, 창 37:12,13) |
| 1885 | 요셉 애굽 총리됨 (요셉 30세, 창 41:26-43) |
| 1876 | 야곱가족 애굽 이주 (야곱 130세, 브엘세바에서 70명, 창 46:5-7) |
| 1859 | 야곱의 사망(야곱 147세, 창 50:13) ※애굽에서 17년 거주, 막벨라굴에 장사됨 |
| 1805 | 요셉의 사망 (요셉 110세, 창 50:25,26) ※유언에 따라 미라를 만들어 입관하여 두었다가 출애굽할 때 메어다가 세겜에 장사됨 |
| 1527 | 모세의 출생 (헬리오폴리스에서, 바로 궁중에서 성장, 출 2:1,2) ※40세 때 시내 광야로 도피, 80세에 시내산에서 소명 받음 |
| 1500 | 여호수아 출생 (본명 호세아, 출생지 미상, 눈의 아들, 바로의 군대에 복역민 13:16) |
| 1447 | 모세와 바로의 1차 접견 (출 5:1) ※열 가지 재앙 (출 7:?-11) 유월절 제정 (출 12장) |
| 1446 | 이스라엘의 애굽 탈출 (모세 80세, 라암셋 출발, 홍해 도하 (출 12:37), 만나 메추라기 주심(신광야에서 출 16:31), 신광야 도착(출 19:1), 십계명 받음 -모세 (시내산에서, 두 돌판에, 출 20:3-17) |

# 부 록

| 연대 | 주요사건 (인물) |
|---|---|
| 1445 | 성막 건축<br>(건축자: 브살렐 창 30:33)<br><br>첫번째 인구조사<br>(시내광야에서, 603,550명, 민 1:2,3)<br><br>시내산에서 가데스로 이동<br>(민 33:16-36)<br><br>70인 장로 선정(민 11:16)<br><br>가데스에서 정탐꾼 파견(12명)<br>(40일간, 민 13:3) |
| 1406 | 아론의 죽음<br>(40년 동안 제사장, 123세, 호르산에서 죽어 아들 엘르아살에게 승계, 민 20:22-28)<br><br>모압 광야 도착<br><br>두번째 인구조사<br>(601,730명, 1,820명 감소, 민 26:1)<br><br>선지자 발람과 발락왕(모압)의 사건(민 22:1, 24:5)<br><br>여호수아를 후계자로 임명<br>(아바림산·느보산에서, 제사장 엘르아살에게, 민 27:12-23)<br><br>요단 동편땅 정복<br>(두 지파(르우벤, 갓)와 반 지파(므낫세 1/2)에게 땅 분할, 민 32:1-5)<br><br>모세의 죽음<br>(느보산·비스가산에서, 120세, 신 34:5) |
| 1405 | 여호수아가 요단강을 건너 가나안 땅 점령<br>(여호수아 95세, 수 3:17) |
| 1400 | 길갈에서 요단서편땅 분할<br>(두 지파 유다, 에브라임과 반 지파 므낫세에게, 수 14:1-17:18) |
| 1398 | 실로에 회막 세움(주전 1398년 추정)<br>7지파에 땅 분할(수 18:1-7)<br>실로는 200년간 정치 및 종교의 중심지가 됨 |
| 1390 | 여호수아의 죽음<br>(110세, 세겜에서 죽어 딤낫세라에 장사됨, 수 24:29-30) |
| 1375 | 사사 통치의 시작 |

| 연대 | 주요사건 (인물) |
|---|---|
| 1374 | 옷니엘의 사역(40년)<br>(최초의 사사, 갈렙의 사위, 삿 3:8-11) |
| 1316 | 에훗의 사역(80년)<br>왼손잡이(삿 3:15-30) |
| 1216 | 드보라와 바락이 사역(40년)<br>(드보라:여 사사, 삿 4:4-5:3) |
| 1169 | 기드온의 사역(40년)<br>(기드온 300용사로 13만 5천명)<br>('1인당 450명'의 미디안 격멸, 삿 16:11-8:32) |
| 1120 | 돌라와 야일의 사역(삿 10:1-5) |
| 1103 | 사무엘의 출생<br>(라마에서 출생, 어머니 한나가 실로에서 서원하여 엘리 제사장에게 성장, 삼상 1:20) |
| 1085 | 입다의 사역(6년), (삿 11:1-5) |
| 1079 | 입산, 엘론, 압돈의 사역<br>(삿 12:8-15) |
| 1075 | 삼손의 사역(20년)<br>(위대한 힘으로 블레셋을 격퇴, 여자에게 미혹되어 비밀을 토설, 삿 13:2-16:31) |
| 1050 | 사울 치하의 통일 왕국시대 시작(40년)<br>(사울의 출생장소, 연대 미상, 삼상 9:1-31) |
| 1040 | 다윗의 출생(베들레헴에서 이새의 8번째 막내 아들, 삼상 9:1-31) |
| 1025 | 다윗의 기름부음 받음<br>(베들레헴에서, 사무엘에게, 삼상 16:13)<br>※15세 미만 추정 |
| 1020 | 다윗과 골리앗의 싸움<br>(엘라골짜기 소고 "에베스담엠"에서, 삼상 4:7-, 19:1-15)<br>※20세 미만 추정 |
| 1017 | 사무엘의 죽음<br>(86세, 라마에 장사됨, 현 무덤은 기브온 산당 지하에 있음. 삼상 25:1) |
| 1010 | 사울의 전사<br>(블레셋과 길보아전투에서 자결함. 삼상 31:6) |
| 1010? | 다윗의 등극<br>(30세, 헤브론에서, 삼하 2:4) |
| 1003 | 다윗의 예루살렘 천도<br>(헤브론에서 7년 6개월, 예루살렘에서 33년, 40년 통치, 삼하 5:9-10) |

| 연대 | 주요사건 (인물) |
|---|---|
| 1003 | 법궤를 예루살렘 다윗성에 모셔와 안치 (삼하 6:16-17)<br><br>※법궤의 방황(약 21년)<br>실로(아벡전투)에서 블레셋에게 빼앗김<br>→블레셋지역 7개월<br>→길럇여아림 20년<br>→오벧에돔집 3개월<br>→다윗성으로 옮겨짐 |
| 991 | 다윗의 밧세바 간음 사건 (밧세바 남편 우리아 전사, 삼하 11:1-21) |
| 990 | 솔로몬의 출생 (밧세바의 두 번째 아들, 예루살렘에서, 삼하 12:20) |
| 979 | 압살롬의 반란 (다윗의 셋째 아들, 헤브론에서 모의, 예루살렘 입성, 에브라임 수풀에서 전사, 삼하 15:10-12) |
| 973 | 다윗의 인구조사 범죄 (하나님이 진노하사 치시려고 짐짓 인구조사를 하게 하심, 삼하 24:1-7) |
| 970 | 다윗의 죽음(70세)과 솔로몬(21세)의 등극 (왕상 2:12) |
| 966 | 성전기공 (출애굽 480년 후, 솔로몬 등극 4년 후 왕상 6:1) |
| 959 | 법궤를 성전에 안치(왕상 8:6)<br><br>※법궤에 십계명 두 돌판 보존, 만나의 항아리와 아론의 싹난 지팡이는 행방 묘연 |
| 959 | 솔로몬의 왕궁 기공(왕상 7:1) |
| 946 | 솔로몬 왕궁 완공 (13년 동안 건축, 왕상 7:1) |
| 931 | 솔로몬의 죽음 (60세, 예루살렘에서, 40년 통치, 왕상 11:43) |
| 931 | 남유다와 북이스라엘로 분열 (왕상 11:43-12:20)<br><br>※남: 르호보암왕 (초대)<br>　북: 여로보암왕 (초대) |
| 926 | 애굽왕 시삭의 남유다(예루살렘) 침공 (르호보암 5년, 왕상 14:15-28) |

| 연대 | 주요사건 (인물) |
|---|---|
| 910 | 아사의 유다왕 즉위(3대) (재위 41년, 왕상 15:8)<br>오므리의 이스라엘왕 즉위(재위 12년, 왕상 16:23) |
| 875 | 엘리야의 사역 시작 (디셉에서 출생, 죽음을 보지 않고 승천, 왕상 17:21) |
| 874 | 아합의 이스라엘왕 즉위(7대) (재위 22년, 왕상 16:29) |
| 872 | 여호사밧의 유다왕 즉위(4대) (재위 25년, 왕상 22:41) |
| 853 | 아합의 전사 (재위 22년, 시돈왕의 딸 이세벨과 결혼, 바알신 숭배, 가장 악한 왕, 왕상 22:1-36) |
| 848 | 엘리사의 사역 (아벨므홀라에서 출생, 왕상 19:1-21, 왕하 12:1-8) |
| 841 | 예후의 이스라엘왕 즉위(10대) (재위 28년, 왕하 10:30) |
| 797 | 엘리사의 사역 종결 (모압 지경에 장사됨, 왕하 13:20) |
| 793 | 여로보암 2세의 이스라엘왕 즉위(13대) (재위 41년, 왕하 14:23) |
| 790 | 웃시야의 유다왕 즉위(10대) (재위 52년, 왕하 14:23) |
| 760 | 아모스의 사역 시작 (고향 유다(드고아)를 떠나 벧엘에서 여로보암 2세의 정치적 타락 공박, 암 7:7-9) |
| 759 | 요나의 니느웨 전도 (여로보암 2세 때 하나님께서 명하심, 욘 1-4) |
| 746 | 호세아의 사역 시작 (여로보암 2세 말기부터 주전 722년 이스라엘 멸망때까지 활동, 호 1:1) |
| 742 | 미가의 사역 시작 (요담, 아하스, 히스기야 통치기간 활동 주전 742-687년, 미 1:1) |
| 740 | 이사야의 사역 시작 (주전 770년 예루살렘에서 출생, 웃시야, 요담, 아하스, 히스기야 4대에 걸쳐 활동 주전 740-700년 경, 사 1:1)<br><br>※므낫세왕 때 이사야를 톱으로 켜서 죽였다. (히 11:37)는 설이 있음 |

# 부 록

| 연대 | 주요사건 (인물) |
|---|---|
| 728 | 히스기야의 종교개혁<br>(산당과 우상을 전부 제거, 왕하 18:4) |
| 724 | 앗수르의 이스라엘 3차 침략<br>(왕하 17:51) |
| 722 | 북왕국 이스라엘의 멸망<br>(19대 호세아왕, 주전 722년, 앗수르에게 멸망, 왕하 17:6) |
| 714 | 앗수르와 산헤립의 유대침입<br>(예루살렘을 포위했으나 18만 5천명이 밤사이에 송장이 됨, 왕하 19:36) |
| 640 | 요시야의 유다왕 즉위(16대)<br>(재위 31년, 왕하 22:1)<br>스바냐의 사역 시작<br>(활동기간: 주전 640-630년경, 습 1:1) |
| 627 | 예레미야의 사역 시작<br>(요시야, 여호아하스, 여호야김, 여호야긴, 시드기야의 통치기간에 활동 주전 627-586년경, 렘 1:1-19)<br><br>※예레미야는 남유다가 주전 586년에 바벨론에게 멸망되자 애굽으로 끌려가 죽었다는 설이 있음 |
| 608 | 앗수르의 멸망<br>하박국의 사역 시작<br>(요시야왕 말기에 활동 주전 908-905년, 합 1:1-11) |
| 605 | 갈그미스 전투<br>(신바벨론 느부갓네살왕은 갈그미스 전투에서 앗수르 동맹군인 애굽 왕 느고를 격파, 유다 여호야김에게 충성 강요 봉신국 삼음, 왕하 24:7;렘 46:2-12) |
| 605 | 바벨론의 유다 1차 침입<br>(1차 포로로 다니엘(20세), 하나냐, 미사엘, 아사랴와 함께 잡혀감, 단 1:3-16) |
| 598 | 바벨론의 유다 2차 침입<br>(2차 포로, 왕하 24:10) |
| 597 | 에스겔이 포로로 끌려감<br>(유다왕 여호야긴과 함께 끌려감, 그발강변 델아빕에서 약 22년간 예언 활동, 겔 40:10-47:48) |
| 597 | 시드기야의 유다왕 즉위(20대)<br>(재위 11년, 대하 36:11) |
| 586 | 남왕국 유다의 멸망<br>(스바냐 예언 성취, 시드기야 11년, 주전 586년, 바벨론에게 멸망, 솔로몬 성전파괴(제1성전시대 끝), 습 1:8-11) |

| 연대 | 주요사건 (인물) |
|---|---|
| 539 | 파사국 초대왕 고레스<br>(주전 546-529년)가 바벨론 점령 |
| 538 | 고레스의 유다인 귀환 조서 내림<br>(스룹바벨 총통 임명, 대하 36:23, 스 1:1-2) |
| 536 | 성전 재건 작업 시작(스 3:8) 재건 작업 방해로 중단 (스 4:4, 23) |
| 530 | 다니엘의 죽음 (예루살렘에서 출생, 95세 죽음) 주전 605년경 바벨론으로 잡혀가 하루에 세 번 예루살렘을 향해 기도함, 사자굴에 던져졌으나 살아남( 단 6:22,23) |
| 520 | 성전 재건 작업 재개<br>(학개, 스가랴의 사역, 스 5:2) |
| 515 | 제2성전 완공<br>(제1성전 파괴 후 70년, 제2성전 시대 시작) |
| 479 | 에스더가 왕후로 간택됨<br>(아하수에로왕의 왕비로 선택되어 총애 받음, 에 2:17) |
| 473 | 부림절 제정(에 9:28) |
| 458 | 유다 포로 2차 귀환<br>(에스라의 인솔로 1천4백명 귀환, 스 7:1-8:36) |
| 444 | 유다 포로 3차 귀환<br>(느헤미야가 유다 총독이 되어 귀환, 성곽 중수에 전력 52일만에 완공, 느 6:15,16) |
| 435 | 말라기 사역 시작(남왕국 포로후기, 학개, 스가랴, 말라기와 함께 예언자임) |
| 433 | 느헤미야 바벨론으로 돌아감<br>(아닥사스다왕 32년에, 느 13:7) |
| 432 | 느헤미야 2차 귀국 (느 13:7) |
| 37 | 헤롯(대왕)이 유다왕 즉위<br>(안티파스 2세의 아들로 주전 73년경 출생, 주전 47년 갈릴리 총독, 주전 40년 로마왕 아구스도에 의해 유다왕으로 임명, 주전 37년 예루살렘을 정복하고 유대왕으로 군림) |
| 5 | 세례요한의 출생<br>(예수보다 6개월 먼저 아인케림에서 출생, 눅 1:1) |
| 4 | 예수의 탄생(마 2:11)<br>예수님의 예루살렘에 방문(생후 8일)<br>(결례의 의식 행함, 눅 2:21-24)<br>예수님의 애굽 피난<br>헤롯의 유아 학살<br>(베들레헴의 2세 이하 남아 어린이, 마 2:16-18) |

| 연대 | 주요사건 (인물) |
|---|---|
| 주 후 26 | 본디오빌라도의 유다 총독 부임 |
| 27 | 예수님의 공생애 시작 (마 4:12-17) |
| 28 | 12제자를 세우심 (마 10:1-4)<br>2차 갈릴리 사역<br>오병이어로 5,000명을 먹이심(마 14:13-21) |
| 29 | 3차 갈릴리 사역<br>베드로의 신앙 고백<br>(가이사랴 빌립보에서, 눅 9:18-22) |
| 30 | 예수님의 승리의 입성(마 21:1-11)<br>예수님의 수난과 부활<br>(마 27:26-28:20)<br>스데반의 순교<br>(예루살렘성 사자문 앞에서, 행 7:60) |
| 32 | 사울(바울)의 다메섹 회심(행 1:1-9) |
| 35 | 바울의 예루살렘 1차 방문(행 9:36) |
| 44 | 사도요한의 형제 야고보의 순교<br>(헤롯이 예루살렘에서 칼로 죽임, 행 12:1-2)<br>(베드로의 투옥 예루살렘의 옥에, 행 12:4-5) |
| 47-48 | 바울의 1차 전도사역(행 13:1-14:28)<br><br>※안디옥 → 실루기아 → 살라미 → 바보 → 버가 → 비시디아 안디옥 → 이고니온 → 루스드라 → 더베 → 루스드라 → 이고니온 → 비시디아 안디옥 → 버가 → 바보 →살라미 → 실루기아 → 안디옥 |
| 50-52 | 바울의 2차 전도사역(행 15:36-16:23)<br><br>※안디옥 → 다소 → 더베 →루스드라 → 드로아 →네압볼리 → 빌립보 → 데살로니가 → 베뢰아 → 아덴 → 고린도 → 겐그리아 → 에베소 →가이사랴 → 안디옥 |
| 53-58 | 바울의 3차 전도사역(행 18:23-21:16)<br><br>※안디옥 → 다소 → 더베 → 루스드라 → 이고니온 →빌립보 → 데살로니가 → 베뢰아 → 아덴 → 고린도(역순으로) 아덴 → 베뢰아 → 데살로니가 → 빌립보 → 네압볼리 → 드로아 → 앗소 → 밀레도 → 로도 → 바다라 → 두로 → 가이사랴 → 예루살렘 |
| (54) | 네로의 로마 황제 즉위 |

| 연대 | 주요사건 (인물) |
|---|---|
| 58 | 바울의 체포<br>(예루살렘 성전에서, 행 21:27-39) |
| 59 | 바울의 로마 호송(행 27:1-28:15)<br>※예루살렘 → 가이사랴 → 시돈 → 무라항 → 미항 → 멜리데섬 → 수라구사 → 레기온 → 보디올 → 로마 |
| 61 | 바울의 로마에서 감금(행 28:16)<br>※2년간은 자기집에서 연금 생활 |
| 62 | 주의 형제 야고보의 순교(예루살렘에서 돌에 맞아 죽었다는 설이 있음) |
| 63 | 바울의 석방<br>※서바나(에스파니아)로 가려는 의도가 있었던 점으로 보아 적어도 2년은 서바나에 있었을 것으로 추정됨(롬 15:28) |
| 64 | 로마의 대화재 |
| 66 | 유대인의 로마 대반란 |
| 67 | 바울의 순교<br>(네로 황제의 의해, 로마 마메르틴 감옥에서 참수당함) |
| 68 | 베드로의 순교<br>(로마 마메르틴 감옥 투옥(9개월), 네로 황제에 의해, 바티칸 산꼭대기에서 처형당함, 베드로 요청으로 십자가에 거꾸로 매달려 순교했다고 전해옴, 베드로의 무덤 위에 베드로의 대성당이 세워져 있음 |
| 70 | 예루살렘 함락(로마 티투스장군에 의해 성전산 파괴, 솔로몬 제2성전 파괴, 산헤드린 공회 폐지) |
| 95 | 사도요한의 밧모섬 유배<br>(로마 도미시안 황제 때 박해로 에베소에서 유배, 요한계시록, 18개월(3년, 15년 설) 후 다시 에베소로 귀환, 계 1:9) |
| 100 | 사도요한의 죽음<br>(예루살렘 파괴 직전 에베소로 옮김, 에베소 교회의 감독직 수행, 요한복음과 요한서신 기록, 12사도 중 마지막으로 편안히 죽어 에베소 아야술룩 언덕 중앙에 묻혔음) |
| ? | 예수님 재림<br><br>※내가 진실로 속히 오리라 하시거늘 아멘 주 예수여 오시옵소서(계 22:20) |

# 참고 문헌

「성경전서」 대한성서공회 발행 1964
「광야의 성막」 전도출판사/ 김병희 역 1984
「성 막」 갈보리선교회/ 강문호 1991
「성 막」 크리스챤다이제스트/ 장원기 1998
「성 막」 생명의 말씀사/ 조규상 역 1976
「성 막」 생명의 말씀사/ 조무길 역 1976
「성 막」 말씀보존학회/ 윤지영 역 1997
「성막강해」 예찬사/엄승용 1994
「성막과 이스라엘 절기」예루살렘/ 한의택 1986
「성막론」 한국기능성개발원/ 황대근 1992
「성막의 계시」 세종출판사/ 한의택 1986
「성막의 교회」 보이스사/ 정양수 1981
「성막과 그리스도」 도서출판 엠마오/ 김의장 역 1984
「성막과 대제사장」 시내산 출판사/ 조준상 1986
「성막과 보화」 쿰란출판사/ 권종수 1991
「성막과 신앙생활」 홍광교회 출판사/ 장원기 1995
「성막과 십계명」 성광문화사/ 원용국 1985
「성막과 제사」 연합선교회/ 이훈구 1991
「성서의 성지화보」 도서출판 세광/ 김한기 2012
「성서의 역사와 지리」 엘맨출판사/ 김흔중 2003
「성시순례의 실제」 도서출판 청담/ 김흔중 2000
「성서 지도」 도서출판 지계석/ 이원희 2000
「대속죄일」,「번제」,「소제」 국가가능성개발원/ 강문호 2001
「왜 성막을 공부해야 하는가」 북갤러리/ 이제실 2006
「출애굽기에 나타난 교회와 성막」 요단출판사/ 정영호 1985
「황금의 집」 전도출판사 / J Rouw 1981

김 흔 중 목사

[학     력]

o 충남 강경상업고등학교 (1955년도 졸업)
o 충남대학교 문리과대학(국어국문학과,문학사)
o 동국대학교 행정대학원(국방행정학과, 행정학석사)
o 해병학교, 상륙전학교(사관후보생, 초군반, 고군반)
o 공군대학(A.I.C과정,사관학교 교수요원반)
o 육군대학(정규과정, 제19기)
o 총회신학대학 신학연구원(M.Div)
o 연세대학교 연합신학대학원(목회지도자과정)
o San Francisco Christian University & Seminary
 (선교학 박사,명예 신학 박사)

[주요 경력]

o 해병대 소위 임관(사관후보생 과정: 제32기)
o 해병학교 구대장, 중대장(해병장교 교육과정)
o 주월 청룡부대 전투지휘관(중대장)
o 해병 연평부대 부대장
o 해군본부 헌병감실, 헌병차감 및 헌병감(대령 예편)
o 울산석유화학공단,예비군 연대장
o 울산대학교 사회과학대학 강사(공산주의 이론비판)
o 경상남도 민방위소양교육강사 협의회 회장
o 예수교 장로회 양문교회 시무장로(서울 신대방동 소재)
o 목사 임직 후 이스라엘 선교사(총회파송)
o 서울 장신대학교 외래교수(성서지리학)
o 통일부 통일교육 전문위원('93-2005년: 13년간)
o 수원 양문교회 담임목사(2005년 정년퇴임)
o 대한민국 안보와 경제살리기국민운동본부 공동회장
o 자유대한지키기 국민운동본부 공동대표
o 한국기독교 지도자협의회 고문(현)
o 병역의무미필 근절대책협의회 대표회장(현)
o 한민족복음화선교회 회장(현)
o 대한민국 새시대새사람연합 총재(현)

[상     훈]

o 한국 충무무공훈장    o 월남 엽성무공훈장(최고)
o 미국 동성무공훈장    o 국무총리 표창
o 한국 보국훈장삼일장  o 국방부장관 표창 등 다수

[저서 및 논문]

o 성지순례의 실제(2000년)
o 성지순례의 실제 원문의 점자번역집(( 전3권: 2002년)
o 시각장애인용 성서지리교본(2000년)
o 성서의 역사와 지리(2003년)
o 성경말씀 365일 하루 한 요절 암송수첩(2003년)
o 성경 66권의 개설(2005년)
o 성서의 성지파노라마(2013년)
o 선견적 시국진단(2011년)
o 국방을 위한 서해5개도서에 관한 연구(석사학위 논문)
o 한반도통일의 문제점과 한국교회의 선교적 사명에 관한 연구(박사학위 논문)
 <석사 및 박사학위 논문은 국회열람도서관에서 열람 가능함>

☎ 031-224-3927, 010-8162-3929

## 김흔중 저서

1. 새천년
   **성지순례의 실제**
   도서출판 청담

2. 성지순례의 실제
   **점자 번역집(전3권)**
   한국시각장애인선교회

3. 시각장애인용
   **점자 성서지리교본**
   한국시각장애인선교회

4. 지도,도표,사진으로 보는
   **성서의 역사와 지리**
   엘맨 출판사

5. 성경 말씀
   **365일 하루한요절 암송수첩**
   도서출판 청담

6. **성경 66권 개설**
   도서출판 청담

7. **선견적 시국진단**
   엘맨 출판사

8. **성서의 성지파라노마**
   (화보)
   도서출판 세광

9. 예수그리스도를 예표한
   **성막과 제사**
   엘맨 출판사

## The Sound of a Bell on Calvary

1. The sound of a bell of love, resounding on Calvary
   Is the glory of the city of Zion and the grace for us,
   The sound of a bell of love spreads out to the end of the world.
   The eternal love is the love of the cross.

2. The sound of a bell of hope, echoing on Calvary
   Is the glory of the heaven and the pleasure for us,
   The sound of a bell of hope spreads out to the end of the
   Kingdom of God.
   The eternal hope is the hope of the resurrection.

3. The sound of a bell of life, ringing up on Calvary
   Is the glory of the cross and the blessing for us,
   The sound of a bell of life spreads out to the new heaven and
   the new earth.
   The eternal life is the life of the real light.

골고다 언덕에서 : 1997년

예수 그리스도를 예표한

# 성막과 제사
聖幕　　祭祀

**초판1쇄**  2014년 6월 15일

지은이  **김흔중**
펴낸이  **채주희**
펴낸곳  **엘맨출판사**
　　　　서울특별시 마포구 신수동 448-6
　　　　TEL  02-323-4060, 02-6401-7004
　　　　FAX  02-323-6416
　　　　E-mail  elman1985@hanmail.net

**출판등록**  제 10호-1562(1985.10.29)

※ 저자의 허락 없이 복사나 전제를 금합니다.
　　잘못된 책은 바꿔드립니다.

값 30,000원